2009nian Quanguo Yiji Jianzaoshi Zhiye Zige Kaoshi Yingshi Zhinan yu Moni Shijuan (Gonglu Gongcheng Guanli yu Shiwu)

2009年全国一级建造师执业资格考试应试指南与模拟试卷

（公路工程管理与实务）

本书编写组 编

人民交通出版社

内 容 提 要

本书根据最新版《全国一级建造师执业资格考试大纲(公路工程专业)》和《全国一级建造师执业资格考试用书(公路工程管理与实务)》编写，内容包括考试大纲要求、考试要点精析、全书(考试用书)知识体系分析、复习方法及考试答题技巧以及模拟试卷。

本书由长期从事建造师考试培训的专家、学者编写，全书内容紧扣大纲的考试要求，对历年的考点进行了精炼解析，具有很强的针对性。本书可供参加全国一级建造师执业资格考试的人员学习参考。

图书在版编目(CIP)数据

2009年全国一级建造师执业资格考试应试指南与模拟试卷:公路工程管理与实务/本书编写组编.—北京:人民交通出版社，2009.6

ISBN 978-7-114-07849-1

I.2… II.本… III.道路工程—工程施工—建造师—资格考核—自学参考资料 IV.U415.1

中国版本图书馆CIP数据核字(2009)第104742号

书　　名:2009年全国一级建造师执业资格考试应试指南与模拟试卷(公路工程管理与实务)
著 作 者:本书编写组
责任编辑:刘永超　郑蕉林
出版发行:人民交通出版社
地　　址:(100011)北京市朝阳区安定门外外馆斜街3号
网　　址:http://www.ccpress.com.cn
销售电话:(010)59757969,59757973
总 经 销:北京中交盛世书刊有限公司
经　　销:各地新华书店
印　　刷:北京市密东印刷有限公司
开　　本:787×1092　1/16
印　　张:13.5
字　　数:328千
版　　次:2009年6月　第1版
印　　次:2009年6月　第1次印刷
书　　号:ISBN 978-7-114-07849-1
定　　价:32.00元

前言

全国一级建造师执业资格考试已经进行了四次，通过率在逐次下降，其原因主要是目前建造师总量已基本满足工程建设需要，目前主要是要严格控制通过人数，提高建造师的"含金量"，因此，考试的难度将会逐渐增加。同时全国一级建造师执业资格考试用书进行了第二次改版，最新修订的《一级建造师执业资格考试大纲》所要求的考试内容涉及面更广，内容更加充实，专业面更宽。经过四次考试，全国一级建造师执业资格考试已逐渐规范、成熟，最为直接的反映就是2007年的考试难度加大。从总体趋势看，根据执业资格考试的规律，从此以后考试的难度将会不断地增加，考题会越来越与实际工程相结合，题目会越来越灵活。主要体现在：每一试题将由单一的考点向多考点转化；由考核简单的理论知识向注重解决实际应用问题的能力转化；由分章节单独命题向横跨章节组合命题转化。

但是由于广大考生大多奋斗在工程建设第一线，平时工作任务繁重，备考时间紧，很难在短期内掌握一级建造师考试大纲要求的全部内容，也没有足够的时间全面阅读考试用书。针对这种现实情况，为了帮助考生尽快有重点地学习、理解和掌握考试大纲和考试用书的内容和要求，我们组织了一批常年进行全国一级、二级建造师考前培训，具有丰富教学经验的著名教授和权威命题研究专家，在深入解析新版考试用书和大纲、准确把握命题规律、全面预测考题动向的基础上，严格按照最新修订的《一级建造师执业资格考试大纲(公路工程专业)》和《一级建造师执业资格考试用书(公路工程管理与实务)》精心编写了这本应试指导用书。本书的编写具有以下特点：

1. 认真分析历年考试命题的规律，分析了考试的重点，为了减少阅读量，精简了部分内容，相当于帮各位考生先看了书。

2. 考点往往出现在一些关键词句上，所以本书对一些关键词句进行了标注。

3. 在讲解部分考点时，结合历年考题进行，便于考生了解命题的方式。

4. 由于考试内容逐渐要求全面性和综合性，加上考试用书在知识体系上不是十分清晰,所以为了便于考生复习,全面地了解考试用书内容,本书专门用一章来分析了全书的知识结构,这是本书最大的亮点。

5.根据以往考题的内容和重点,精心设计了几套模拟题。

6.为了让考生能轻松应考,本书还就考试的准备、考试的技巧等方面提出了一些实用的建议。

本书的编写人员虽然对书稿进行了多次论证、审核和修改,但由于编写时间比较仓促,编者水平有限,仍难免有疏漏,恳请读者批评指正!

本书编写组

2009年6月

目　录

第一篇　应试指南

第二篇 模 拟 试 卷

第一篇　应试指南

第一章　公路工程技术

第一节　路 基 工 程

第一目　(1B411010)路基施工技术

一、考试大纲要求

1B411011　掌握路基类型

1B411012　掌握原地基处理的原则和要求

1B411013　掌握路堤填料的选择与填筑方式

1B411014　掌握挖方路基施工技术

1B411015　掌握路基雨期施工技术

1B411016　掌握路基冬期施工技术

1B411017　掌握路基排水分类

新大纲与2006年版大纲相比，取消了综合爆破方式施工的特点及优点一条，新增了挖方路基施工技术一条。另外，各条的顺序有一定的调整。根据对以往考试试题的分析，1B411011、1B411017以选择题出现的概率较大，其余条以选择题与案例题出现的概率相当。

二、考试要点精析

1. 一般路基干湿类型

【精析1】

原有公路路基土的干湿类型，可以根据路基的分界相对含水量或分界稠度划分；新建公路路基的干湿类型可用路基临界高度来判别。划分为干燥、中湿、潮湿和过湿四类。

【题例】　路基干湿类型划分为(　　)。

A. 二类　　B. 三类

C. 四类　　D. 五类

答案：C

【题例】　路基干湿类型包括有(　　)。

A. 干燥　　B. 潮湿

C. 透水　　D. 淤泥

E. 过湿

答案：ABE

【精析2】

高速公路应使路基处于干燥或中湿状态。

2.特殊路基类型

【精析】

考试用书中提出十二类特殊路基:软土地区路基、滑坡地段路基、岩坍与岩堆地段路基、泥石流地区路基、岩溶地区路基、多年冻土地区路基、黄土地区路基、膨胀土地区路基、盐渍土地区路基、沙漠地区路基、雪害地段路基、涎流冰地段路基。

【题例】 属于特殊路基的选项有(　　)。

A.岩溶地区路基　　B.多年冻土地区路基

C.潮湿路基　　D.涎流冰地段路基

E.沙漠地区路基

答案:ABDE

3.路堤填料的选择

【精析1】

其中强度要求是按CBR值确定,应通过取土试验确定填料最小强度和最大粒径。

【题例】 用于公路路基的填料要求强度高,其强度要求是按(　　)指标确定。

A.密度　　B.回弹模量

C.弯沉　　D.CBR值

答案:D

【精析2】

淤泥、沼泽土、冻土、有机土、含草皮土、生活垃圾、树根和含有腐朽物质的土不得用作路基填料。

【题例】 下列材料中可用作路堤填料的有(　　)。

A.有机土　　B.沼泽土

C.粉煤灰　　D.钢渣

E.冻土

答案:CD

【精析3】

粉性土必须掺入较好的土体后才能用作路基填料,且在高等级公路中,只能用于路堤下层(距路槽底0.8m以下)。

4.路基填筑施工技术

【精析1】

土方路堤施工方法有:水平分层填筑法、纵向分层填筑法、横向填筑法、联合填筑法。

【题例】 路基填筑的最常用方法是(　　)。

A.横向填筑法　　B.联合填筑法

C.纵向分层填筑法　　D.水平分层填筑法

答案:D

【精析2】

填石路基填筑方法:竖向填筑法、分层压实法、冲击压实法、强力夯实法。

【题例】 填石路基填筑方法中,施工路基压实、稳定问题较多的方法是(　　)。

A.竖向填筑法　　B.分层压实法

C. 冲击压实法　　D. 强力夯实法

答案:A

【精析3】

粉煤灰路堤一般由路堤主体部分、护坡和封顶层,以及隔离层、排水系统等组成。

5. 土质路堑施工技术

【精析1】

土质路堑施工方法有:横向挖掘法、纵向挖掘法、混合式挖掘法。

【题例】　一段较短的土质路堑开挖,采用按断面分层挖到设计高程,这种方法称作(　　)。

A. 横向挖掘法　　B. 通道纵挖法

C. 分段纵挖法　　D. 混合式纵挖法

答案:A

6. 雨期施工地段的选择

【精析1】

雨期适合路基施工地段的情况为:①丘陵和山岭地区的砂类土、碎砾石和岩石地段;②路堑的弃方地段。

【题例】　山岭地区的雨期路基施工一般应选择在(　　)地段进行。

A. 砂类土　　B. 岩石

C. 碎石　　D. 重黏土

E. 膨胀土

答案:ABC

【精析2】

不宜在雨期施工地段:①重黏土、膨胀土及盐渍土地段;②平原地区排水困难地段。

7. 雨期施工前的准备工作

【精析】

(1)对选择的雨期施工地段进行详细的现场调查研究,据实编制实施性的雨期施工组织计划。

(2)应修建施工便道并保持晴雨畅通。

(3)住地、库房、车辆机具停放场地、生产设施都应设在最高洪水位以上地点或高地上,并应与泥石流沟槽冲积堆有一定的安全距离。

(4)应修建临时排水设施,保证雨期作业的场地不被洪水淹没并能及时排除地面水。

(5)应储备足够的工程材料和生活物资。

8. 冬期施工开挖路堑表层冻土的方法

【精析1】

爆破冻土法:当冰冻深度达1m以上时可用此法炸开冻土层。

【题例】　冬季开挖路堑表层厚度在1m以下冻土层可选用(　　)方法。

A. 爆破冻土　　B. 自然破冻

C. 人工破冻　　D. 机械破冻

答案:D

【精析2】

人工破冻法:当冰冻层较薄,破冻面积不大,可用日光暴晒法、火烧法、热水开冻法、水针开冻法、蒸汽放热解冻法和电热法等方法胀开或融化冰冻层,并辅以人工撬挖。

【精析3】

冬季开挖路堑必须从上向下开挖,严禁从下向上掏空挖"神仙土"。

【题例】 冬季开挖路堑必须(　　)开挖。

A. 从中往外　　B. 从下向上

C. 从上向下　　D. 上下同时

答案:C

9. 地下水设施类别

【精析】

排除地下水设施有排水沟、暗沟(管)、渗沟、渗井、检查井等。

【题例】 在路基工程中,用于排除地下水的设施是(　　)。

A. 拦水带　　B. 急流槽

C. 截水沟　　D. 渗井

答案:D

【题例】 属于地下排水设施有(　　)。

A. 渗沟　　B. 截水沟

C. 边沟　　D. 暗沟

E. 渗井

答案:ADE

第二目　(1B411020)特殊路基施工技术

一、考试大纲要求

1B411021　掌握软土路基施工技术

1B411022　掌握膨胀土路基的施工技术

1B411023　熟悉滑坡路基的施工技术

1B411024　了解湿陷性黄土路基的施工技术

新大纲与2006年版大纲相比,熟悉滑坡路基的施工技术一条的重难点等级下降,由掌握改为熟悉,了解湿陷性黄土路基的施工技术一条的重难点等级下降,由掌握改为了解。取消了盐渍土路基施工技术与填石路基的施工方法和要求两条。另外,各条的顺序有一定的调整。根据以往考试情况,本目以选择题与案例题出现的概率相当。

二、考试要点精析

1. 软土地基的工程特性

【精析】

淤泥、淤泥质土及天然强度低、压缩性高、透水性小的一般黏土统称为软土。膨胀土黏性含量很高,其中0.002mm的胶体颗粒一般超过20%,黏粒成分主要由水矿物组成。土的液限$W_L>40\%$,塑性指数$I_p>17$,多数在22～35之间。自由膨胀率一般超过40%。按工程性质分为强膨胀土、中等膨胀土、弱膨胀土三类。

【题例】 属于软土工程特性的选项是(　　)。

A. 透水性强　　B. 压缩性低

C. 黏性含量很高　　D. 自由膨胀率低

答案:C

【题例】 不是软土工程特性的是(　　)。

A. 天然含水量高　　B. 孔隙比大

C. 压缩性低　　D. 透水性差

答案:C

2. 膨胀土的工程特性

【精析】

膨胀土的工程特性:①吸水膨胀,失水收缩;②黏性含量很高;③土的液限 $W_L>40\%$,塑性指数 $I_p>17$,多数在 22～35 之间;④自由膨胀率一般超过40%。

【题例】 膨胀土的自由膨胀率一般超过(　　)。

A. 10%　　B. 20%

C. 30%　　D. 40%

答案:D

3. 膨胀土地区路基的破坏

【精析 1】

路堤会出现路基沉陷、边坡溜塌、路肩坍塌和滑坡等变形破坏。

【精析 2】

路堑会出现剥落、冲蚀、溜塌和滑坡等变形破坏。

【题例】 膨胀土地区路堑的的破坏形式有(　　)。

A. 剥落　　B. 冲蚀

C. 溜塌　　D. 滑坡

E. 网裂

答案:ABCD

第三目　(1B411030)公路路基防护与加固

一、考试大纲要求

1B411031　掌握防护工程类型和适用条件

1B411032　掌握加固工程的功能与类型划分

新大纲与 2006 年版大纲相比,本目无变化。根据以往考试情况,本目以选择题出现的概率较大。

二、考试要点精析

1. 边坡坡面防护工程适用条件

【精析】

防护类型		适用条件	备注
植物防护	种草防护	适用于边坡稳定,坡面受雨水冲刷轻微,且易于草类生长的路堤与路堑边坡	
	铺草皮	适用于需要迅速绿化的土质边坡	
	植灌木	适用于土质边坡和膨胀土边坡	
工程防护	框格防护	适用于土质或风化岩石边坡	
	抹面防护	适用于易风化的软质岩石挖方边坡,岩石表面比较完整,尚无剥落	
	捶面防护	适用于易受雨水冲刷的土质边坡和易风化的岩石边坡	
	喷浆和喷射混凝土防护	适用于边坡易风化、裂隙和节理发育、坡面不平整的岩石挖方边坡	
	护面墙	用于封闭各种软质岩层和较破碎的挖方边坡以及坡面易受侵蚀的土质边坡	
	石砌护坡	干砌片石护坡适用于易受水流侵蚀的土质边坡、严重剥落的软质岩石边坡、周期性浸水及受水流冲刷较轻(流速小于2~4m/s)的河岸或水库岸坡的坡面防护。浆砌片(卵)石护坡适用于防护流速较大(3~6m/s)、波浪作用较强、有流水、漂浮物等撞击的边坡	
	浆砌预制块防护	适用于石料缺乏地区	
	锚杆铁丝网喷浆或喷射混凝土护坡	适用于直面为碎裂结构的硬岩或层状结构的不连续地层,以及坡面岩石与基岩分离并有可能下滑的挖方边坡	
土工织物防护	挂网式坡面防护	适用于风化碎落较严重的岩石边坡	
	土工织物复合植被防护	适用于边坡坡度缓于1:1,边坡高度小于3m的土质边坡	

【题例】 一段易风化、裂隙和节理发育、坡面不平整的岩石挖方边坡采用喷射混凝土防护,除此之外还可采用的效果较好的防护工程是(　　)。

A. 抹面　　B. 捶面

C. 护面墙　　D. 喷浆

答案:D

2. 间接防护适用条件

【精析】

防护类型	适用条件	备注
护坝	当沿河路基挡土墙、护坡的局部冲刷深度过大,深基础施工不便时,宜采用护坝防护基础	
丁坝	适用于宽浅变迁河段,用以挑流或降低流速,减轻水流对河岸或路基的冲刷	
顺坝	适用于河床断面较窄、基础地质条件较差的河岸或沿河路基防护,调整流水曲线度和改善流态	
改移河道	适用于沿河路基受水流冲刷严重,或防护工程艰巨,以及路线在短距离内多次跨越弯曲河道时可改移河道	

【题例】 对沿河路堤进行间接防护的设施有(　　)。

A. 丁坝　　B. 浸水挡土墙

C. 石笼　　D. 顺坝

E. 改河营造护林带

答案:ADE

【题例】 在路基工程中,用于排除地下水的设施是(　　)。

A. 拦水带　　B. 急流槽

C. 截水沟　　D. 渗井

答案:D

3. 加筋挡土墙工程技术

【精析 1】

加筋土挡土墙是柔性结构物。

【题例】 下列各类挡土墙,属于柔性结构物的是(　　)。

A. 加筋土挡土墙　　B. 衡重式挡土墙

C. 壁板式锚杆挡土墙　　D. 重力式挡土墙

答案:A

【精析 2】

加筋土挡土墙由填料、在填料中布置的拉筋以及墙面板三部分组成。

4. 锚杆挡土墙工程技术

【精析 1】

锚杆挡土墙施工工序主要有基坑开挖、基础浇(砌)筑、锚杆制作、钻孔、锚杆安放与注浆锚固、肋柱和挡土板预制、肋柱安装、挡土板安装、墙后填料填筑与压实等。

【精析 2】

将锚杆挡土墙的类型按墙面的结构形式可分为柱板式锚杆挡土墙和壁板式锚杆挡土墙。

第四目　(1B411040)公路工程施工综合排水

一、考试大纲要求

1B411041　熟悉路基地下水排水设置与施工要求

1B411042　熟悉路基地面排水设置与施工要求

新大纲与 2006 年版大纲相比,取消了路基工程施工综合排水设计一条。根据以往考试情况,本目以选择题与案例题出现的概率相当。

二、考试要点精析

1. 路基地下水排水设置

【精析 1】

排水沟、暗沟应设置:渗水孔、反滤层、伸缩缩或沉降缝。

【精析 2】

排水沟可兼排地表水,在寒冷地区不宜用于排除地下水。

【题例】 可用于排地下和地表水的排水设施是(　　)。

A. 排水沟　　B. 暗沟
C. 渗沟　　D. 涵洞

答案:A

【题例】 不属于地下排水设施的是(　　)。

A. 渗沟　　B. 排水沟
C. 渗井　　D. 涵洞

答案:D

【精析3】

渗沟应设置:排水层、反滤层、封闭层。

【精析4】

渗沟有填石渗沟、管式渗沟和洞式渗沟三种形式。

【题例】 排水作用的渗沟有(　　)几种形式。

A. 填石渗沟　　B. 填砂渗沟
C. 填土渗沟　　D. 管式渗沟
E. 洞式渗沟

答案:ADE

【精析5】

当路基附近的地面水或浅层地下水无法排除,影响路基稳定时,可设置渗井。

【题例】 当路基附近的地面水和浅层地下水无法排除,影响路基稳定时,可设置(　　)来排除。

A. 边沟　　B. 渗沟
C. 渗井　　D. 截水沟

答案:C

2. 设拦水缘石作用

【精析】

为避免高路堤边坡被路面水冲毁可在路肩上设拦水缘石,将水流拦截至挖方边沟或在适当地点设急流槽引离路基。

【题例】 设拦水缘石的作用是(　　)。

A. 将路面水流拦截并引离路基　　B. 将山坡水流拦截而避开路基
C. 将地下水流拦截并引离路基　　D. 将边坡水流拦截并引离路基

答案:A

第五目　(1B411050)路基施工主要爆破技术

一、考试大纲要求

1B411051　了解综合爆破方法施工的特点及优点

新大纲与2006年版大纲相比,取消了光面爆破、预裂爆破、微差爆破、定向爆破、洞室爆破一条,新增了了解综合爆破方法施工的特点及优点。根据以往考试情况,本目以选择题出现的概率较大。

二、考试要点精析

1. 常用爆破方法

【精析 1】

预裂爆破，作为隔震减震带，起保护和减弱开挖限界以外山体或建筑物的地震破坏作用。

【题例】 在路基爆破施工中，可以对开挖限界以外山体起保护作用的爆破技术是(　　)。

A. 光面爆破　　B. 预裂爆破

C. 微差爆破　　D. 定向爆破

答案:B

【题例】 预裂爆破的主要目的是(　　)。

A. 为了节省炸药　　B. 为了加强岩石的破碎效果

C. 形成光滑平整的边坡　　D. 形成隔震减震带

答案:D

【精析 2】

微差爆破：两相邻药包或前后排药包以毫秒的时间间隔(一般为 15～75ms)依次起爆，称为微差爆破，亦称毫秒爆破。

【题例】 两相邻药包或前后药包以毫秒的时间间隔依次起爆，称为(　　)。

A. 微差爆破　　B. 定向爆破

C. 预裂爆破　　D. 扬弃爆破

答案:A

【精析 3】

利用爆能将大量土石方按照指定的方向，搬移到一定的位置并堆积成路堤的一种爆破施工方法，称为定向爆破。

【题例】 在公路工程中以借为填或移挖作填地段、特别是在深挖高填相邻路段、工程量大的鸡爪地区，宜采用的爆破技术是(　　)。

A. 定向爆破　　B. 微差爆破

C. 光面爆破　　D. 抛掷爆破

答案:A

2. 综合爆破施工技术特点

【精析 1】

洞室爆破：为使爆破设计断面内的岩体大量抛掷(抛坍)出路基，减少爆破后的清方工作量，保证路基的稳定性，可根据地形和路基断面形式，采用抛掷爆破、定向爆破、松动爆破方法。

【题例】 在爆破技术的分类中，属于洞室爆破的是(　　)。

A. 光面爆破　　B. 微差爆破

C. 预裂爆破　　D. 抛掷爆破

答案:D

【精析 2】

药壶炮是指在深 2.5～3.0m 以上的炮眼底部用小量炸药经一次或多次烘膛，使眼底成葫芦形，将炸药集中装入药壶中进行爆破。

【精析3】

小炮主要包括钢钎炮、深孔爆破等钻孔爆破;洞室炮主要包括药壶炮和猫洞炮。

【题例】 小炮主要包括(　　)等钻孔爆破。

A. 钢钎炮　　B. 药壶炮

C. 猫洞炮　　D. 深孔爆破

答案:AD

【题例】背景

某施工单位,承包了二级公路M合同段路基施工,其中:

K6+600～K7+300一段为填方路基,填料采用轻亚黏土(细粒土),路段地面纵坡7%左右,填方高度约4m。填料采用挖掘机配合自卸汽车运输,推土机、平地机进行摊铺,分层填筑,振动压路机碾压。在路基压实后,施工单位技术人员采用灌砂法测定现场密度,测试的6个测点的干重度见下表,在室内击实试验的最大干重度为19.7kN/m³,要求压实度为94%。

里　　程	K6+650	K6+700	K6+750	K6+800	K6+850	K6+900
干重度(kN/m³)	18.74	18.99	19.71	19.42	18.97	19.25

K14+200～K14+500一段为水田路段,表面有0.5m深的淤泥,路基横断面为平均高度2m的路堤,施工单位对淤泥进行了处理。

K16+100～K16+300一段为石质路基,路基断面形式为半填半挖,施工单位拟采用爆破方法形成路基。

问题:

(1)对6个测点,不符合压实度要求的测点数为(　　)个点。

A. 0　　B. 1

C. 2　　D. 3

(2)对K12+000～K12+300段路基填筑方法宜采用(　　)。

A. 水平分层填筑法　　B. 纵向分层填筑法

C. 横向填筑法　　D. 联合填筑法

(3)对K12+000～K12+300段路基的压实度检测,还可以采用(　　)。

A. 重型击实法　　B. 轻型击实法

C. 振动台法　　D. 环刀法

(4)对K14+200～K14+500段的淤泥,适宜的处理方式是(　　)。

A. 砂井　　B. 堆载预压法

C. 换填　　D. 爆破排淤法

(5)K16+100～K16+300一段的路基,应采用爆破方法是(　　)。

A. 预裂爆破　　B. 定向爆破

C. 抛掷爆破　　D. 微差爆破

答案:(1)A　(2)A　(3)D　(4)C　(5)B

第二节　(1B412000)路面工程

第一目　(1B412010)路面基层(底基层)施工技术

一、考试大纲要求

1B412011　掌握路面粒料基层施工技术

1B412012　掌握路面沥青稳定基层施工技术

1B412013　掌握路面无机结合料稳定基层施工技术

新大纲与2006年版大纲相比，本目无变化。根据以往考试情况，本目以选择题与案例题出现的概率相当。

二、考试要点精析

1. 粒料基层分类及适用范围

【精析1】

嵌锁型——包括泥结碎石、泥灰结碎石、填隙碎石等。

【题例】下列粒料类基层中，属于嵌锁型的是(　　)。

A. 填隙碎石　　B. 级配碎石

C. 级配砾石　　D. 天然砂砾

答案：A

【精析2】

级配碎石可用于各级公路的基层和底基层。

【题例】　可以做各类公路基层结构的材料是(　　)。

A. 填隙碎石　　B. 级配碎石

C. 级配砾石　　D. 符合级配、塑性指数等技术要求的天然砂砾

答案：B

【题例】　可用于各级公路基层和底基层的粒料材料是(　　)。

A. 天然砂砾　　B. 级配碎石

C. 泥结碎石　　D. 填隙碎石

答案：B

【精析3】

填隙碎石可用于各等级公路的底基层和二级以下公路的基层。

2. 无机结合料稳定类基层适用范围

【精析1】

无机结合料稳定类(也称半刚性类型)基层分类：

(1)水泥稳定土：包括水泥稳定级配碎石、未筛分碎石、砂砾、碎石土、砂砾土、煤矸石、各种粒状矿渣等。

(2)石灰稳定土：包括石灰稳定级配碎石、未筛分碎石、砂砾、碎石土、砂砾土、煤矸石、各种粒状矿渣等。

(3)石灰工业废渣稳定土:可分为石灰粉煤灰类与石灰其他废渣类两大类。除粉煤灰外,可利用的工业废渣包括煤渣、高炉矿渣、钢渣(已经过崩解达到稳定)及其他冶金矿渣、煤矸石等。

【题例】 我们平时习惯称为"二灰土"的基层是属于(　　)。

A. 水泥灰稳定类　　B. 石灰泥稳定类

C. 水泥石灰综合稳定类　　D. 石灰工业废渣稳定类

答案:D

【精析2】

水泥稳定土可适用于各级公路的基层和底基层,但水泥稳定细粒土不能用做二级和二级以上公路高级路面的基层。

【精析3】

石灰稳定土适用于各级公路的底基层,以及二级和二级以下公路的基层,但石灰土不得用做二级公路的基层和二级以下公路高级路面的基层。

【题例】 二级公路的基层和二级以下公路高级路面的基层不得使用(　　)。

A. 水泥稳定未筛分碎石　　B. 石灰土

C. 水泥稳定碎石土　　D. 二灰砾石

答案:B

【精析4】

石灰工业废渣稳定土可适用于各级公路的基层和底基层,但二灰、二灰土和二灰砂不应做二级和二级以上公路高级路面的基层。

例:适用于各级公路的无机结合料稳定类基层是(　　)。

A. 水泥稳定土　　B. 二灰碎石

C. 填隙碎石　　D. 石灰稳定土

E. 二灰土

答案:AB

3. 无机结合料稳定基层时,对原材料的技术要求

【精析1】

基层对水泥的要求:普通硅酸盐水泥、矿渣硅酸盐水泥和火山灰质硅酸盐水泥均可做结合料,但应选用初凝时间3h以上和终凝时间较长(宜在6h以上)的水泥。

【题例】 水泥稳定基层中,对水泥最主要的技术要求是(　　)。

A. 终凝时间较长　　B. 强度等级较高

C. 抗压强度较高　　D. 抗折强度较高

答案:A

【精析2】

石灰质量应符合GB 1594规定的III级以上消石灰或生石灰的技术指标。应检验石灰的有效钙和氧化镁含量。

【题例】 无机结合料稳定基层时,石灰质量应符合GB 1594规定的(　　)级以上消石灰或生石灰的技术指标。

A. I　　B. II

C. III　　D. IV

答案:C

【精析3】

为提高石灰粉煤灰稳定土的早期强度,宜在混合料中掺入1%~2%的水泥。

【题例】 为提高石灰粉煤灰稳定土的早期强度,宜在混合料中掺入1%~2%的(　　)。

A. 早强剂　　B. 水泥

C. 减水剂　　D. 纤维

答案:B

【精析4】

粉煤灰中SiO_2、Al_2O_3和Fe_2O_3的总含量应大于70%,烧失量不宜大于20%,比表面积宜大于2 500cm^2/g(或90%通过0.3mm筛孔,70%通过0.075mm筛孔)。

例:半刚性基层如使用粉煤灰,必须满足(　　)要求。

A. SiO_2、Al_2O_3、Fe_2O_3总含量应大于70%

B. SiO_2、Al_2O_3、Fe_2O_3总含量应大于30%

C. SiO_2、Al_2O_3、Fe_2O_3总含量应小于70%

D. 烧失量不宜大于20%

E. 氧化镁宜小于1.5%

答案:AD

【精析5】

石灰稳定土用于沥青路面的基层时,除层铺法表面处治外,应在基层上做下封层。

4. 沥青稳定类基层分类及适用范围

【精析1】

沥青稳定类基层分类:包括热拌沥青碎石、沥青贯入碎石、乳化沥青碎石混合料等。

【题例】 沥青稳定基层有(　　)。

A. 沥青砾石基层　　B. 沥青贯入式碎石基层

C. 煤沥青砾石基层　　D. 乳化沥青碎石基层

E. 热拌沥青碎石基层

答案:BDE

【精析2】

适用范围:①热拌沥青碎石适用于柔性路面上基层及调平层。②沥青贯入式碎石可设在沥青混凝土与粒料基层之间作上基层,此时应不撒封层料,也不做上封层。③乳化沥青碎石混合料适用于各级公路调平层。

【题例】 乳化沥青碎石混合料适于各级公路(　　)。

A. 面层　　B. 上基层

C. 下基层　　D. 调平层

答案:D

第二目　(1B412020)沥青路面的施工技术

一、考试大纲要求

1B412021　掌握沥青路面的结构形式

1B412022　掌握沥青路面透层、黏层、封层的作用及适用条件

1B412023　掌握路肩及中央分隔带施工技术

新大纲与2006年版大纲相比,新增了掌握路肩及中央分隔带施工技术一条。根据以往考试情况,1B412021、1B412023条以选择题出现的概率较大,1B412022条本目以选择题与案例题出现的概率相当。

二、考试要点精析

1. 沥青混合料结构类型

【精析1】

密实—悬浮结构:在采用连续密级配矿料配制的沥青混合料中,一方面矿料的颗粒由大到小连续分布,并通过沥青胶结作用形成密实结构。如AC-I型沥青混凝土。

【题例】 由连续级配矿料组成的沥青混合料结构为(　　)。

A. 密实—悬浮结构　　B. 骨架—空隙结构

C. 密实—骨架结构　　D. 连续级配结构

答案:A

【精析2】

骨架—空隙结构:当采用连续开级配矿料与沥青组成沥青混合料时,由于矿料大多集中在较粗的粒径上,所以粗粒径的颗粒可以相互接触,彼此相互支撑,形成嵌挤的骨架。如沥青碎石混合料(AN)和排水沥青混合料(OGFC)。

【题例】 由连续开级配矿料组成的沥青混合料结构为(　　)。

A. 密实—悬浮结构　　B. 骨架—空隙结构

C. 密实—骨架结构　　D. 连续级配结构

答案:B

【精析3】

密实—骨架结构:当采用间断型密级配矿料与沥青组成沥青混合料时,由于矿料颗粒集中在级配范围的两端,缺少中间颗粒,所以一端的粗颗粒相互支撑嵌挤形成骨架,另一端较细的颗粒填充于骨架留下的空隙中间,使整个矿料结构呈现密实状态,形成所谓密实—骨架结构。如沥青碎石玛蹄脂混合料(SMA)。

【精析4】

密级配沥青混凝土混合料:各种粒径的颗粒级配连续、相互嵌挤密实的矿料,与沥青拌和而成,且压实后的剩余空隙率小于10%的混凝土混合料。剩余空隙率为3%~6%的是I型密实式改性沥青混凝土混合料;剩余空隙率为4%~10%的是II型半密实式改性沥青混凝土混合料。

【精析5】

开级配沥青混合料:矿料级配主要由粗集料组成,细集料和填料较少,采用高黏度沥青结合料粘结形成,压实后空隙率大于15%的开式沥青混合料。

【题例】 属于开级配沥青混合料的是(　　)。

A. 沥青玛蹄脂碎石　　B. 改性沥青稳定碎石

C. 沥青混凝土　　D. 排水式沥青磨耗层混合料

答案:D

【精析6】

间断级配沥青混合料：矿料级配组成中缺少1个或几个档次而形成的级配间断的沥青混合料。

2. 透层施工技术

【精析1】

透层的作用：为使沥青面层与非沥青材料基层结合良好，在基层上浇洒乳化沥青、煤沥青或液体沥青而形成的透入基层表面的薄层。

【题例】 为使沥青面层与非沥青材料基层结合良好，在基层上浇洒的沥青薄层称为(　　)。

A. 透层　　B. 黏层
C. 封层　　D. 结合层

答案：A

【题例】 沥青路面透层的作用是(　　)。

A. 加强路面的沥青层与沥青层之间的粘结
B. 封闭路基防止毛细水上升
C. 加强路面的沥青层与水泥混凝土路面之间的粘结
D. 使沥青面层与非沥青材料基层结合良好

答案：D

【精析2】

应浇洒透层沥青的条件：

(1)沥青路面的级配砂砾、级配碎石基层。
(2)水泥、石灰、粉煤灰等无机结合料稳定土。
(3)粒料的半刚性基层上必须浇洒透层沥青。

【题例】 下列需要浇洒透层沥青的情况有(　　)。

A. 旧沥青路面层上加铺沥青层
B. 水泥混凝土路而上铺筑沥青面层
C. 沥青路面的级配砂砾基层
D. 无基结合料稳定土基层
E. 粒料的半刚性基层

答案：CDE

【题例】 沥青路面施工中，对级配砂砾基层应浇洒的沥青层是(　　)。

A. 黏层　　B. 封层
C. 透层　　D. 防水层

答案：C

【题例】背景

北京附近某高速公路，是国家的重点建设项目，全长199km，为双向六车道高速公路，路面全宽22.5m，沥青混凝土表面层为沥青混凝土。结构为：20cm厚石灰稳定土底基层，18cm厚石灰粉煤灰稳定碎石基层，19cm厚水泥稳定碎石基层以及4cm厚沥青混凝土表面层，5cm厚沥青混凝土中面层，6cm厚青混凝土底面层。施工单位施工时，在基层上喷洒了透层油，且不能及时铺筑面层，并还需开放交通。其主要施工具体做法如下：

(1)清扫路基表面,并使表面干燥。

(2)洒布沥青。透层沥青洒布后应不致流淌,透入基层应有一定深度,最好在表面形成油膜。

(3)遇大风或将下雨时,不喷洒透层油。当气温低于10℃或路面潮湿时禁止喷洒。

(4)喷洒黏层后,严禁车辆行人通过。

(5)撒布适量石屑。

(6)用轮胎压路机稳压,并控制车速。

问题:

(1)该基层上是否必须设置透层?说明理由。

(2)施工单位施工具体做法哪些不正确?并改正。

答案:

(1)必须设置透层。水泥、石灰、粉煤灰等无机结合料稳定土基层上必须浇洒透层沥青,以使沥青面层与非沥青材料基层结合良好。

(2)做法第(2)点中"最好在表面形成油膜"不正确。应该是"不得在表面形成油膜"。

做法第(6)点中"用轮胎压路机稳压"不正确。应该是"用钢筒式压路机稳压"。

【精析3】

透层油沥青宜采用慢裂的洒布型乳化石油沥青,或者是中、慢裂液体石油沥青或煤沥青。

3. 黏层施工技术

【精析1】

应浇洒黏层沥青的条件:

(1)双层式或三层式热拌热铺沥青混合料路面在铺筑上层前,其下面的沥青层已被污染。

(2)旧沥青路面层上加铺沥青层。

(3)水泥混凝土路面上铺筑沥青面层,或桥面铺装前。

(4)与新铺沥青混合料接触的路缘石、雨水进水口、检查井等的侧面。

【题例】 下列情况应洒布黏层的是(　　)。

A. 沥青混凝土面层的下面层和二灰稳定碎石基层之间

B. 半刚性机层上铺筑沥青层

C. 沥青混凝土面层与检查井侧面之间

D. 多雨地区空隙较大的沥青面层下部

答案:C

【精析2】

当气温低于10℃或路面潮湿时禁止喷洒黏层沥青。

【精析3】

黏层沥青喷洒后,一定要等乳化沥青破乳,水分蒸发完后才能铺筑上层沥青混凝土。

4. 封层的施工技术

【精析1】

在沥青面层上铺筑上封层的条件:

(1)沥青面层的空隙较大,透水严重。

(2)有裂缝或已修补的旧沥青路面。

(3)需加铺磨耗层改善抗滑性能的旧沥青路面。

(4)需铺筑磨耗层或保护层的新建沥青路面。

【精析2】

稀浆封层混合料的加水量应根据施工摊铺和易性由稠度试验确定,要求的稠度应为2~3cm。

【题例】 稀浆封层混合料的加水量应根据施工摊铺和易性由( )确定。

A. 经验　　B. 稠度试验

C. 水袋法试验　　D. 和易性试验

答案:B

第三目 (1B412030)水泥混凝土路面的施工技术

一、考试大纲要求

1B412031 掌握水泥混凝土路面的施工技术

新大纲与2006年版大纲相比,本目无变化。根据对以往试题的分析,本目以选择题与案例题出现的概率相当。

二、考试要点精析

1. 水泥混凝土路面的施工技术

【精析1】

所谓普通混凝土路面,是指除接缝区和局部范围(边缘和角隅)外不配置钢筋的混凝土路面。

【题例】 只在接缝区和局部范围(边缘和角隅)处配置钢筋,其余部分不配置钢筋的混凝土路面叫( )路面。

A. 连续配筋混凝土　　B. 普通混凝土

C. 钢筋混凝土　　D. 预应力钢筋混凝土

答案:B

【精析2】

水泥混凝土面层铺筑的技术方法有小型机具铺筑、滑模机械铺筑、轨道摊铺机铺筑、三辊轴机组铺筑和碾压混凝土等五种方法。

【题例】 在我国高等级公路水泥混凝土路面施工中广泛采用的工程质量最高、施工速度最快、装备最现代化的水泥混凝土路面施工技术方法是( )。

A. 三辊轴机组铺筑法　　B. 轨道摊铺机铺筑法

C. 小型机具铺筑法　　D. 滑模机械铺筑法

答案:D

【题例】 碾压混凝土施工可采用的施工机械为( )。

A. 三辊轴机组　　B. 沥青摊铺机

C. 轨道摊铺机　　D. 滑模机械

答案:B

【题例】 在下列水泥混凝土面层铺筑方法中,最先进的铺筑方法是(　　)。

A. 三辊轴机组铺筑　　B. 滑模机械铺筑

C. 小型机具铺筑　　D. 碾压混凝土

答案:B

第四目　(1B412040)特殊沥青路面的施工技术

一、考试大纲要求

1B412041　掌握SMA沥青路面的施工技术

1B412042　了解SAC沥青路面的施工技术

1B412043　了解土工合成材料在沥青路面中的应用

新大纲与2006年版大纲相比,掌握SMA沥青路面的施工技术一条的重难点等级上升,由熟悉改为掌握,了解SAC沥青路面的施工技术一条的重难点等级下降,由熟悉改为了解。了解土工合成材料在沥青路面中的应用一条的重难点等级下降,由熟悉改为了解。取消了沥青路面再生技术一条。根据以往考试情况,1B412041条以选择题与案例题出现的概率相当,1B412042、1B412043条以选择题出现的概率较大。

二、考试要点精析

1. SMA的施工温度

【精析】

SMA拌和、摊铺和碾压温度均较常规路面施工温度要求高,不得在天气温度低于10℃的气候条件下和雨天施工。

2. SMA结构路面碾压施工

【精析1】

SMA面层施工切忌使用胶轮压路机或组合式压路机,以防止胶轮压路机或组合式压路机的轮胎将结构部沥青"泵吸"到路表面,使路表失去纹理和粗糙度。

【题例】 SMA面层施工中,宜采用(　　)进行碾压。

A. 胶轮压路机　　B. 组合式压路机

C. 振动压路机以低频率高振幅　　D. 振动压路机以高频率低振幅

答案:D

【精析2】

SMA混合料内部含有大量沥青玛蹄脂胶浆,黏度大,温度低时很难压实,因而确保摊铺碾压温度尤为重要。

【题例】 SMA沥青路面温度低时很难压实的原因是(　　)。

A. 粒料粗　　B. 沥青含量高

C. 玛蹄脂胶浆黏度大　　D. 矿粉含量高

答案:C

3. 马歇尔试验技术指标

【精析】

马歇尔试验五大指标:孔隙率、沥青饱和度、稳定度、流值、残留稳定度。

【题例】 属于马歇尔试验的指标的选项是(　　)。

A. 孔隙率　　B. 沥青饱和度

C. 稳定度　　D. 烧失量

E. 流值

答案:ABCE

第五目 (1B412050)各类沥青路面的材料

一、考试大纲要求

1B412051　掌握各类沥青路面材料要求

新大纲与2006年版大纲相比,掌握各类沥青路面材料要求一条的重难点等级上升,由熟悉改为掌握。根据对以往试题的分析,本目以选择题与案例题出现的概率相当。

二、考试要点精析

1. 道路石油沥青

【精析1】

A级沥青:适用于各个等级的公路,适用于任何场合和层次。

【题例】 适用任何场合和层次、各个等级的路面用沥青是(　　)。

A. 改性沥青　　B. 阳离子乳化沥青

C. A级道路石油沥青　　D. B级道路石油沥青

答案:C

【精析2】

C级道路石油沥青:适用于三级及三级以下公路的各个层次。

【题例】 某三级公路的路面用沥青,可以使用的沥青等级是(　　)。

A. A级道路石油沥青　　B. B级道路石油沥青

C. C级道路石油沥青　　D. D级道路石油沥青

E. E级道路石油沥青

答案:ABC

2. 乳化沥青

【精析】

乳化沥青适用于沥青表面处治、沥青贯入式路面、冷拌沥青混合料路面,修补裂缝,喷洒透层、黏层与封层等。

3. 细集料

【精析】

沥青面层的细集料可采用天然砂、机制砂、石屑。

【题例】 可以作为沥青面层的细集料的材料是(　　)。

A. 石屑　　B. 水泥

C. 矿粉　　D. 天然砂

E. 细砂

答案:AD

第六目 (1B412060)水泥混凝土路面的材料

一、考试大纲要求

1B412061 掌握水泥混凝土路面的材料要求

新大纲与2006年版大纲相比,掌握水泥混凝土路面的材料要求一条的重难点等级上升,由熟悉改为掌握。本目以选择题与案例题出现的概率相当。

二、考试要点精析

1. 水泥

【精析1】

各交通等级路面水泥抗折强度、抗压强度应符合相关规定。

【精析2】

各交通等级路面用水泥的初凝时间不早于1.5小时。

【题例】 各交通等级路面用水泥的初凝时间不早于( )小时。

A. 1.5　　B. 2

C. 5　　D. 8

答案:A

2. 细集料

【精析】

细集料应采用质地坚硬、耐久、洁净的天然砂、机制砂或混合砂。高速公路、一级公路、二级公路以及有抗(盐)冻要求的三、四级公路混凝土路面使用的砂应不低于II级。

【题例】 有抗(盐)冻要求的三、四级公路混凝土路面使用的砂应( )。

A. 不低于I级　　B. 不低于II级

C. 不高于II级　　D. 不高于III级

答案:B

3. 水

【精析】

饮用水可直接作为混凝土搅拌和养护用水。对水质有疑问时,应检验下列指标:硫酸盐含量、含盐量、pH值、不得含油污、泥和其他有害杂质。

【题例】 可直接作为混凝土搅拌和养护的水是( )。

A. 河水　　B. 雨水

C. 饮用水　　D. 海水

答案:C

【题例】背景

某路段路基为高度5m左右的填土,底基层为20cm厚石灰稳定砂砾土,基层为26cm厚水泥稳定碎石,面层为12cm厚的沥青玛蹄脂碎石SMA。施工单位采用水平分层填筑法填筑路堤至设计高程,石灰稳定砂砾土采用路拌法施工,经评定合格后,进入水泥稳定碎石基层施工,为防止基层开裂,施工单位严格按照制定的质量控制关键点控制基层施工,完毕后顺利进入沥青面层施工,直至结束。各工程均评为合格。

问题：

(1)该路段路面层沥青混合料结构类型为(　　)。

A. 密实—悬浮结构　　B. 骨架—空隙结构

C. 骨架—悬浮结构　　D. 密实—骨架结构

(2)底基层的施工顺序正确的是(　　)。

A. 备料、摊铺→洒水闷料→整平和轻压→卸置和摊铺

B. 布置基准线钢丝→摊铺→碾压→养生

C. 备料、摊铺→准备下承层→整型→碾压

D. 备料、摊铺→卸置和摊铺→碾压→养生

(3)该路面面层在铺筑前，应浇洒(　　)。

A. 连接层　　B. 透层

C. 封层　　D. 黏层

(4)面层施工时，天气温度低于不得低于(　　)。

A. 0℃　　B. 5℃

C. 10℃　　D. 15℃

答案：(1)D　(2)A　(3)D　(4)C

第三节　(1B413000)桥梁工程

第一目　(1B413010)桥梁的组成、分类及主要施工技术

一、考试大纲要求

1B413011　掌握桥梁的组成

1B413012　掌握桥梁的分类

1B413013　掌握桥梁基础分类及适用条件

1B413014　掌握桥梁下部结构分类及适用条件

1B413015　掌握桥梁上部结构的主要施工技术

二、要点精析

1. 桥梁的组成

【精析】

桥梁相关尺寸术语名称

净跨径梁式桥是设计洪水位上相邻两个桥墩(或桥台)之间的净距，用 l_0 表示。对于拱式桥是每孔拱跨两个拱脚截面最低点之间的水平距离。

总跨径是多孔桥梁中各孔净跨径的总和，也称桥梁孔径($\sum l_0$)，它反映了桥下宣泄洪水的能力。

计算跨径对于具有支座的桥梁，是指桥跨结构相邻两个支座中心之间的距离，用 l 表示。拱圈(或拱肋)各截面形心点的连线称为拱轴线，计算跨径为拱轴线两端点之间的水平距离。

桥梁全长简称桥长，是桥梁两端两个桥台的侧墙或八字墙后端点之间的距离，以 L 表示。

对于无桥台的桥梁为桥面系行车道的全长。

桥梁高度简称桥高,是指桥面与低水位之间的高差,或为桥面与桥下线路路面之间的距离。桥高在某种程度上反映了桥梁施工的难易性。

桥下净空高度是设计洪水位或计算通航水位至桥跨结构最下缘之间的距离,以 H 表示,它应保证能安全排洪,并不得小于对该河流通航所规定的净空高度。

建筑高度是桥上行车路面(或轨顶)高程至桥跨结构最下缘之间的距离,它不仅与桥梁结构的体系和跨径的大小有关,而且还随行车部分在桥上布置的高度位置而异。公路(或铁路)定线中所确定的桥面(或轨顶)高程,对通航净空顶部高程之差,又称为容许建筑高度。桥梁的建筑高度不得大于其容许建筑高度,否则就不能保证桥下的通航要求。

净矢高是拱式桥从拱顶截面下缘至相邻两拱脚截面下缘最低点之连线的垂直距离,以 f_0 表示;计算矢高是从拱顶截面形心至相邻两拱脚截面形心之连线的垂直距离,以 f 表示。

矢跨比是拱桥中拱圈(或拱肋)的计算矢高 f 与计算跨径 l 之比 $\left(\frac{f}{l}\right)$,也称拱矢度,它是反映拱桥受力特性的一个重要指标。

根据往年考试情况,本知识点多以客观题(单选题型)为主测试桥梁相关尺寸术语的辨析。

【题例】 桥梁的桥面与低水位之间的高差称为(　　)。

A. 桥梁建筑高度　　B. 桥梁高度

C. 桥梁容许建筑高度　　D. 桥下净空高度

答案:B

复习时要求掌握重要概念,特别是桥梁净跨径、总跨径、计算跨径、桥长四个概念以及桥梁高度、净空高度、建筑高度、净矢高四个概念的辨析。

2. 桥梁的分类

【精析】

桥梁的基本体系

梁式体系是古老的结构体系。梁作为承重结构是以它的抗弯能力来承受荷载的。梁分简支梁、悬臂梁、固端梁和连续梁等。

拱式体系的主要承重结构是拱肋(或拱箱),以承压为主。拱分单铰拱、双铰拱、三铰拱和无铰拱。拱是有推力的结构,对地基要求较高,一般常建于地基良好的地区。

刚架桥是介于梁与拱之间的一种结构体系,它是由受弯的上部梁(或板)结构与承压的下部柱(或墩)整体结合在一起的结构。

悬索桥就是指以悬索为主要承重结构的桥。其主要构造是:缆、塔、锚、吊索及桥面,一般还有加劲梁。其受力特征是:荷载由吊索传至缆,再传至锚墩,传力途径简捷、明确。悬索桥的特点是:构造简单,受力明确;跨径愈大,材料耗费愈少,桥的造价愈低。

根据往年考试情况,本知识点多以客观题(单选题型)为主测试桥梁的四种基本体系的概念辨析,要求重点掌握桥梁的四种基本体系的区别,特别是各自不同的受力状况。

【题例】 在恒载作用下的无纵坡桥梁中,(　　)将在其桥墩中产生水平力。(往年考试真题)

A. 连续梁桥　　B. 斜拉桥

C. 简支梁桥　　D. 拱桥

答案:D

3. 桥梁基础分类及适用条件

【精析】

桥梁基础适用条件

钻孔灌注桩适用于黏土、砂土、砾卵石、碎石、岩石等各类土层；挖孔灌注桩适用于无地下水或少量地下水，且较密实的土层或风化岩层，如空气污染物超标，必须采取通风措施。具体适用条件如下：

荷载较大，地基上部土层软弱，适宜的地基持力层位置较深，采用浅基础或人工地基在技术上、经济上不合理时。

河床冲刷较大，河道不稳定或冲刷深度不易计算正确，如采用浅基础施工困难或不能保证基础安全时。

当地基计算沉降过大或结构物对不均匀沉降敏感时，采用桩基础穿过松软(高压缩)土层，将荷载传到较坚实(低压缩性)土层，减少结构物沉降并使沉降较均匀。另外桩基础还能增强结构物的抗震能力。

管柱可适用于各种土质的基底，尤其在深水、岩面不平、无覆盖层或覆盖层很厚的自然条件下，不宜修建其他类型基础时，均可采用。

沉井适用于各种土质的基底，在深水、无覆盖层或覆盖层很厚的自然条件下，不宜修建其他类型基础时，均可采用。

地下连续墙适用于作为地下挡土墙、挡水围堰、承受竖向和侧向荷载的桥梁基础、平面尺寸大或形状复杂的地下构造物，及适用于除岩溶和地下承压水很高处的其他各类土层中施工。

根据以往考试情况，本知识点多以客观题(多选题型)为主测试桥梁基础的适用条件。

【题例】 桩基础适用于(　　)。

A. 荷载较大，地基持力层位置较深

B. 河道不稳定或冲刷深度不易计算正确

C. 深水、岩面不平、覆盖层很厚

D. 结构物对不均匀沉降敏感

E. 施工水位或地下水位较高

答案：ABDE

4. 桥梁下部结构分类及适用条件

【精析 1】

重力式墩、台

重力式墩、台：这类墩、台的主要特点是靠自身重量来平衡外力而保持其稳定，因此，墩、台身比较厚实，可以不用钢筋，而用天然石材或片石混凝土砌筑。它适用于地基良好的大、中型桥梁，或流冰、漂浮物较多的河流中。在砂石料方便的地区，小桥也往往采用。主要缺点是圬工体积较大，因而其自重和阻水面积也较大。

梁桥和拱桥上常用的重力式桥台为U形桥台，它适用于填土高度在 8～10m 以下或跨度稍大的桥梁。缺点是桥台体积和自重较大，也增加了对地基的要求；此外，桥台的两个侧墙之间填土容易积水，结冰后冻胀，使侧墙产生裂缝。所以宜用渗水性较好的土夯填，并做好台后排水措施。

根据以往考试情况，本知识点多以客观题为主测试重力式桥台的特点及适用条件。

【精析2】

轻型墩台的类型

梁桥轻型墩、台:钢筋混凝土薄壁桥墩,柱式桥墩,钻孔桩柱式桥墩,柔性排架桩墩,设有支撑梁的轻型桥台,埋置式桥台,钢筋混凝土薄壁桥台,加筋土桥台。

拱桥轻型墩、台:带三角杆件的单向推力墩,悬臂式单向推力墩。

拱桥轻型桥台:八字形桥台,U形桥台适合于较小跨径的桥梁。

背撑式桥台,靠背式框架桥台,组合式桥台,空腹式桥台,齿槛式桥台:适用于软土地基和路堤较低的中小跨径拱桥。

根据以往考试情况,本知识点多以客观题为主测试轻型墩台的类型。

【题例】 下列桥台中属于梁桥轻型桥台的有(　　)。

A. 有支撑梁的轻型桥台　　B. 埋置式桥台

C. 钢筋混凝土薄壁桥台　　D. 加筋土桥台

E. 组合式桥台

答案:ABCD

5. 桥梁上部结构的主要施工技术

【精析1】

逐段悬臂平衡施工

平衡悬臂施工可分为:悬臂浇筑法与悬臂拼装法施工,前者是当桥墩浇筑到顶以后,在墩顶安装脚手钢桁架并向两侧伸出悬臂以供垂吊挂篮,实施悬臂浇筑(挂篮是主要施工设备),后者是将梁逐段分成预制块件进行拼装,穿束张拉,自成悬臂。

【精析2】

逐孔施工

有两种方式:一种是预制拼装法,分为两种方法:①预制简支梁逐孔拼装,支点现浇成连续;②预制单悬臂梁逐孔拼装,接头现浇成连续。另一种方式是现浇法,即采用满堂支架或少支架梁式移动支架进行现浇。

【精析3】

顶推法施工

按顶推装置和顶推工作可分为单点顶推和多点顶推法,前者只在桥台附近设置一处顶推装置;后者除桥台处外,在各桥墩(或包括临时墩)顶部均设顶推装置。采用多点顶推时,各个顶推装置的顶推力较单点的小,桥墩所受水平推力也较小,但各顶推装置应同步运行。

【精析4】

转体施工

按转动方向分为竖向转体施工法、平面转体施工法和平竖结合转体法。竖向转体施工法是在竖直位置浇筑构件混凝土,或者单孔拱桥利用桥台两岸斜坡地形作支架浇筑拱肋混凝土,然后再从两边逐渐放倒预制部件搭接成桥,适用于中小跨径使用;平面转体施工法利用两岸地形支架现浇或预制拼装拱肋(主梁),扣索锚固在拱肋(主梁)端部,液压千斤顶收紧扣索使拱肋(主梁)脱模,借助铺有四氟乙烯板或其他润滑材料和钢件的环形滑道,千斤顶牵引使拱肋(主梁)平面转体180°左右合拢,最后再进行主拱圈和拱上建筑的施工,适用于大中跨径使用。

【精析5】

缆索吊装施工

利用悬挂在塔架上的缆索起吊预制构件，将其运输到吊装部位并加以拼装。缆索吊装设备，按其用途和作用可以分为，主索、工作索、塔架和锚固装置等四个基本组成部分。其中主要机具设备包括主索、起重索、牵引索、结索、扣索、缆风索、塔架（包括索鞍）、地锚（地垄）、滑轮、电动卷扬机或手摇绞车等。

上述知识点多以客观题为主。

【题例】 桥梁上部结构的主要施工技术有(ACDE)。

A. 逐段悬臂平衡施工　B. 连续浇注法
C. 顶推法施工　D. 转体施工
E. 缆索吊装施工

第二目 (1B413020)常用支架、模板的设计和计算方法

一、考试大纲要求

1B413021 掌握常用支架的设计与计算方法

1B413022 掌握常用模板的设计与计算方法

二、要点精析

1. 常用支架的设计与计算方法

【精析】

支架、拱架的制作安装技术

项　目	注 意 要 点
确定预留拱度应考虑的因素	·支架和拱架承受施工荷载引起的弹性变形； ·超静定结构由于混凝土收缩、徐变及温度变化而引起的挠度； ·承受推力的墩台，由于墩台水平位移所引起的拱圈挠度； ·由结构重力引起梁或拱圈的弹性挠度，以及1/2汽车荷载(不计冲击力)引起的梁或拱圈的弹性挠度； ·受载后由于杆件接头的挤压和卸落设备压缩而产生的非弹性变形； ·支架基础在受载后的沉陷
安装拱架前的检查	安装拱架前，对拱架立柱和拱架支承面应详细检查，准确调整拱架支承面和顶部高程，并复测跨度，确认无误后方可进行安装。各片拱架在同一节点处的高程应尽量一致，以便于拼装平联杆件。在风力较大的地区，应设置风缆
拱架和支架的稳定、坚固要求与防护措施	·支架立柱必须安装在有足够承载力的地基上，立柱底端应设垫木来分布和传递压力，并保证浇筑混凝土后不发生超过允许的沉降量； ·船只或汽车通行孔的两边支架应加设护桩，夜间应用灯光标明行驶方向，施工中易受漂流物冲撞的河中支架应设坚固的防护设备
安装完毕后的检查	支架或拱架安装完毕后，应对其平面位置、顶部高程、节点连接及纵、横向稳定性进行全面检查，符合要求后，方可进行下一工序

根据以往考试情况，本知识点多以客观题为主测试支架、拱架的制作安装技术的注意要点。

【题例】 在计算拱架施工预拱度时，属于错误的是(　　)。

A. 拱架承受的施工荷载而产生的弹性变形

B. 受载后因拱架杆件接头的挤压和卸落设备压缩而产生的非弹性变形

C. 主拱圈因混凝土收缩、徐变及温度变化引起的挠度

D. 由结构重力以及汽车荷载引起的拱圈弹性挠度

答案:D

2. 常用模板的设计与计算方法

【精析1】

模板、支架和拱架的设计要求

<table>
<tr><th>项　目</th><th colspan="4">要 求 内 容</th></tr>
<tr><td rowspan="5">计算荷载组合</td><td rowspan="5">模板构件名称</td><td colspan="3">荷载组合</td></tr>
<tr><td>计算强度用</td><td colspan="2">验算刚度用</td></tr>
<tr><td>梁、板和拱的底模以及支承板、拱及支架等</td><td>1+2+3+4+7</td><td>1+2+7</td></tr>
<tr><td>缘石、人行道、栏杆、柱、梁、板、拱等的侧模板</td><td>4+5</td><td>5</td></tr>
<tr><td>基础、墩台等厚大建筑物的侧模板</td><td>5+6</td><td>5</td></tr>
<tr><td>荷载组合代号说明</td><td colspan="4">1-模板、支架和拱架自重;2-新浇筑混凝土、钢筋混凝土或其他圬工结构物的重力;3-施工人员和施工料、具等行走运输或堆放的荷载;4-振捣混凝土时产生的荷载;5-新浇筑混凝土对侧面模板的压力(表7-3);6-倾倒混凝土时产生的水平荷载;7-其他可能产生的荷载,如雪荷载、冬季保温设施荷载</td></tr>
<tr><td>强度和稳定性的计算</td><td colspan="4">钢、木模板、支架及拱架的设计,可按《公路桥涵钢结构及木结构设计规范》(JTJ 025—86)的有关规定执行;
设于水中的支架,尚应考虑水流压力、流冰压力和船只漂流物等冲击力荷载;
验算倾覆的稳定系数不得小于1.3</td></tr>
<tr><td>模板、支架及拱架刚度的验算变形限值(不大于右列)</td><td colspan="4">·结构表面外露的模板,挠度为模板构件跨度的1/400;
·结构表面隐蔽的模板,挠度为模板构件跨度的1/250;
·拱架、支架受载后挠曲的杆件(盖梁、纵梁),其弹性挠度为相应结构自由跨度的1/400;
·钢模板的钢棱、柱箍变形为$L/500$和$B/500$(其中L为计算跨径,B为柱宽)</td></tr>
</table>

根据以往考试情况,本知识点多以客观题(多项选择题)为主。

【题例】 计算设于水中的支架或拱架的强度和稳定时,还应考虑(　　)。

A. 风力　　B. 水流压力

C. 流冰压力　　D. 船只漂流物的冲击力

E. 土压力

答案:BCD

【精析2】

模板制作安装技术

项　目	钢模板及其注意要点
木模板制作	·木模板可在工厂或施工现场制作,木模板与混凝土接触的表面应平整、光滑,多次重复使用的木模板应在内侧加钉薄铁皮。木模板的接缝可做成平缝、搭接缝或企口缝。当采用平缝时,应采取措施防止漏浆。木模板的转角处应加嵌条或做成斜角。 ·重复使用的模板应始终保持其表面平整、形状准确,不漏浆,有足够的强度和刚度

续上表

项　目	钢模板及其注意要点
脱模剂的使用	模板应涂刷脱模剂，外露面混凝土模板的脱模剂应采用同一品种，不得使用废机油等油料，且不得污染钢筋及混凝土的施工缝处
模板与脚手架互不联系	模板不应与脚手架连接（模板与脚手架整体设计时除外），避免引起模板变形
纵向预拱度的设置	当结构自重和汽车荷载（不计冲击力）产生的向下挠度超过跨径的 1/1 600 时，钢筋混凝土梁、板的底模板应设预拱度，预拱度值应等于结构自重和 1/2 汽车荷载（不计冲击力）所产生的挠度。纵向预拱度可做成抛物线或圆曲线
模板检查合格后浇筑混凝土	模板安装完毕后，应对其平面位置、顶部高程、节点联系及纵横向稳定性进行检查，签认后方可浇筑混凝土。浇筑时，发现模板有超过允许偏差变形值的可能时，应及时纠正
采用滑升模板要求	滑升模板适用于较高的墩台和吊桥、斜拉桥的索塔施工。采用滑升模板时，除应遵守现行《液压滑动模板施工技术规范》（GBJ 113—87）外，还应遵守下列规定： ·滑升模板的结构应有足够的强度、刚度和稳定性，模板高度宜根据结构物的实际情况确定，滑升模板的支承杆及提升设备应能保证模板竖直均衡上升。滑升时应检测并控制模板位置，滑升速度宜为 100～300mm/h； ·滑升模板组装时，应使各部尺寸的精度符合设计要求。组装完毕须经全面检查试验后，才能进行浇筑； ·滑升模板施工应连续进行，如因故中断，在中断前应将混凝土浇筑齐平。中断期间模板仍应继续缓慢地提升，直到混凝土与模板不至黏住时为止

根据以往考试情况，本知识点多以客观题（多项选择题）为主。

【精析 3】

模板、支架、拱架的拆除技术

项　目	要　点
非承重侧模板的拆除	非承重侧模板应在混凝土强度能保证其表面及棱角不致因拆模而受损坏时方可拆除，一般应在混凝土抗压强度达到 2.5MPa 时方可拆除侧模板
承重模板拱架及支架的拆卸	钢筋混凝土结构的承重模板、支架和拱架，应在混凝土强度能承受其自重力及其他可能的叠加荷载时，方可拆除，当构件跨度不大于 4m 时，在混凝土强度符合设计强度标准值的 50％的要求后，方可拆除；当构件跨度大于 4m 时，在混凝土强度符合设计强度标准值的 75％的要求后，方可拆除； 如设计上对拆除承重模板、支架、拱架另有规定，应按照设计规定执行
石拱桥的拱架卸落时间	·浆砌石拱桥，须待砂浆强度达到设计要求，如设计无要求，则须达到砂浆强度的 70％； ·跨径小于 10m 的小拱桥，宜在拱上建筑全部完成后卸架；中等跨径的实腹式拱，宜在护拱砌完后卸架；大跨径空腹式拱，宜在拱上小拱横墙砌好（未砌小拱圈）时卸架； ·当需要进行裸拱卸架时，应对裸拱进行截面强度及稳定性验算，并采取必要的稳定措施

续上表

项　目	要　点
卸落拱架和支架的程序	·模板拆除应按设计的顺序进行,设计无规定时,应遵循先支后拆的顺序,拆时严禁抛扔; ·卸落支架和拱架应按拟定的卸落程序进行,分几个循环卸完,卸落量开始宜小,以后逐渐增大。在纵向应对称均衡卸落,在横向应同时卸落。在拟定卸落程序时应注意以下几点: 在卸落前应在卸架设备上画好每次卸落量的标记; 满布式拱架卸落时,可从拱顶向拱脚依次循环卸落;拱式拱架可在两支座处同时均匀卸落; 简支梁、连续梁宜从跨中向支座依次循环卸落;悬臂梁应先卸挂梁及悬臂的支架,再卸无铰跨内的支架; 多孔拱桥卸架时,若桥墩允许承受单孔施工荷载,可单孔卸落,否则应多孔同时卸落,或各连续孔分阶段卸落; 卸落拱架时,应设专人用仪器观测拱圈挠度和墩台变化情况,并详细记录。另设专人观察是否有裂缝
墩台模板的拆除	墩、台模板宜在其上部结构施工前拆除。拆除模板,卸落支架和拱架时,不允许使用猛烈地敲击和强扭等方法
其他注意事项	模板、支架和拱架拆除后,应维修整理,分类妥善存放

根据以往考试情况,本知识点多以客观题(多项选择题)为主。

第三目　(1B413030)桥梁工程结构的构造特点和受力特点

一、考试大纲要求

1B413031　掌握桥梁工程基础的构造特点和受力特点

1B413032　掌握桥梁工程下部结构的构造特点和受力特点

1B413033　掌握桥梁工程上部结构的构造特点和受力特点

二、要点精析

1.桥梁工程基础的构造特点和受力特点

【精析1】

桥梁工程基础的构造特点

刚性基础:整体性好,但埋置深度小。

桩基础:实心或空心断面,埋置深度大,桩群的布置可采用对称形、梅花形或环形。

就地灌注钢筋混凝土桩的构造:钻(挖)孔桩是采用就地灌注的钢筋混凝土桩,桩身常为实心断面,钻孔桩设计直径一般为0.8～1.5m,挖孔桩的直径或最小边宽度不宜小于1.2m。

承台的平面尺寸和形状应根据上部结构(墩台身)底部尺寸和形状以及基桩的平面布置而定,一般采用矩形和圆形。承台厚度应保证承台有足够的强度和刚度,公路桥梁多采用钢筋混凝土或混凝土刚性承台(承台本身材料的变形远小于其位移),其厚度不宜小于1.5m。

桩的中距:

·摩擦桩:锤击沉桩,在桩尖处的中距不得小于桩径(或边长)的3倍,对于软土地基宜适当增大,振动沉入砂土内的桩,在桩尖处的中距不得小于桩径(或边长)的4倍。桩在承台底面处的中距均不得小于桩径(或边长)的1.5倍。钻孔桩中距不得小于成孔直径的2.5倍。管柱中距可达管柱外径的2.5～3.0倍。

·柱桩:支承在基岩上的沉桩中距,不宜小于桩径(或边长)的2.5倍;支承或嵌固在基岩中的钻孔桩中距,不得小于实际桩径的2.0倍。

嵌入基岩中的管柱中距,不得小于管柱外径的2.0倍,但计算管柱内力不考虑覆盖层的抗力作用时,其中距可酌情减小。

根据以往考试情况,本知识点多以客观题为主。

【题例】 桩基础适用于(　　)。

A. 荷载较大,地基持力层位置较深

B. 河道不稳定或冲刷深度不易计算正确

C. 深水、岩面不平、覆盖层很厚

D. 结构物对不均匀沉降敏感

E. 施工水位或地下水位较高

答案:ABDE

【精析2】

基础的受力特点

刚性基础:在基础埋置深度和构造尺寸确定以后,应先根据最不利而且有可能情况下的荷载组合,计算出基底的应力,然后进行基础的合力偏心距、稳定性以及地基的强度(包括持力层、弱下卧层的强度)的验算,需要时还应进行地基变形的验算。

根据以往考试情况,本知识点多以客观题为主。

2. 桥梁工程下部结构的构造特点和受力特点

【精析】

下部结构的构造特点

重力式桥墩:梁桥重力式桥墩由墩帽、墩身、基础等组成,墩帽要满足支座布置和局部承压的需要;拱桥重力式桥墩分为普通墩与制动墩,制动墩要能承受单向较大的水平推力,防止出现一侧的拱桥倾坍,因而尺寸较厚实。与梁桥重力式桥墩相比较,具有拱座等构造设施。

重力式桥台(U形桥台):由台帽、背墙、台身(前墙、侧墙)、基础、锥坡等几部分组成。背墙、前墙与侧墙结合成一体,兼有挡土墙和支撑墙的作用。前墙任一水平的高度不宜小于该截面到墙顶高度的40%。侧墙尾端应有不小于0.75m的长度伸入路堤内。

根据以往考试情况,本知识点多以客观题为主。

【题例】 梁桥重力式桥墩由(　　)等组成。

A. 墩帽　　B. 墩身

C. 基础　　D. 拱座

E. 背墙

答案:ABC

3. 桥梁工程上部结构的构造特点和受力特点

【精析】

上部结构的受力特点

装配式钢筋混凝土简支T梁:梁肋与翼板(桥面板)结合在一起作为承重结构,肋与肋之间的处于受拉区域的混凝土得到较大挖空,减轻结构自重。既充分利用扩展的桥面板的抗压能力,又有效地发挥了梁肋下部受力钢筋的抗拉作用。

预应力混凝土简支T梁:预应力混凝土简支梁存在核心距的概念,其越大则抗力效应增加,为提高核心距,在构造上可采用大翼缘、薄肋板、宽矮马蹄的结构形式。配合梁内正弯矩的分布,防止出现拉应力,纵向预应力筋须在梁端弯起或中间截断张拉。但弯起可增强支点附近的抗剪能力。

连续体系桥梁:由于支点存在负弯矩,使跨中正弯矩显著减少,可以减少跨内主梁的高度,提高跨径,当加大支点截面附近梁高形成变截面时,还可进一步降低跨中弯矩;由于是超静定结构,产生附加内力的因素包括预应力、混凝土的收缩徐变、墩台不均匀沉降、截面温度梯度变化等;配筋要考虑正负两种弯矩的要求,顶推法施工要考虑截面正负弯矩的交替变化。

根据以往考试情况,本知识点多以客观题为主。

【题例】 某桥全长130m。主跨为100m钢筋混凝土箱形拱桥,下部结构东岸为组合式桥台,西岸为重力式U形桥台。拱箱采用分片预制、吊装就位、木拱架上拼装的施工方法。

(1)拱桥净跨径是每孔拱跨两拱脚截面(　　)

A. 形心之间的直线距离　　B. 形心之间的水平距离

C. 最低点之间的直线距离　　D. 最低点之间的水平距离

(2)计算矢高是从拱顶截面(　　)

A. 形心到相邻两拱脚截面形心之间连线的垂直距离

B. 形心到相邻两拱脚截面最低点之间连线的垂直距离

C. 下缘到相邻两拱脚截面最低点之间连线的垂直距离

D. 下缘到相邻两拱脚截面形心之间连线的垂直距离

(3)在拱的安装施工中,拱段接头采用现浇混凝土时必须保证其强度达到(　　)以上时方可进行拱上建筑施工。

A. 80%　　B. 60%

C. 70%　　D. 90%

(4)下列不属于钢筋混凝土结构构造裂缝的防治措施的是(　　)

A. 选用优质的水泥及优质骨料

B. 合理设计混凝土的配合比

C. 混凝土要搅拌长时间后使用,加强养生

D. 加强模板的施工质量,避免支架下沉

(5)重力式桥台由(　　)等组成。

A. 台帽　　B. 背墙

C. 台身　　D. 基础

E. 锚定板

答案:(1)D　(2)A　(3)C　(4)C　(5)ABCD

第四目　(1B413040)桥梁工程作用及施工测量控制技术

一、考试大纲要求

1B413041　熟悉桥梁工程作用的计算方法及作用效应组合

1B413042　了解桥梁施工监测和控制

二、要点精析

1. 桥梁工程作用的计算方法及作用效应组合

【精析 1】

桥梁施工作用的计算方法

公路桥涵设计采用的作用分为永久作用、可变作用和偶然作用三类

作用分类

编　号	作用分类	作用名称
1	永久作用	结构重力(包括结构附加重力)
2		预加力
3		土的重力
4		土侧压力
5		混凝土收缩及徐变作用
6		水的浮力
7		基础变位作用
8	可变作用	汽车荷载
9		汽车冲击力
10		汽车离心力
11		汽车引起的土侧压力
12		人群荷载
13		汽车制动力
14		风荷载
15		流水压力
16		冰压力
17		温度(均匀温度和梯度温度)作用
18		支座摩阻力
19	偶然作用	地震作用
20		船舶或漂流物的撞击作用
21		汽车撞击作用

本知识点多以客观题为主。

【题例】 基础变位作用属于(　　)。

A. 永久作用　　B. 可变作用

C. 其他可变作用　　D. 偶然作用

答案:A

【精析 2】

作用组合效应

公路桥涵结构设计应考虑结构上可能同时出现的作用,按承载能力极限状态和正常使用极限状态进行作用效应组合,取其最不利效应组合进行设计:

在结构上可能同时出现的作用,才进行其效应的组合。当结构或结构构件需做不同受力

方向的验算时,则应以不同方向的最不利的作用效应进行组合。

可变作用的出现对结构或结构构件产生有利影响时,该作用不应参与组合。实际不可能同时出现的作用或同时参与组合概率很小的作用,按表规定不考虑其作用效应的组合。

可变作用不同时组合表

编号	作用名称	不与该作用同时参与组合的作用编号
13	汽车制动力	15,16,18
15	流水压力	13,16
16	冰压力	13,15
18	支座摩阻力	13

施工阶段作用效应的组合,应按计算需要及结构所处条件而定,结构上的施工人员和施工机具设备均应作为临时荷载加以考虑。组合式桥梁,当把底梁作为施工支撑时,作用效应宜分两个阶段组合,底梁受荷为第一个阶段,组合梁受荷为第二个阶段。

几个偶然作用不同时参与组合。

根据以往考试情况,本知识点多以客观题为主。

2.桥梁施工监测和控制

【精析1】

桥梁监测

监测范围:

敏感部位监测。一般只在桥梁内力、应变、位移变化和裂纹产生对桥梁影响至关重要的(敏感)部位进行监测。

总体监测。特大桥梁构造复杂,难以做地毯式人工监测。鉴于特大桥梁的重要性,需要适时地得到桥梁正常工作的总体状况。通过对可能取得的桥梁工作参数,采用不同的方法进行"识别",找到桥梁异常的一个或几个可能部位,再由配备检测设备的专业人员到可能异常的部位检测。

监测方式:

人工监测:配备简单的仪器,用人工做地毯式监测,用模糊分级描述桥梁状况,一般可作为定期监测、突发性事件后的特别监测。

自动监测:一般适用于特大的或重要的桥梁在线监测。这种方法自动化程度高,是当前研究热点与发展方向;但是,难度大,目前使用尚少。

联合监测:考虑到前两种方法的实际情况,用各种小型的、自动化程度较高的仪器,配合人工监测,是一个比较可行的方案。

根据以往考试情况,本知识点多以客观题为主。

【题例】 桥梁监测方式除了人工监测,自动监测,还包括(　　)。

A.敏感部位监测　　B.联合监测

C.总体监测　　D.分步监测

答案:B

【精析2】

桥梁施工控制

桥梁施工控制方法：

第一种方法是采取纠偏终点控制的方法，即在施工过程中，对产生主梁线形偏差的因素跟踪控制，随时纠编，最终达到理想线形，这种方法常用卡尔曼(Kalman)滤波法和灰色理论等。

第二种方法是应用现代控制理论中的自适应控制方法，即对施工过程中的高程和内力的实测值与预计值进行比较，对桥梁结构的主要基本设计参数进行识别，找出产生实测值与预计值(设计值)产生偏差的原因，从而对参数进行修正，达到双控的目的。

第三种方法是误差的容许值法，即在设计时给予主梁高程和内力最大的宽容度，这种做法减少了控制的难度。

根据以往考试情况，本知识点多以客观题为主。

【题例】 桥梁施工控制方法，除了纠偏终点控制方法，自适应控制方法，还包括(　　)。

A. 误差的容许值法　　B. 敏感部位控制法

C. 常规控制方法　　D. 总体控制方法

答案：A

第五目　(1B413050)大跨径桥梁施工特点

一、考试大纲要求

1B413051　了解斜拉桥的施工特点

1B413052　了解悬索桥的施工特点

1B413053　了解刚构桥的施工特点

1B413054　了解拱桥的施工特点

二、要点精析

1. 斜拉桥的施工特点

【精析 1】

混凝土主梁

主梁零号段及其两旁的梁段，在支架和塔下托架上浇筑时，应消除温度、弹性和非弹性变形及支承等因素对变形和施工质量的不良影响。

根据以往考试情况，本知识点多以客观题为主。

【精析 2】

为防止合龙梁段施工出现的裂缝，应采用以下方法改善受力和施工状况：

在梁上下底板或两肋端部预埋临时连接钢构件，或设置临时纵向连接预应力索，或用千斤顶调节合龙口的应力和合龙口长度。

合拢两端高程在设计允许范围内时，可视情况进行适当压重。

观测合龙前连日的昼夜温度场变化与合龙高程及合龙口长度变化的关系，选定适当的合龙浇筑时间。

根据以往考试情况，本知识点多以客观题为主。

【精析 3】

钢主梁(包括叠合梁和混合梁)应注意：

钢主梁应由资质合格的专业单位加工制作、试拼，经检验合格后安全运至工地备用。堆放应无损伤、无变形和无腐蚀。

钢梁制作的材料应符合设计要求。

应进行钢梁的连日温度变形观测对照,确定适宜的合龙温度及实施程序,并应满足钢梁安装就位时高强螺栓定位所需的时间。

根据以往考试情况,本知识点多以客观题为主。

2.悬索桥的施工特点

【精析】

锚碇大体积混凝土

锚碇大体积混凝土施工需采取下列措施进行温度控制,防止混凝土开裂:

采用低水化热品种的水泥。对于普通硅酸盐水泥应经过水化热试验比较后方可使用。

降低水泥用量、减少水化热。掺入质量符合要求的粉煤灰和缓凝型外掺剂。

降低混凝土入仓温度。可对砂石料加遮盖,防止日照,采用冷却水作为混凝土的拌和水等。

在混凝土结构中布置冷却水管,混凝土终凝后开始通水冷却降温。设计好水管流量、管道分布密度和进水温度。

大体积混凝土应采用分层施工,每层厚度可为1～1.5m。

根据以往考试情况,本知识点多以客观题为主。

3.刚构桥的施工特点

【精析1】

箱梁混凝土的浇筑(悬臂浇筑)

可视箱梁截面高度情况采用1次或2次浇筑法。

浇筑肋板混凝土时,两侧肋板应同时分层进行。浇筑顶板及翼板混凝土时,应从外侧向内侧一次完成,以防发生裂缝。

当箱梁截面较大(或靠近悬臂根部梁段),节段混凝土数量较多,每个节段可分2次浇筑,先浇底板到肋板的倒角以上,再浇筑肋板上段和顶板,其接缝按施工缝要求处理。

根据以往考试情况,本知识点多以客观题为主。

【题例】 箱梁混凝土浇注时应采取(　　)。

A.视箱梁高度分1～2次浇注

B.浇注肋板混凝土时两侧肋板应同时分层进行

C.浇注顶板及翼板混凝土时,应从外侧向内侧一次完成

D.浇注顶板及翼板混凝土时,应从内侧向外侧一次完成

E.节段混凝土较多时,每个节段可分2次浇注,先浇注底板到肋板的倒角以上,在浇筑肋板上段和顶板

答案:ABCE

【精析2】

悬臂拼装

悬臂拼装主要工序包括:块件预制、移运、整修、吊装定位、预应力张拉、施工接缝处理等,各道工序均有其不同的要求,并对整个拼装质量具有密切影响。

根据以往考试情况,本知识点多以客观题为主。

【精析 3】

块件拼装接缝

块件拼装接缝一般为湿接缝与胶接缝两种。湿接缝用高强细石混凝土，胶接缝则采用环氧树胶为接缝料。由于 1 号块的安装对控制该跨节段的拼装方向和高程至为关键，故 1 号块与 0 号块之间的接缝多采用湿接缝，以利调整 1 号块位置。

根据以往考试情况，本知识点多以客观题为主。

4. 拱桥的施工特点

【精析 1】

劲性骨架浇筑拱圈

大跨径劲性混凝土拱圈（拱肋）的浇筑，可采用分环多工作面均衡浇筑法、水箱压载分环浇筑法和斜拉扣挂分环连接浇筑法。浇注前应进行加载程序设计，正确计算和分析钢骨架以及钢骨架与先期混凝土层联合结构的变形、应力和稳定安全度，并在施工过程中进行监控。

根据以往考试情况，本知识点多以客观题为主。

【精析 2】

装配式混凝土、钢筋混凝土拱圈

装配式混凝土、钢筋混凝土拱圈适用于箱形拱、肋拱及箱肋组合拱（以下均称箱形拱）的少支架或无支架施工。

无支架安装拱圈：

构件拼装应结合桥梁规模、河流、地形及设备等条件，采用适宜的吊装机具，各项机具设备和辅助结构的规格、型号、数量等均应按有关规定经过设计计算确定。缆索吊机在吊装前必须按规定进行试拉和试吊。

拱肋吊装时，除拱顶段以外，各段应设一组扣索悬挂。

扣架的布置应符合下列规定：

扣架一般设在墩、台顶上，扣架底部应固定，架顶应设置风缆；

各扣索位置必须与所吊挂的拱肋在同一竖直面内；

扣架上索鞍顶面的高程应高于拱肋扣环高程；

扣架应进行强度和稳定性验算。

转体施工安装方法：

平转施工主要适用于刚构梁式桥、斜拉桥、钢筋混凝土拱桥及钢管拱桥。竖转施工主要适用于转体重量不大的拱桥或某些桥梁预制部件（塔、斜腿、劲性骨架）。

竖转施工对混凝土拱肋、刚架拱、钢管混凝土拱，当地形、施工条件适合时，可选择竖转法施工。其转动系统由转动铰、提升体系（动、定滑轮组，牵引绳等）、锚固体系（锚索、锚定顶）等组成。

平、竖转结合。

根据以往考试情况，本知识点多以客观题为主。

【精析 3】

缆索吊装施工

预制的拱肋（箱），一般均有起吊、安装等过程，因此必须对吊装、搁置、悬挂、安装等状况下的拱肋进行强度验算，以保证拱肋（箱）的安全施工。拱肋如采用卧式预制，还需验算平卧运输或平卧起吊时截面的侧向应力。

本知识点多以客观题为主。

【精析4】

钢管拱肋(桁架)安装

钢管拱肋(桁架)安装采用少支架或无支架吊装、转体施工或斜拉扣索悬拼法施工。

钢管拱肋成拱过程中,应同时安装横向连接系,未安装连接系的不得多于一个节段,否则应采取临时横向稳定措施。

节段间环的焊缝的施焊应对称进行,施焊前需保证节段间有可靠的临时连接,并用定位板控制焊缝间隙,不得采用堆焊。合拢口的焊接或拴接作业应选择在结构温度相对稳定的时间内尽快完成。

根据以往考试情况,本知识点多以客观题为主。

第四节 (1B414000)隧道工程

第一目 (1B414010)隧道的组成、围岩分级和施工技术

一、考试大纲要求

1B414011 掌握隧道组成

1B414012 掌握围岩分级

1B414013 掌握隧道施工的主要技术

二、考试要点精析

【精析1】

隧道种类

一类是修建在岩层中的,称为岩石隧道,又称山岭隧道。

另一类是修建在土层中的,称为软土隧道,又称为水底隧道和城市道路隧道。

【题例】 地质条件不同,隧道一般可分为(　　)。

A. 岩石隧道、软土隧道　　B. 水底隧道、城市道路隧道

C. 山岭隧道、海峡隧道　　D. 公路隧道、铁路隧道

答案:A

【题例】 软土隧道通常修建在(　　)地下。

A. 水底和城市　　B. 山岭和城市

C. 水底和山岭　　D. 水底和危岩

答案:A

【精析2】

隧道组成

隧道是由洞门(或加上明洞)、洞身、隧道的附属设施三(或四)部分组成。

【题例】 隧道通常是由(　　)组成。

A. 洞身构造和洞门　　B. 洞身构造和洞门以及附属设施

C. 墙身和拱圈　　D. 墙身、拱圈和抑拱

答案:B

【精析 3】

隧道明洞的设置条件(作用)

隧道洞口或路堑地段受坍方、落石、泥石流、雪害等危害时,通常应设置明洞。

【题例】 隧道洞口受坍方、落石、泥石流等危害时,通常应设置(　　)。

A. 仰坡　　B. 挡土墙

C. 拦水带　　D. 明洞

答案:D

【精析 4】

隧道洞身类型及构造

洞身类型:按隧道断面形状分为曲墙式、直墙式和连拱式等。

洞身构造:分为一次衬砌(初期支护)和二次衬砌(永久支护)、防排水构造、内装饰、顶棚及路面等。

【题例】 隧道的洞身构造包括(　　)。

A. 洞身衬砌　　B. 内装饰

C. 通风设施　　D. 照明设施

E. 防排水构造

答案:ABE

【题例】 隧道洞身衬砌的主要作用有(　　)。

A. 承受围岩压力　　B. 承受结构自重

C. 洞内的防水、防潮　　D. 保持仰坡、边坡稳定

E. 防止围岩风化

答案:ABCE

【精析 5】

隧道的附属设施和作用

隧道的附属设施:为确保交通安全和顺适而设置的通风设施、照明设施、安全设施、应急设施以及公用设施等 5 个。

【题例】 隧道的附属设施包括通风、照明、安全设施等,其作用是(　　)。

A. 确保交通安全和顺适　　B. 保持洞内能见度和清洁空气

C. 保质洞内路面干燥　　D. 防止隧道渗水和交通顺适

答案:A

【题例】 隧道附属设施包括(　　)。

A. 洞门　　B. 通风

C. 照明　　D. 防排水

E. 安全

答案:BCE

【精析 6】

隧道施工的主要方法的分类和特点

各种方法的特点。山岭隧道的钻爆法(传统矿山法、新奥法)和掘进机法;软土层的盾构法。盾构法和掘进机法都含有机械掘进,但是区别在于盾构法是在软土中,而掘进机法是在岩石中。

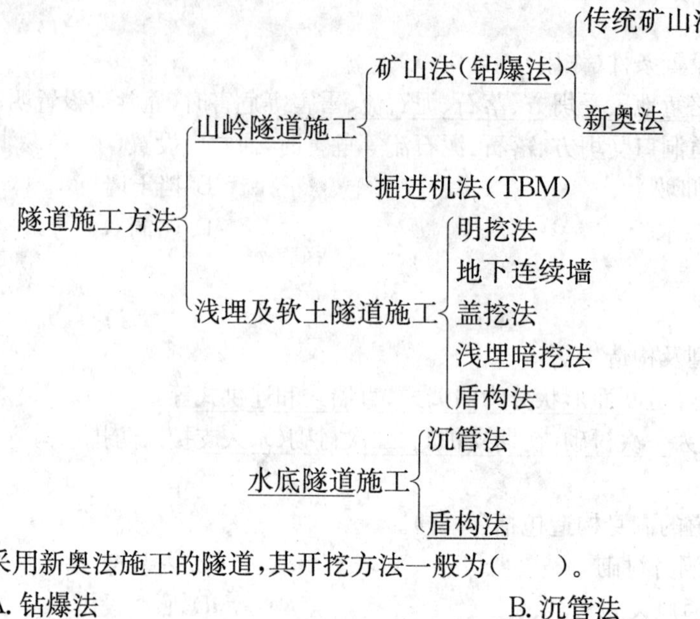

【题例】 采用新奥法施工的隧道,其开挖方法一般为(　　)。

A. 钻爆法　　B. 沉管法

C. 盾构法　　D. 盖挖法

答案: A

【精析7】

盾构法适合的条件和特点

盾构法(Shield):是一种钢制的活动防护装置或活动支撑,是通过软弱含水层,特别是河底、海底,以及城市中心区修建隧道的一种机械。

【题例】 盾构法最适合于在(　　)中建造隧道。

A. 硬岩地层　　B. 破碎岩层

C. 完整岩层　　D. 松软岩层

答案:D

【精析8】

隧道施工新奥法与传统矿山法(旧的矿山法)的特点

新奥法:是从岩石力学的观点出发而提出的一种合理的施工方法,是采用喷锚技术、监控量测等并与岩石力学理论构成的一个体系而形成的一种新的工程施工方法。

传统的矿山法:是采用钻爆法开挖和钢木构件支撑的施工方法。

【题例】 隧道施工的矿山法中,在(　　)围岩情况下,可运用漏斗棚架法进行开挖。

A. VI—IV类　　B. IV—II类

C. V—III类　　D. III—I类

答案:A

【题例】 侧壁导坑法适用于(　　)类围岩土质道路隧道。

A. I　　B. II

C. III　　D. IV

E. V

答案:AB

【题例】 采用预裂爆破法施工隧道时,其分区起爆顺序为(　　)。

A. 底板眼→辅助眼→掏槽眼→周边眼

B. 辅助眼→掏槽眼→周边眼→底板眼

C. 掏槽眼→周边眼→底板眼→辅助眼

D. 周边眼→掏槽眼→辅助眼→底板眼

答案:D

第二目　(1B414020)隧道施工测量和监控量测技术

一、考试大纲要求

1B414021　掌握隧道施工测量技术

1B414022　掌握隧道施工监控量测技术

二、考试要点精析

【精析 1】

洞内施工测量

洞内导线应根据洞口投点向洞内做引伸测量,洞口投点应纳入控制网内。导线点应尽量沿路线中线布设。

用中线法进行洞内测量的隧道,中线点间距直线部分不宜短于 100m;曲线部分不宜短于 50m。

特长隧道、长隧道及采用大型掘进机械施工的隧道,宜用激光设备导向。

【题例】 洞内导线应根据洞口投点向洞内做引伸测量,洞口投点应纳入(　　)内。

A. 导线点　　B. 控制网

C. 精度误差范围　　D. 视线范围

答案:B

【题例】 洞内导线应尽量沿(　　)布设。

A. 导线点　　B. 控制网

C. 路线中线　　D. 视线范围

答案:C

【题例】 激光设备导向适宜于(　　)。

A. 特长隧道、长隧道　　B. 一般隧道、长隧道

C. 无闭合条件的特长隧道　　D. 无闭合条件的长隧道

答案: A

【精析 2】

贯通误差的测定及调整

隧道贯通后,施工中线及高程的实际贯通误差,应在未衬砌的 100m 地段内(即调线地段)调整。该段的开挖及衬砌均应以调整后的中线及高程进行放样。

【题例】 隧道贯通后,施工中线及高程的实际贯通误差,应在未衬砌的(　　)地段内调整。

A. 50m　　B. 100m

C. 120m　　D. 150m

答案:B

【精析3】

量测数据处理与应用(即复合二次衬砌的施作对两侧的要求)

二次衬砌的施作应在满足下列要求时进行:

·各测试项目的位移速率明显收敛,围岩基本稳定;

·已产生的各项位移已达预计总位移量的80%~90%;

·周边位移速率或拱顶下沉速率小于规定值。

【题例】 二次衬砌的施作时,产生的各项位移已达预计总位移量的(　　)。

A. 10%~20%　　B. 30%~40%

C. 50%~60%　　D. 80%~90%

答案:D

第三目　(1B414030)特殊地段施工技术

一、考试大纲要求

1B414031　熟悉流沙地段施工

1B414032　熟悉涌水地段施工

1B414033　熟悉坍方地段的施工

二、考试要点精析

【精析】

涌水地段施工的辅助施工办法

处理涌水可用下列辅助施工办法:超前钻孔或辅助坑道排水;超前小导管预注浆;超前围岩预注浆堵水;井点降水及深井降水。

第四目　(1B414040)隧道工程通风防尘及水电作业

一、考试大纲要求

1B414041　了解隧道工程通风防尘

1B414042　了解隧道工程水电作业

二、考试要点精析

【精析1】

通风方式

通风方式:实施机械通风,必须具有通风机和风道,按照风道的类型和通风安装位置,有如下几种通风方式:风管式通风、巷道式通风、风墙式通风。

【题例】 隧道施工通风按照风道的类型和通风机安装位置,可将通风方式分为(　　)。

A. 密闭式　　B. 敞开式

C. 风管式　　D. 巷道式

E. 风墙式

答案:CDE

【题例】 隧道通风设施应按(　　)原则设置。

A. 统筹规划　　B. 临时处理

C. 总体设计　　D. 分期实施

E. 分部进行

答案: ACD

【精析 2】

风管式通风管道风流的输送方式

风流经由管道输送,分为压力式、抽出式、混合式三种方式。

第五节 (1B415000)交通工程

第一目 (1B415010)交通工程主要系统的构成与功能

一、考试大纲要求

1B415011 掌握交通安全设施的主要构成与功能

1B415012 掌握监控系统的主要构成与功能

1B415013 掌握收费系统的主要构成与功能

1B415014 掌握通信系统的主要构成与功能

1B415015 掌握供配电、照明系统的主要构成与功能

本部分的重点是交通工程主要系统的构成与功能,在历年考试中既涉及了选择题,也涉及了案例题。其中尤以交通安全设施、监控系统和收费系统涉及内容为主。

二、考试要点精析

1. 交通安全设施的构成与功能

【精析 1】

交通安全设施主要包括交通标志、交通标线、防撞设施、隔离栅、视线诱导设施、防眩设施、桥梁防抛网、里程标、百米标、公路界碑等。

根据以往考试情况,交通安全设施的构成容易出现在选择题中。

【题例】 交通安全设施主要包括(　　)等。

A. 交通标志、交通标线

B. 防撞设施、隔离栅、视线诱导设施、防眩设施

C. 桥梁防抛网

D. 里程标、百米标、公路界碑

E. 可变情报板

答案:ABCD

【2004 年真题】 高速公路交通安全设施除了交通标志、交通标线外,还应包括(　　)。

A. 里程标、百米标、公路界碑

B. 防撞设施、隔离栅

C. 视线诱导设施、防眩设施

D. 可变信息标志、可变限速标志

E. 桥梁防抛网

答案:ABCE

【解题思路】 本题主要是考察交通安全设施的构成,而可变信息标志、可变限速标志属于监控系统的外场设备。

【题例】 交通安全设施除包括交通标志、交通标线、隔离栅、视线诱导设施、里程标、公路界碑外,还包括(　　)等。

A. 桥梁防抛网　　B. 遥控摄像机

C. 防眩设施　　D. 隔离墙以及常青绿篱

E. 防撞设施

答案:ACDE

【解题思路】 本题主要是考察交通安全设施和监控设施的区别。

【精析 2】

各种交通安全设施的功能的比较。

交通标志是用于管理交通的设施,主要起到提示、诱导、指示等作用。

交通标线的主要作用是管制和引导交通。它是由标画于路面上的各种线条、箭头、文字、立面标记、突起路标等所构成的。

防撞设施主要作用是防止失控车辆越过中央分隔带或在路侧比较危险的路段冲出路基,不致发生二次事故。同时,还具有吸收能量,减轻事故车辆及人员的损伤程度,以及诱导视线的作用。

视线诱导设施主要包括分合流标志、线形诱导标、轮廓标等,主要作用是在夜间通过对车灯光的反射,使驾驶员能够了解前方道路的线形及走向,使其提前做好准备。

【题例】 变通标线是由标画于路面上的各种线条、箭头、文字、立面标记和(　　)等构成的。

A. 分合流标志　　B. 线形诱导标

C. 突起路标　　D. 轮廓标

答案:C

【题例】 视线诱导设施主要包括分合流标志、线形诱导标、(　　)等。

A. 百米标　　B. 可变限速标志

C. 方向标　　D. 轮廓标

答案:D

【精析 3】

交通标志主要包括警告标志、禁令标志、指示标志、指路标志、旅游区标志、道路施工安全标志等主标志以及附设在主标志下的辅助标志。

【精析 4】

如果路面标线有反光要求,则在施工时,还应在涂料中掺入或在施工时面撒玻璃珠。

【精析 5】

突起路标根据其是否具备逆反射性能分为A、B两类:具备逆反射性能的为A类突起路标；不具备逆反射性能的为B类突起路标。

【精析6】

护栏的形式按刚度的不同可分为柔性护栏、半刚性护栏和刚性护栏，按结构可分为缆索护栏、波形梁护栏、混凝土护栏、梁柱式钢护栏、组合式护栏等，其中，波形梁护栏板又分为双波和三波两种。

【题例】 护栏按其刚度的不同可分为(　　)。

A. 柔性护栏、刚性护栏两种

B. 普通护栏、加强护栏两种

C. 柔性护栏、半刚性护栏、刚性护栏三种

D. 柔性护栏、组合性护栏、刚性护栏三种

答案：C

【精析7】

分合流标志、线形诱导标的结构与交通标志相同，轮廓标主要包括附着式、柱式等形式。用于轮廓标上的逆反射材料主要包括反射器和反光膜，其中，反射器有微棱镜型和玻璃珠型两种形式。

2. 监控系统的管理体制

【精析1】

省级高速公路的监控系统管理体制一般采用二级或三级管理的方式。

【精析2】

所谓二级管理方式就是在一条路段的管理公司内设一个路监控分中心，对本路的交通监控设施直接进行集中管理，所谓三级管理方式就是在省监控中心、路监控分中心下设有几个监控所，由监控所对所辖范围内的交通监控设施进行集中管理。

3. 监控系统的主要构成及主要功能

【精析1】

监控系统按其功能可分为十个子系统：交通信号监控系统、视频监视系统、紧急电话系统、火灾报警系统、隧道通风控制系统、隧道照明控制系统、供配电监控系统、调度指令电话系统、有线广播系统、特种车辆监视系统。

【精析2】

一个路段的监控系统是根据道路的特点、桥梁与隧道大型构造物的分布、交通量以及气候环境等因素来构架本路段的监控系统，可以是上述全部系统，也可能只有交通信号监控、视频监视、紧急电话和调度指令电话等子系统。特大桥还会有桥梁结构安全检测子系统。

【精析3】

公路监控系统主要是实时收集道路状况、交通流信息、气象信息及相关设备状态等信息，监视道路交通状况，控制与调节交通流，疏导交通，减少交通事故，保证行车安全。

【精析4】

交通信号监控系统的功能是采集变化着的道路交通流信息（包括交通信息、气象信息、交通异常事件信息等）、道路及监控设施状态等信息。

【精析5】

一条路的交通信号监控系统由监控分中心和控制节点（若有的话）的计算机系统、外场设备以及传输通道等组成。计算机系统按管理体制又可以分为监控所计算机系统、路监控分中

心计算机系统、省监控中心计算机系统。

【题例】 一条路的交通信号监控系统是由监控分中心和控制节点的计算机系统、外场设备以及(　　)等组成。

A. 局域网　　B. 交换机

C. 可变信息标志　　D. 传输通道

答案:D

【精析6】

计算机系统一般由监控服务器、监控工作站、地图板、打印机、扫描仪、不间断电源装置、局域网交换机、路由器等构成局域网系统。外场设备包括:车辆检测器、气象检测器、能见度检测器等采集装置;可变信息标志、可变限速标志、车道指示标志、信号灯等信息发布装置。

【精析7】

一条路的视频监视系统包括沿线、隧道、桥梁等地设置的遥控及固定摄像机,视频和数据传输设备以及监控分中心的视频监视、存储及控制装置等。

监控分中心的视频监控装置一般由监视器、视频切换控制矩阵、数字录像设备、控制键盘、视频工作站、大屏幕投影机、视频编解码器等组成。

【精析8】

火灾报警系统的功能是用于隧道内、变电所等发生火灾时,自动或人工发出紧急信号,迅速通告监控室或监控分中心,结合隧道交通信号监控的控制,阻止洞外车辆进入故障隧道,疏导已在洞内车辆,避免事故的恶化,保证隧道安全;通告消防系统启动消防水泵,并且通知消防部门及时进行灭火、救援等活动,减少人员伤亡,减轻隧道设施的破坏、损失。

【精析9】

隧道通风控制系统的功能是用通风设备将新鲜空气强行送入隧道,稀释污染物质并将其排出隧道,使隧道内保持良好的卫生环境;提高能见度,保证行车安全。该系统根据一氧化碳与能见度检测器检测到的环境数据、交通量信息等控制风机的运转进行通风,并能控制风机的运行台数、风向、风速、运行时间,能实现节能运行和保持风机较佳寿命的控制运行;并在发生火灾时根据不同地点对风机风向、风速、运行台数的控制进行相应的火灾排烟处理,以保证隧道的安全及运行环境的舒适性。

【题例】 长隧道通风控制系统通过检测到的环境数据、交通量信息等,可以起到控制风机运行以保持良好的卫生环境,提高能见度,(　　),保证行车安全等作用。

A. 控制风机的震动　　B. 火灾排烟处理

C. 控制隧道内的环境温度　　D. 保持洞内的湿度

答案:B

【解题思路】 本题是考查隧道通风控制系统的功能,关于功能的题还可能出现在多选或案例题中。

【题例】 隧道通风控制系统是根据CO及(　　)检测到的环境及交通量信息等控制风机的运转。

A. 温度检测器　　B. 压力检测器

C. 能见度检测器　　D. 亮度检测器

答案:C

【精析 10】

供配电监控系统可与公路供配电系统相结合构成功能完善、独立的供配电监控系统；也可只对重要供配电回路进行遥控、遥信、遥测，并作为监控系统的一个子系统。

4. 收费系统的主要构成与功能

【精析 1】

收费制式与收费方式的比较

收费制式：

(1)全线均等收费制(简称均一制)。

(2)按路段收费制(简称开放式)。

(3)按车型或货车按计重与实际行驶里程收费制(简称封闭式)。

收费方式：

(1)人工收费。

(2)半自动收费。

(3)全自动收费。

【题例】　下列各项中，(　　)属于我国公路收费制式之一。

A. 人工收费　　B. 全自动电子不停车收费

C. 半自动收费　　D. 封闭式收费

答案：D

【解题思路】　本题主要是区分收费制式和收费方式。

【题例】　下列选项中属于收费制式的是(　　)。

A. 人工收费　　B. 不停车收费

C. 半自动收费　　D. 封闭式收费

答案：D

【题例】　下列选项中属于收费方式的是(　　)。

A. 现金收费　　B. 均一制收费

C. 半自动收费　　D. 封闭式收费

答案：C

【精析 2】

省级收费系统管理体制一般分为三级：省收费结算中心、路段收费分中心和收费站。

【精析 3】

一条高速公路收费系统，按其基本功能可分为计算机系统、收费视频监视系统、内部对讲系统、安全报警系统、电源系统等，并可根据需要增加计重系统、车牌自动识别装置等。计算机系统根据级别可分为车道计算机系统、收费站计算机系统、路段分中心计算机系统。在省域高速公路联网收费系统中，计算机系统还应包括省收费结算中心计算机系统。

【题例】　一条高速公路的收费系统按其基本功能可分为计算机系统、电源系统、(　　)等。

A. 视频监视系统　　B. 地理信息系统

C. 内部对讲系统　　D. 信息发布系统

E. 安全报警系统

答案：ACE

【精析4】

收费系统的主要功能:

具备高可靠性,具有防止人为(有意或无意)和自然事故损害系统的能力。

具有后备功能,局部故障不会影响其他部分的正常工作。

具有可扩充性,易于实现升级,兼容性强,开放性好。

根据收费管理的需要能完成收费站、路段分中心、省结算中心之间的收费业务数据、费率、时钟等的通信。

【题例】 高速公路收费系统能够完成收费站、路段分中心、省结算中心之间收费业务数据、(　　)、时钟等的通信。

A. 紧急电话　　B. 视频会议

C. 费率　　D. 办公信息

答案:C

【精析5】

车道计算机系统的功能:

(1)按车道操作流程正确工作,并将收费原始数据实时上传收费站计算机系统。

(2)接收收费站下传的收费运行参数(费率表、黑白名单、同步时钟、免费车、系统设置参数等)。

(3)对车道设备的管理与控制,具有设备状态自检功能,并将故障状态信息实时上传收费站。

(4)可保存一定时间段的收费原始数据,可降级使用,但不丢失数据。

(5)通信中断时,具有后备独立工作能力。

(6)为车辆提供控制及收费信息。

(7)将各种违章报警信号实时上传给收费站。

【精析6】

省收费结算中心系统的构成,应根据公路网络规模的大小、交通量、采用的收费技术体制等来决定。省收费结算中心主要由高可靠性、安全性的服务器,磁盘阵列,工作站,交换机,路由器,打印机,数据存储设备,通行券(非接触式IC卡)发行管理系统和收费票据管理系统等组成。

【精析7】

收费视频监视系统一般采用收费站和路段收费分中心二级监视方式。

【精析8】

安全报警系统由收费站内报警主机、收费亭内的报警开关和它们之间连接的信号电缆构成。

【精析9】

电源系统主要由不间断电源UPS、稳压电源、配电箱等构成。

【题例】 电源系统由(　　)等构成。

A. 不间断电源UPS　　B. 稳压电源

C. 配电箱　　D. 信号电缆

E. 变压器

答案:ABC

【精析 10】

计重系统有计重收费系统和超限管理系统两种形式。计重收费系统只是对货车采用计重收费,以车、货总重超过总的轴载限的比例来计算超限幅度,不同的幅度采用不同的费率收取通行费。计重收费系统对超限车辆征收惩罚性收费,以加强收费,形成对超限车辆驾驶者的威慑,使超限车辆逐渐减少,重在以经济杠杆减少不规范行为。超限管理系统则是在超限车辆驶入重点路段、特大桥、长隧道之前,被拦截处理,杜绝超限车辆对重点路段、桥隧的破坏,重点在于防范。

【精析 11】

车牌自动识别装置有软硬件一体和开放式的软、硬件结合体系两种形式。

5. 通信系统的主要构成与功能

【精析 1】

高速公路通信系统主要由光纤数字传输系统、数字程控交换系统、紧急电话系统、通信电源系统、光电缆工程及通信管道工程等组成。长、特长隧道和特大桥还应增加有线广播系统。

【题例】 省高速公路通信中心的通信系统主要包括( )。

A. 光纤数字传输系统　　B. 数字程控交换系统

C. 有线广播系统　　D. 数字同步时钟系统

E. 通信电源系统

答案:ABDE

【题例】 高速公路通信系统主要由数字程控交换系统、紧急电话系统、( )及通信管道工程等组成。

A. 柴油发电机系统　　B. 光纤数字传输系统

C. 全球定位系统(GPS)　　D. 通信电源系统

E. 光电缆工程

答案:BDE

【精析 2】

光纤数字传输系统分为干线传输系统和综合业务接入网系统两部分。

【题例】 光纤数字传输系统由( )两部分组成。

A. 干线传输系统和数字同步时钟系统

B. 干线传输系统和综合业务接入网系统

C. 干线传输系统和网管系统

D. 干线传输系统和计费系统

答案:B

【精析 3】

数字程控交换系统由数字程控交换机、话务台、维护终端、计费终端、调度指令电话总机以及双音多频话机等组成。

【精析 4】

紧急电话系统根据传输介质分为有线型和无线型。有线型又分为电缆型和光缆型。

【题例】 紧急电话系统根据传输介质可分为( )。

A. 电缆型紧急电话系统和光缆型紧急电话系统

B. 有线型紧急电话系统和无线型紧急电话系统

C. 交通专网型紧急电话系统和电信公网型紧急电话系统

D. 电缆型紧急电话系统和无线型紧急电话系统

答案:B

【精析5】

有线广播系统有两种设置方式:单独设置和与紧急电话系统合并设置。与紧急电话系统合并设置方式可与紧急电话系统综合利用主机、控制台和传输电缆。

【精析6】

会议电视系统由多点控制单元设备MCU、终端设备和传输通道组成。

【精析7】

数字同步时钟系统由大楼综合定时供给设备BITS、区域基准钟LPR、全球定位系统GPS接收设备及网管终端等组成。

6. 供配电、照明系统的主要构成与功能

【精析1】

通常公路供配电系统主要由10kV电源线路、变配电所、供配电线路、低压配电箱和接地系统等构成。

【精析2】

供配电线路按电压等级可分为10kV高压线路、380/220V低压配电线路;按传输介质可分为架空电线路和电缆线路。公路低压配电一般采用电缆线路,10kV高压可采用架空电线路或电缆线路,一般电缆线路沿公路施工敷设较方便,但价格较高、投资大。

【精析3】

公路照明系统一般由低压电源线、配电箱(包括低压开关)、低压配电线、灯杆、光源和灯具组成。照明方式可以分为一般照明、局部照明和混合照明;照明种类可以为分正常照明和应急照明。

【精析4】

照明系统的功能:①保证行车安全,减少交通事故。②为收费、监控、通信、服务设施及运营管理提供正常运行,维护、管理必要的工作照明和应急照明。③具有随白天、黑夜或日光照度的变化对照明进行调节控制的功能,以节约能源和降低运营费用。④能针对不同路段、场所及不同设施的照明要求,分回路地进行分合控制。⑤具有短路、过载等保护,保证照明系统正常运行,做到满足公路运输的要求。

【题例】公路照明系统具有为收费、监控、通信、服务设施及运营管理提供正常运行及维护管理必要的工作照明和应急照明、保证行车安全、减少交通事故等功能,但是不宜有(　　)功能。

A. 随白天、黑夜照度变化对照明进行调节控制

B. 对不同场所、不同设施的要求能分回路进行分合控制

C. 直接启动柴油发电机组维持供电

D. 短路、过载保护等保证照明系统正常工作

答案:C

【解题思路】 本题主要是考察照明系统的功能。

第二目　(1B415020)交通工程机电系统软件的相关要求

一、考试大纲要求

1B415021　熟悉系统软件的选择要求

1B415022　了解应用软件开发的主要标准

1B415023　了解应用软件的文档要求

本部分主要为熟悉和了解的内容,历次考试涉及较少。

二、考试要点精析

【精析 1】

系统软件要高可靠性,要求每天 24 小时、每年 365 天不间断工作。在联网收费、监控区域内,宜选择相同的系统软件或能兼容的系统软件。

【题例】　下列关于交通工程机电系统软件特点叙述错误的是(　　)。

A. 系统软件要高可靠性

B. 易于维护操作

C. 安全级别应等于或不低于 C2 级

D. 在联网收费、监控区域内,宜选择多种软件同时使用

答案:D

【精析 2】

应用软件应满足监控、收费系统等相应系统的功能和性能的全部要求,做到结构化、模块化,模块要高内聚松耦合。

【精析 3】

应用软件生存周期的六个阶段:

(1)可行性与计划研究阶段。

(2)需求分析阶段。

(3)设计阶段。

(4)实现阶段。

(5)测试阶段。

(6)运行与维护阶段。

【题例】　下列属于交通工程机电系统应用软件生存周期阶段的有(　　)。

A. 可行性与计划研究阶段　　B. 需求分析阶段

C. 设计阶段　　D. 软件购买阶段

E. 实现阶段

答案:ABCD

【题例】　应用软件生存周期包括:可行性计划与研究、设计,以及(　　)等阶段。

A. 需求分析　　B. 施工安装

C. 实现　　D. 测试

E. 运行与维护

答案:ACDE

第二章 1B420000 公路工程项目管理实务

第一节 (1B421000)公路工程施工组织

第一目 (1B421010)施工组织设计的编制

一、考试大纲要求

1B421011 掌握施工组织设计编制的准备工作和编制原则

1B421012 掌握施工组织设计编制的内容

1B421013 掌握施工组织设计编制的程序和方法

二、考试要点精析

1. 施工组织设计编制的准备工作和编制原则

【精析】

施工组织设计的基本内容及其相互关系

任何施工组织设计必须具有以下相应的基本内容:①总说明;②施工方法与相应的技术组织措施,即施工方案;③施工进度计划;④施工现场平面布置;⑤各种资源需要量及其供应。

在这后四项基本内容中,第④、⑤项主要用于指导准备工作的进行,为施工创造物质技术条件。第②、③两项内容则主要指导施工过程的进行,规定整个的施工活动。

进度计划在组织设计中就具有决定性的意义,是决定其他内容的主导因素,其他内容的确定首先要满足它的要求、为它的需要服务,这样它也就成为施工组织设计的中心内容。

从设计的顺序上看,施工方案又是根本,是决定其他所有内容的基础。它虽以满足进度的要求作为选择的首要目标,但进度最终也仍然要受到它的制约,并建立在这个基础之上。

所以,施工组织设计的这几项内容是有机地联系在一起的,互相促进,互相制约,密不可分。

【题例】 在施工组织设计的基本内容中,主要用于指导准备工作的进行并为施工创造物质技术条件的项目有( )。

A. 总说明　　B. 施工方案

C. 施工进度计划　　D. 施工现场平面布置

E. 各种资源需要量及其供应

答案:DE

【题例】 在施工组织设计的基本内容中,( )主要指导施工过程的进行,规定整个的施工活动。

A. 总说明　　B. 施工方案

C. 资源供应计划　　D. 施工现场平面布置

答案:B

2. 施工组织设计编制的内容

【精析1】

路基工程施工组织设计的编制

路基工程施工组织设计重点考虑:确定施工方法和土方调配;编制施工进度计划;确定工地施工组织;规定各工程队施工所需的机械数量。

【题例】 路基工程施工组织设计应重点考虑的内容是(　　)。

A. 确定施工方法和土方调配　　B. 路上与基地统筹兼顾

C. 试验路段　　D. 按均衡流水法组织施工

答案:A

【精析2】

路面工程施工组织设计的编制

路面工程施工应按均衡流水法组织施工。

路面工程各结构层之间的施工是线性流水作业方式。在编制施工组织设计的进度计划时应考虑到路面工程施工的工序之间的逻辑关系,注意各结构层的施工可以采用搭接流水方式以加快施工进度。因此,我们要分析各结构层之间的施工进度(速度),根据施工速度选择搭接类型(前道工序速度快于后道工序时选用开始到开始STS类型,否则用完成到完成FTF类型),并根据各结构层施工速度和所需要的工作面大小计算出搭接时距,同时还要考虑到各结构层可能需要技术间歇时间的影响,以及路面各结构层的质量检验所需的时间等。

【题例】 根据路面工程施工的自身特点,在确定施工方案和进度计划时,应按(　　)组织施工。

A. 平行流水法　　B. 等节拍流水法

C. 异节拍流水法　　D. 均衡流水法

答案:D

【题例】 路面工程施工组织设计应重点考虑的内容是(　　)。

A. 确定施工方法和路面排水设施

B. 路上与基地统筹兼顾

C. 规定各工程队施工所需的机械数量

D. 确定工地施工组织

答案:B

【题例】 路面工程施工中,相邻结构层之间的速度决定了相邻结构层之间的搭接类型,前道工序的速度慢于后道工序时选用(　　)搭接类型。

A. 开始到开始　　B. 开始到完成

C. 完成到开始　　D. 完成到完成

答案:D

3.施工组织设计编制的程序和方法

【精析1】

路基、桥梁、隧道、交通工程施工组织设计编制的内容

了解各个单位工程的特点,抓住其不同点,在案例题中补充其内容。

【精析2】

施工方案制订的内容

施工方案包括的内容很多,主要有:施工方法的确定、施工机具和设备的选择、施工顺序的安排、科学的施工组织、合理的施工进度、现场的平面布置及各种技术措施。施工方案前两项属于施工技术问题,后四项属于科学施工组织和管理问题。施工技术是施工方案的基础,同时又要满足科学施工组织与管理方面的要求,科学施工组织与管理又必须保证施工技术的实现,两方是相互联系、相互制约的关系。为了把各种关系更好地协调起来,互相创造条件,施工技术组织措施成为施工方案各项内容必不可少的延续和补充。

【题例】 施工方案包括的内容很多,属于施工技术问题的是(　　)。

A.施工方法的确定　　B.合理的施工进度

C.施工顺序的安排　　D.科学的施工组织

答案:A

【题例】 施工方案包括的内容很多,属于科学施工组织和管理问题的是(　　)。

A.施工方法的确定　　B.施工机具和设备的选择

C.施工顺序的安排　　D.现场的平面布置

答案:C

【精析3】

施工方法的确定

施工方法是施工方案的核心内容,具有决定性作用。施工方法一经确定、机具设备的选择就只能以满足它的要求为基本依据,施工组织也是这个基础上进行。

【精析4】

工程施工进度安排的作用

施工进度安排在项目施工组织设计中起着主导作用,它直接影响工程项目的施工成本,施工质量和安全,从而会导致工期延误,增加施工现场各项费用的开支,使得工程项目的经济效益和社会效益受到严重的影响。

【精析5】

资源供应计划编制的依据

设计图纸及工程量。

施工方案及施工进度对资源供应的要求。

发包方在合同条款中提出的特殊要求。

资源消耗标准。资源消耗标准包括材料及构件半成品消耗标准、机构使用台班消耗标准、劳动力消耗标准、周转材料等消耗标准。

【精析6】

施工进度组织措施的主要内容

组织措施的特征:是与机构、制度、协调等有关的内容。如果是进度再加上与时间、工期有

关的内容。

【题例】 属于施工进度组织措施主要内容的是(　　)。

A. 建立项目质量监控流程　　B. 施工各方的协调

C. 实行各项质量管理制度及岗位责任制　　D. 工序作业指导书

答案:B

第二目　(1B421020)施工组织设计的评价与优化

一、考试大纲要求

1B421021　熟悉施工组织设计的评价与优化

二、考试要点精析

【精析】

施工方案优化的内容

主要包括:施工方法的优化、施工顺序的优化、施工作业组织形式的优化、施工劳动组织优化、施工机械组织优化等。

施工方法的优化要能取得好的经济效益同时还要有技术上的先进性。

【题例】 施工方案的优化中,主要通过(　　)的优化使得在取得好的经济效益同时还要有技术上的先进性。

A. 施工顺序　　B. 施工劳动组织

C. 施工方法　　D. 施工作业组织形式

答案:C

第三目　(1B421030)公路工程施工平面布置图的内容和设计原则

一、考试大纲要求

1B421031　掌握公路工程施工平面布置图包含的内容

1B421032　掌握公路工程施工平面布置图的设计原则

二、考试要点精析

【精析】

公路工程施工平面布置图包含的内容

原有地形地物;

沿线的生产、行政、生活等区域的规划及其设施;

沿线的便道、便桥及其他临时设施;

基本生产、辅助生产、服务生产设施的平面布置;

安全消防设施;

施工防排水临时设施;

主要结构物平面位置等。

【题例】 施工平面图的内容有(　　)。

A. 主要结构物平面位置　　B. 施工防排水临时设施

C. 安全消防设施　　D. 便道和其他临时设施

E. 原有地形地貌

答案:ABCD

第四目 (1B421040)公路工程进度控制

一、考试大纲要求

1B421041 掌握公路工程进度计划的编制要点

1B421042 掌握公路工程进度计划的控制管理

二、考试要点精析

1. 公路工程进度计划的编制要点

【精析 1】

公路工程进度计划的主要形式

S 曲线是以时间为横轴,以累计完成的工程费用的百分数为纵轴的图表化曲线。一般在图上标注有一条计划曲线和实际支付曲线,实际线高于计划线则实际进度快于计划,否则就慢;曲线本身的斜率也反映进度推进的快慢。

垂直图是以公路里程或工程位置为横轴,以时间为纵轴,而各分部(项)工程的施工进度则相应地以不同的斜线表示。垂直图很适合表示公路、隧道等线形工程的总体施工进度。斜率越陡进度越慢,斜率越平坦进度越快。

【题例】 对 S 曲线描述正确的是( )。

A. 是工程进度的表达　　B. 是对质量的统计分析

C. 又称为现金流动曲线　　D. 以工期为横轴

E. 以累计完成的工程费用的百分比为纵轴

答案:ACDE

【题例】 下列公路工程进度计划的主要形式中,时间为纵轴的是( )。

A. 横道图　　B. S 曲线

C. 垂直图　　D. 斜率图

答案:C

【精析 2】

公路工程进度计划编制的步骤及内容

劳动量计算。所谓劳动量,就是工程细目的工程数量与相应时间定额的乘积;或等于施工时实际使用的工人数量与作业时间的乘积,或实际使用的机械台数与作业时间的乘积。

以施工单位现有的人力、机械的实际生产能力以及工作面大小,来确定完成该劳动量所需的持续时间(生产周期)。实际有效持续时间的影响因素是:劳动量(工程数量,时间定额或产量定额)、资源数量(人数或机械台数)、生产工作班制数

劳动力不均衡系数 K 的值通常大于 1,一般不要超过 1.5,最理想的情况是接近于 1。在组织流水施工的情况下,不均衡系数可以大大降低。

【题例】 各个施工过程的劳动量是指( )。

A. 工程细目的工程数量与相应时间定额的乘积

B. 实际使用的工人数量与作业时间的乘积

C. 实际使用的工人数量

D. 实际使用的机械台数与作业时间的乘积

E. 实际使用的机械台数

答案:ABD

【题例】 施工过程(工序作业)实际有效持续时间的计算涉及到(　　)。

A. 该施工过程工程量　　B. 时间定额或产量定额

C. 施工人数或机械数量　　D. 每天作业班数

E. 自然界的气候条件

答案:ABCD

【精析 3】

公路施工过程组织方法和特点

公路施工过程组织方法有三种:顺序作业法(也称为依次作业法),平行作业法,流水作业法。顺序作业法和平行作业法的最主要特点是:顺序作业法工期较长,资源数量较少;平行作业法工期较短,资源数量较多;它们都不强调分工。

【题例】 顺序作业法(也称为依次作业法)的主要特点有(　　)。

A. 没有充分利用工作面进行施工化

B. 用于需要突击性施工时施工作业的组织

C. 施工现场的组织、管理比较简单

D. 专业化作业队能够连续作业

E. 有利于资源供应的组织工作

答案:ACE

【精析 4】

公路工程流水施工分类

有节拍(有节奏)流水分为:等节拍(等节奏)流水;异节拍(异节奏)流水[即等步距异节拍(异节奏)流水,异步距异节拍流水]。

【题例】 有节拍流水施工的种类(　　)。

A. 等节拍流水施工　　B. 等步距异节拍

C. 异步距异节拍　　D. 变步距变节拍

E. 长步距短节拍

答案:ABC

【精析 5】

公路工程常用的流水施工组织

路面工程的线性流水施工组织:相邻结构层之间的速度决定了相邻结构层之间的搭接类型。各结构层的施工速度和持续时间。要考虑影响每个施工段的因素,水泥稳定碎石的延迟时间、沥青拌和能力、温度要求、摊铺速度、养生时间、最小工作面的要求等。

通道和涵洞的流水段施工组织:异节拍流水和无节拍流水。

桥梁工程流水施工组织:桥梁的流水施工也是属于流水段法流水施工,计算与通道涵洞相同。(2007 年考无节拍流水)

【精析 6】

网络计划在公路工程进度计划中的应用

单代号搭接网络图的应用:搭接类型主要有四种:开始到开始STS,完成到完成FTF,完成到开始FTS,开始到完成STF。这部分可以结合"建设项目管理"的内容出题。

【题例】 某段道路工程施工,路基填方高度20m,根据进度计划安排,要求路基土填筑完成自然沉降半年后,再进行路面施工,则路基填筑与路面施工之间的进度计划搭接关系是(　　)。

A. 开始到开始　　B. 开始到结束

C. 结束到开始　　D. 结束到结束

答案:C

2. 公路工程进度计划的控制管理

【精析1】

进度计划的提交内容

在中标通知书发出后合同规定的时间内,承包人应向监理工程师书面提交以下文件:一份详细和格式符合要求的工程总体进度计划及必要的各项关键工程的进度计划;一份有关全部支付的现金流动估算;一份有关施工方案和施工方法的总说明(即通过施工组织设计提出)。

【精析2】

进度计划审查的三要点

工期和时间安排的合理性;施工准备的可靠性;计划目标与施工能力的适应性。

【题例】 在对进度计划进行施工准备的可靠性审查时,应重点审查(　　)。

A. 施工总工期的安排应符合合同工期

B. 主要骨干人员及施工队伍的进场日期已经落实

C. 各项施工方案和施工方法应与施工经验和技术水平相适应

D. 对动员、清场、假日及天气影响的时间,应有充分的考虑并留有余地

答案:B

【题例】 在对进度计划进行工期和时间安排的合理性审查时,应重点审查(　　)。

A. 施工总工期的安排应符合合同工期

B. 主要骨干人员及施工队伍的进场日期已经落实

C. 各项施工方案和施工方法应与施工经验和技术水平相适应

D. 所需主要材料和设备的运送日期已有保证

答案:A

【题例】 在对进度计划进行计划目标与施工能力的适应性审查时,应重点审查(　　)。

A. 施工总工期的安排应符合合同工期

B. 主要骨干人员及施工队伍的进场日期已经落实

C. 各项施工方案和施工方法应与施工经验和技术水平相适应

D. 所需主要材料和设备的运送日期已有保证

答案:C

【精析3】

进度计划的检查方法和结果

检查的结果可以通过以下几种方法体现和分析:横道图法、斜条图法、网络计划法、S曲线等。

通过检查，能反映出目前工作的进展情况，工作是否正常、延误或提前，是否对整个工程的工期有影响。

【精析 4】

进度计划调整的原因

进度计划的调整，根据调整的原因分为两种，一是延期后应按新合同工期调整计划；二是延误了工期却又无权获得延期，因此需要调整计划使后续计划的工作内容改变或缩短时间，以符合合同工期。

【精析 5】

压缩工期的两种主要途径与方法

一是改变原计划中关键工作之间的逻辑关系；二是压缩关键工作的持续时间。

【精析 6】

压缩关键工作持续时间的措施

组织措施、技术措施、经济措施或行政措施、其他配套条件。

【题例】 属于压缩关键工作持续时间的组织措施有(　　)。

A. 增加工作面，组织更多的施工队伍　　B. 采用先进的施工机械

C. 对所采取的技术措施给予相应经济补偿　　D. 改善劳动条件

E. 增加每天的施工时间

答案：AE

【题例】 属于压缩关键工作持续时间的技术措施有(　　)。

A. 增加工作面，组织更多的施工队伍　　B. 采用先进的施工机械

C. 对所采取的技术措施给予相应经济补偿　　D. 改善劳动条件

E. 采用更先进的施工方法以缩短施工过程的时间

答案：BE

【题例】 属于压缩关键工作持续时间的经济措施有(　　)。

A. 增加工作面，组织更多的施工队伍　　B. 采用先进的施工机械

C. 对所采取的技术措施给予相应经济补偿　　D. 改善劳动条件

E. 用物质刺激和精神刺激的方法提高工作效率

答案：CE

第五目　(1B421050)公路工程进度与信息管理

一、考试大纲要求

1B421051　了解公路工程信息管理技术及应用

二、考试要点精析

【精析 1】

公路工程施工企业信息化的基本要求

业务化、电子化、网络化、规范化。

【精析 2】

公路工程项目管理信息化系统各常见模块功能

工程管理、经营管理、合同管理、费用管理、进度管理、物资管理、综合管理。

【精析3】

施工企业应用进度计划软件进行公路工程施工项目进度管理的基本步骤

应用规划、计划编制、进度的跟踪反馈、进度分析及评价。

第二节 (1B422000)公路工程施工质量管理

第一目 (1B422010)工程质量控制方法及措施

一、考试大纲要求

1B422011 掌握公路工程质量控制的常用方法

1B422012 掌握公路工程质量控制关键点的设置

1B422013 熟悉公路工程质量缺陷处理方法

二、要点精析

1. 公路工程质量控制的常用方法

【精析1】

现场质量检查控制的方法主要是:测量、试验、观察、分析、监督、总结提高。

【精析2】

审核与分析有关技术文件、报告或报表

对技术文件、报告、报表的审核与分析是对工程质量进行全面质量控制的重要手段,项目经理应负总责,各相关部门应恪守职责,做好本职工作,确保控制有效。

【精析3】

现场质量检查控制内容

开工前检查;工序交接检查与工序检查;隐蔽工程检查;停工后复工前的检查;分项、分部工程完工后的检查;成品、材料、机械设备等的检查;巡视检查。

2. 公路工程质量控制关键点的设置

【精析1】

质量控制关键点的设置

应根据不同管理层次和职能,按以下原则分级设置。

施工过程中的重要项目、薄弱环节和关键部位。

影响工期、质量、成本、安全、材料消耗等重要因素的环节。

新材料、新技术、新工艺的施工环节。

质量信息反馈中缺陷频数较多的项目。

【精析2】

质量控制关键点的文件

质量控制关键点作业流程图;质量控制关键点明细表;质量控制关键点(岗位)质量因素分析表;质量控制关键点作业指导书;自检、交接检、专业检查记录以及控制图表;工序质量统计与分析;质量保证与质量改进的措施与实施记录;工序质量信息。

【精析3】

土方路基工程施工中常见质量控制关键点

施工放样与断面测量；路基原地面处理，按施工技术合同或规范规定要求处理，并认真整平压实；使用适宜材料，必须采用设计和规范规定的适用材料，保证原材料合格，正确确定土的最大干密度和最佳含水率；每层的松铺厚度，横坡；分层压实，控制填土的含水率，确保压实度达到设计要求。

根据以往考试情况，本知识点多以案例题为主。

【题例】 某承包人承接了一段高速公路路基工程，路基填料为土方。为确保项目的工期、质量、安全和成本，项目部制定了施工方案和一系列的规章制度。在路基施工中特别强调了土方路基施工的如下质量控制关键点：施工放样与断面测量；保证填土材料合格。

问题：

(1)补充路基施工的质量控制关键点。

(2)如何保证填土材料合格？

答案：(1)路基原地面处理，按施工技术合同或规范规定要求处理，并认真整平压实；每层的松铺厚度，横坡；分层压实，控制填土的含水率，确保压实度达到设计要求。

(2)使用适宜材料，必须采用设计和规范规定的适用材料，保证原材料合格，正确确定土的最大干密度和最佳含水率。

【精析4】

路面基层(底基层)施工中常见的质量控制关键点

基层施工采用设备组合；配合比的设计；拌和设备计量装置校验；路面基层(底基层)所用结合料(如水泥、石灰)剂量；原材料符合要求，混合料的含水率、拌和均匀性、配合比；路面基层(底基层)的压实度、弯沉值、平整度及横坡等；如采用级配碎(砾)石还需要注意集料的级配和石料的压碎值。

根据以往考试情况，本知识点多以案例题为主。

【精析5】

水泥混凝土路面施工中常见质量控制关键点

基层强度、平整度、高程的检查与控制；混凝土材料的检查与试验；混凝土配合比设计和试件的试验；混凝土的水灰比、外加剂掺加量、坍落度控制；混凝土的摊铺、振捣、成型及避免离析；锯缝时间和养生技术的采用。

根据以往考试情况，本知识点多以案例题为主。

【精析6】

沥青混凝土路面施工中常见质量控制关键点

基层强度、平整度、高程的检查与控制；沥青混凝土材料的检查与试验；集料的级配、沥青混凝土配合比设计和试验；路面施工机械设备配置与组合；沥青混凝土的运输及摊铺温度控制；沥青混凝土摊铺厚度控制和摊铺中的离析控制；沥青混凝土的碾压与接缝施工。

根据以往考试情况，本知识点多以案例题为主。

【精析7】

桥梁基础工程施工中常见质量控制点

扩大基础：基底地基承载力的检测确认，满足设计要求；基底表面松散层的清理；及时浇筑垫层混凝土,减少基底暴露时间;大体积混凝土施工的防裂。

钻孔桩:桩位坐标与垂直度控制;护筒埋深;泥浆指标控制;护筒内水头高度;孔径的控制,防止缩径;桩顶、桩底高程的控制;清孔质量(嵌岩桩与摩擦桩要求不同);钢筋笼接头质量;导管接头质量检查与水下混凝土的灌注质量。

【题例】 在钻孔桩施工质量控制中,对于嵌岩桩与摩擦桩要求不同的指标是(　　)。

A. 护筒埋深　　B. 泥浆指标控制

C. 沉淀厚度　　D. 钢筋笼接头质量

答案:C

【精析 8】

水中承台施工常见质量控制关键点

钢围堰施工常见质量控制关键点:钢围堰的设计与加工制造;钢围堰入水、落床及入土下沉过程中平面位置、高程等的控制;钢围堰下沉到位后的清底及整平;封底混凝土浇筑时的导管布设与封底混凝土厚度控制;承台混凝土配合比设计;抽水后封底混凝土基底的调平;承台混凝土浇筑导管布设及混凝土振捣;大体积混凝土温控设施的设计、施工及大体积混凝土养生;各类预埋件的施工质量控制。

钢套箱施工质量控制关键点:钢套箱的设计与加工制造质量控制;钢套箱水平及竖向限位装置的施工质量控制;封底混凝土浇筑时的导管布设与封底混凝土厚度控制;承台混凝土的配合比设计;抽水后封底混凝土的调平;承台混凝土浇筑导管布设及混凝土振捣;大体积混凝土温控设施的设计、施工及大体积混凝土养生;各类预埋件的施工质量控制。

根据以往考试情况,本知识点多以案例题为主。

【精析 9】

桥梁下部结构施工中常见质量控制点

实心墩:墩身锚固钢筋预埋质量控制;墩身平面位置控制;墩身垂直度控制;模板接缝错台控制;墩顶支座预埋件位置、数量控制。

薄壁墩:墩身锚固钢筋预埋质量控制;墩身平面位置控制;墩身垂直度控制;模板接缝错台控制;墩顶支座预埋件位置、数量控制;墩身与承台连接处混凝土裂缝控制;墩顶实心段混凝土裂缝控制。

【题例】 在薄壁墩与实心墩施工中,其控制要点不同之处有哪些?(　　)

A. 墩身与承台连接处混凝土裂缝控制

B. 模板接缝错台控制

C. 墩顶实心段混凝土裂缝控制

D. 墩顶支座预埋件位置、数量控制

E. 墩身锚固钢筋预埋质量控制

答案:AC

【精析 10】

桥梁上部结构施工中常见质量控制点

简支梁桥:简支梁混凝土的强度控制;预拱度的控制;支座预埋件的位置控制;大梁安装时梁与梁之间高差控制;支座安装型号、方向的控制;梁板之间现浇带混凝土质量控制;伸缩缝安装质量控制。

支架施工连续梁桥:支架沉降量的控制;先简支后连续连续梁桥:后浇段工艺控制、体系转换工艺控制、后浇段收缩控制、临时支座安装与拆除控制;挂篮悬臂施工连续梁桥:浇筑过程中的线形控制、边跨及跨中合拢段混凝土的裂缝控制;预应力梁:张拉吨位及预应力钢筋伸长量控制。

预制拼装拱桥:拱肋拱轴线的控制;支架施工拱桥:支架基础控制、支架沉降控制、拱架加载控制、卸架工艺控制;钢管拱:钢管混凝土压注质量控制。

【题例】 预拱度的控制属于哪种类型桥梁施工控制的要点?(　　)

A. 简支梁桥　　B. 连续梁桥

C. 拱桥　　D. 悬索桥

答案:A

【精析11】

公路隧道施工中常见质量控制关键点

正确判断围岩级别,及时调整施工方案;认真测量、检查和修正开挖断面,减少超挖;制定切实可行的开挖方案,包括新奥法、矿山法的选择,炮孔布置、装药量、每一循环的掘进深度;喷锚支护,控制在开挖后围岩自稳定时间的1/2以内完成;认真观测,收集资料,做好施工质量的信息反馈。

3.公路工程质量缺陷处理方法

【精析1】

质量缺陷性质的确定

质量缺陷性质的确定,是最终确定缺陷问题处理办法的首要工作和根本依据。一般通过下列方法来确定缺陷的性质:

了解和检查。是指对有缺陷的工程进行现场情况、施工过程、施工设备和全部基础资料的了解和检查。主要包括调查、检查质量试验检测报告、施工日志,施工工艺流程、施工机械情况以及气候情况等。

检测与试验。通过检查和了解可以发现一些表面的问题,得出初步结论,但往往需要进一步地检测与试验来加以验证。检测包括直观检测和仪器检测。

检测与试验主要是检验该缺陷工程的有关技术指标,对原材料、半成品、成品分别检验以便准确找出产生缺陷的原因。检测和试验的结果将作为确定缺陷性质的主要依据。

专门调研。有些质量问题,仅仅通过以上两种方法仍不能确定。如某工程出现异常现象,但在发现问题时,有些指标却无法被证明是否满足规范要求,只能采用参考的检测方法。

为了得到这样的参考依据并对其进行分析,往往有必要组织有关方面的专家或专题调查组,提出检测方案,对所得到的一系列参考依据和指标进行综合分析研究,找出产生缺陷的原因,确定缺陷的性质。这种专题研究,对缺陷问题的妥善解决作用重大,因此经常被采用。

【精析2】

质量缺陷处理方法

整修与返工。缺陷的整修,主要是针对局部性的、轻微的且不会给整体工程质量带来严重影响的缺陷。如水泥混凝土结构的局部蜂窝、麻面,道路结构层的局部压实度不足等。这类缺陷一般可以比较简单地通过修整得到处理,不会影响工程总体的关键性技术指标。由于这类缺陷很容易出现,因而修补处理方法最为常用。

返工的决定应建立在认真调查研究的基础上。是否返工,应视缺陷经过补救后能否达到规范标准而定,对于补救后不能满足标准的工程必须返工。如某承包人为赶工期,曾在雨中铺筑沥青混凝土,监理工程师只得责令承包人将已经铺完的沥青面层全部推除重铺;一些无法补救的低质涵洞也被炸掉重建;温度过低或过高的沥青混合料在现场被监理工程师责令报废等等。

综合处理办法。综合处理办法主要是针对较大的质量事故而言的。这种处理办法不像返工和整修那样简单具体,它是一种综合的缺陷(事故)补救措施,能够使得工程缺陷(事故)以最小的经济代价和工期损失,重新满足规范要求。处理的办法因工程缺陷(事故)的性质而异,性质的确定则以大量的调查及丰富的施工经验和技术理论为基础。具体做法可组织联合调查组、召开专家论证会等方式。实践证明,这是一条合理解决这类问题的有效途径。

第二目 (1B422020)工程质量检验

一、考试大纲要求

1B422021 掌握路基工程质量检验

1B422022 掌握路面工程质量检验

1B422023 掌握桥梁工程质量检验

1B422024 掌握隧道工程质量检验

二、考试要点精析

1.路基工程质量检验

【精析1】

路基工程质量检验的主要内容为:

路基的宽度和高程(包括边沟);路基的平面位置;边坡坡度及边坡加固;排水设施的尺寸及底面纵坡;填土压实度、弯沉值;取土坑、弃土堆、护坡道、截水沟、排水沟的位置和形式是否正确;隐蔽工程检查记录。

根据以往考试情况,本知识点多以案例题为主。

【精析2】

土石方路基实测项目

土方路基实测项目有:压实度、弯沉值、纵断高程、中线偏位、宽度、平整度、横坡、边坡。

压实度:土方路基压实度的规定值分高速公路、一级公路,二级公路,三级、四级公路三个档次设定。高速公路、一级公路填方0~0.8m规定值是96%,二级公路填方0~0.8m规定值是95%,三级、四级公路填方0~0.8m规定值是94%。

其他各检测项目的规定值或允许偏差、检查方法和频率依据的标准可参见公路工程质量检验评定的标准及项目专用技术规范。

石方路基实测项目有:压实、纵断高程、中线偏位、宽度、平整度、横坡、边坡坡度和边坡平顺度。

压实:石方路基的压实要求层厚和碾压遍数符合要求。

其他各检测项目的规定值或允许偏差、检查方法和频率依据的标准可参见公路工程质量检验评定的标准及项目专用技术规范。

根据以往考试情况,本知识点多以案例题为主。

2. 路面工程质量检验

【精析1】

路面基层、底基层的检验

主要检验内容包括：高程、厚度、宽度、横坡度和平整度、基层的压实度和强度。

水泥稳定粒料、石灰土基层实测项目有：压实度、平整度、纵断高程、宽度、厚度、横坡、强度（各级公路的强度应符合设计要求，按半刚性基层和底基层材料强度评定标准检查）。

填隙碎石（矿渣）基层和底基层实测项目有：压实度、弯沉值、平整度、纵断高程、宽度、厚度、横坡。

根据以往考试情况，本知识点多以案例题为主。

【精析2】

水泥混凝土路面的检验

主要检验内容包括：水泥混凝土面板的弯拉强度、板厚度、平整度、抗滑构造深度、相邻板高差、纵横缝顺直度、中线平面偏位、路面宽度、纵断高程和路面横坡。

根据以往考试情况，本知识点多以案例题为主。

【精析3】

沥青混凝土路面的检验

主要检验内容包括：沥青混凝土面层的压实度、平整度、弯沉值、渗水系数、摩擦系数、构造深度、厚度、中线平面偏位、纵断高程、路面宽度及横坡。

3. 桥梁工程质量检验

【精析1】

桥梁总体的检验内容

桥梁的净空、桥面中心偏位、桥面宽度和桥长、引道中心线与桥梁中心线的衔接以及桥头高程衔接。

根据以往考试情况，本知识点多以案例题为主。

【题例】　在某桥梁总体施工完毕后，对其进行检测时，某技术人员制定了如下的桥梁总体检测项目：桥梁的净空；桥面中心偏位和桥面宽度；引道中心线与桥梁中心线的衔接以及桥头高程衔接。

其中对检测的要求规定如下：桥面中心偏位要求用经纬仪检查3～8处；桥面宽度（车行道、人行道）要求用钢尺量每孔3～5处；引道中心线与桥梁中心线的衔接，要求分别将引道中心线和桥梁中心线延长至两岸桥长端部，比较其平面位置，允许偏差±30mm；桥头高程衔接要求用水准仪测量。

问题：

(1)根据现行规范的相关要求，该技术员制定的检测项目是否完善？说明理由。

(2)根据现行规范的相关要求，该技术员对检测要求的描述是否正确？说明理由。

答案：①内容不完善，还需要对桥梁的总长度进行检测；②检测要求中对引道中心线与桥梁中心线的衔接检查描述有误，要求引道中心线与桥梁中心线的平面位置允许偏差不超过±20mm。

【精析2】

钻孔灌注桩施工的主要检验内容

在终孔和清孔后应对成孔的孔位、孔深、孔形、孔径、倾斜度、泥浆相对密度、孔底沉淀厚度、钢筋骨架底面高程等检查。

钻孔灌注桩混凝土的强度要求按水泥混凝土抗压强度评定标准检查。

凿除桩头混凝土后,看有无残缺的松散混凝土。

需嵌入承台内的混凝土桩头及锚固钢筋长度应符合要求。

钢筋骨架底面高程要求查灌注前记录。

根据以往考试情况,本知识点多以案例题为主。

【精析 3】

明挖地基的主要检验内容

基底平面位置、尺寸大小和基底高程应与设计资料相符。

基底地质情况和承载力是否与设计资料相符。

地基所用材料是否达到设计标准。

根据以往考试情况,本知识点多以案例题为主。

【精析 4】

后张法预应力筋加工和张拉的主要检验内容

预应力筋的各项技术性能应符合要求,千斤顶、油表、钢尺等应检查校正。

预应力管道坐标及管道间距,要求在梁长方向和梁高方向抽查30%,每根查10个点。

张拉时的应力值、张拉伸长率和张拉断丝滑丝数。

【题例】 某桥梁施工企业在长江上施工一座大桥,上部结构为后张法预应力箱梁形式,在施工组织设计中制定了后张法预应力筋的加工和张拉的主要检测内容:预应力筋的各项技术性能;预应力管道坐标及管道间距;张拉时的应力值、张拉伸长率和张拉断丝滑丝数。

问题:

(1)这家企业在完成以上检测内容前,还需要做哪些工作?

(2)其中对张拉伸长率和张拉断丝滑丝数有什么具体的要求?

答案:(1)加工张拉以前还必须对千斤顶、油表、钢尺等检查校正。

(2)张拉伸长率,要求符合设计规定,设计未规定时控制在±6%范围以内;钢束的断丝滑丝数每束允许1根,且每断面不超过钢丝总数的1%;钢筋不允许断丝。

【精析 5】

承台混凝土浇筑的主要检验内容

混凝土强度,要求按水泥混凝土抗压强度评定标准检查,必须在合格标准内;

承台尺寸、承台顶面高程和轴线偏位。

【精析 6】

墩、台身混凝土浇筑的主要检验内容

墩、台身混凝土强度要求按水泥混凝土抗压强度评定标准检查,必须在合格标准内。

墩、台身断面尺寸、顶面高程和轴线偏位。

墩、台身竖直度或斜度、大面积平整度和预埋件位置。

【精析 7】

柱或双壁墩混凝土浇筑的主要检验内容

混凝土强度要求按水泥混凝土抗压强度评定标准检查,必须在合格标准内。

柱或双壁墩断面尺寸、顶面高程和轴线偏位。

墩、台身竖直度和相邻间距。

【精析 8】

墩、台帽或盖梁混凝土浇筑的主要检验内容

混凝土强度要求按水泥混凝土抗压强度评定标准检查，且必须在合格标准内。

墩、台帽或盖梁断面尺寸、支座处顶面高程和轴线偏位。

墩、台帽或盖梁预埋件位置要求用尺量。

【精析 9】

预制梁、板的主要检验内容

梁、板混凝土强度按水泥混凝土抗压强度评定标准检查，应在合格标准内。

梁、板的几何尺寸（长度、宽度、高度和跨径）。

梁、板平整度及梁、板支座预埋件表面的平整度。

预埋件位置要求用尺量。

【精析 10】

梁、板安装的主要检验内容

梁、板支座中心偏位要用尺量，每孔抽查 4～6 个支座。

梁、板安装的竖直度要吊垂线，每孔 2 片梁。

梁、板顶面纵向高程要用水准仪抽查，每孔 2 片，每片 3 点。

梁、板间的接缝填充材料应符合要求。

【精析 11】

悬臂浇筑梁施工的主要检验内容

必须对桥墩根部（0 号块）的高程、桥轴线进行详细复核，符合设计要求后，方可进行悬浇施工。

悬臂浇筑施工必须对称进行，并确保轴线和挠度达到设计要求和在允许的误差范围内。

施工过程中梁体不得出现裂缝，并确保接头质量。

合龙段混凝土强度按水泥混凝土抗压强度评定标准检查在合格标准内。

桥梁的轴线偏位、顶面高程、断面尺寸和同跨对称点高程差。

【精析 12】

悬臂拼装梁施工的主要检验内容

必须对桥墩根部（0 号块）的高程、桥轴线进行详细复核，符合设计要求后，方可进行悬臂拼装施工。

悬臂拼装施工必须对称进行，并确保轴线和挠度达到设计要求和在允许的误差范围内。

施工过程中梁体不得出现裂缝，并确保接头质量。

桥梁的轴线偏位、梁体的顶面高程和同跨对称点高程差。

合龙段混凝土强度按水泥混凝土抗压强度评定标准检查，要求在合格标准内。

【精析 13】

拱的安装施工主要检验内容

拱段接头采用现浇混凝土时必须保证其强度和质量，并在强度达到 70%以上时方可进行拱上建筑施工。

拱圈轴线横向偏位,拱圈高程。

主拱圈两对称接头点相对高差,同跨各拱肋相对高差和同跨各拱肋间距。

腹拱起拱线高程和相邻块件高差。

【精析14】

悬臂浇筑混凝土斜拉桥的梁施工主要检验内容

索的技术性能应符合设计标准,千斤顶和油表等斜拉索张拉工具应检查校正。

穿索前应将锚箱孔道毛刺打平,避免钢索损伤。

悬臂浇筑混凝土斜拉桥的梁混凝土强度按水泥混凝土抗压强度评定标准评定。

梁的轴线偏位、断面尺寸、梁锚固点高程。

斜拉索拉力、锚具轴线与孔道轴线偏位。

【精析15】

悬索桥钢筋混凝土索塔施工的主要检验内容

索塔的索道孔及锚箱位置,以及锚箱锚固面与水平面的交角控制,锚板与孔道是否相互垂直。

索塔混凝土强度按水泥混凝土抗压强度评定标准评定。

塔柱底水平偏位、索塔倾斜度、断面尺寸和预埋件位置。

系梁高程和索鞍底板面高程

【题例】 在悬索桥锚碇混凝土施工中,主要检测项目有(　　)。

A. 悬索桥锚碇混凝土强度

B. 基础的地基承载力

C. 锚碇的轴线偏位、断面尺寸和大面积平整度

D. 锚碇基础底面高程、锚碇的顶面高程及预埋件位置

E. 锚碇混凝土强度达到设计强度的80%方可进行下一步施工

答案:ABCD

【精析16】

悬索桥锚碇混凝土施工的主要检验内容

悬索桥锚碇混凝土强度按水泥混凝土抗压强度评定标准评定,必须在合格标准内。

基础的地基承载力满足要求,锚室无渗水、积水。

锚碇的轴线偏位、断面尺寸和大面积平整度。

锚碇基础底面高程、锚碇的顶面高程及预埋件位置。

【精析17】

桥面铺装施工的主要检验内容

桥面铺装应符合同等级路面的要求,桥面泄水孔的进水口应略低于桥面面层。

桥面铺装的强度和压实度按路基、路面压实度评定标准或水泥混凝土抗压强度评定标准检查。

铺装层的厚度、平整度和抗滑构造深度。

桥面横坡:无论是水泥混凝土还是沥青面层均应每100m检查3个断面。

4.隧道工程质量检验

【精析 1】

锚喷支护的质量要求

喷射混凝土抗压强度检查满足以下条件者为合格,否则为不合格。检查不合格时,应查明原因并采取措施,可用加厚喷层或增设锚杆的办法予以补强。

(1)同批(指同一配合比)试块的抗压强度平均值,不低于设计强度或C20。

(2)任意一组试块抗压强度平均值,不得低于设计强度的80%。

(3)同批试块为3～5组时,低于设计强度的试块组数不得多于1组;试块为6～16组时,不得多于2组;17组以上,不得多于总组数的15%。

当发现喷混凝土表面有裂缝、脱落、露筋、渗透漏水等情况时,应予修补,凿除喷层重喷或进行整治。

锚杆安设后每300根至少选择3根作为1组进行抗拔力试验,围岩条件或原材料变更时另作1组。同组锚杆28d的抗拔力平均值应满足设计要求;每根锚杆的抗拔力最低值不得小于设计值的90%。

【题例】 在隧道工程锚喷支护的质量检验中,对于喷射混凝土抗压强度的检查,且配合比变更时,至少应取(　　)试块进行抗压试验。

A.一组　　B.二组

C.三组　　D.四组

答案:C

【精析 2】

隧道总体的检验内容

车行道,净总宽,隧道净高,隧道偏位,路线中心线与隧道中心线的衔接,边坡、仰坡。

第三目 (1B422030)交通工程主要系统的检测

一、考试大纲要求

1B422031 掌握交通安全设施的检测

1B422032 掌握监控系统的检测

1B422033 掌握收费系统的检测

1B422034 掌握通信系统的检测

1B422035 熟悉供配电、照明系统的检测

二、要点精析

1.交通安全设施的检测

【精析 1】

交通标志的检测

对于交通标志各构件的检测项目主要包括标志板外形尺寸、标志字符尺寸、标志面反光膜等级及逆反射系数、标志面反光膜缺陷、气泡检查、反光膜拼接、支撑结构及连接件的质量、金属构件的防腐、标志板与铝槽的连接等,另外,还应根据《公路交通标志反光膜》(GB/T 18833—2002)中的要求对标志面所用的反光膜的性能进行检测。

对于施工完毕的标志,主要应进行标志板安装平整度检验、立柱垂直度检验、标志板下缘至路面净空高度检验、标志板内侧距土路肩边线距离检验、基础尺寸检验等。特别要注意悬臂式和门架式标志的标志板下缘至路面净空高度(允许偏差为+100mm,0)、柱式标志的标志板内侧距土路肩边线距离(允许偏差为+100mm,0),从而满足公路净空及建筑限界的要求。

【题例】 对于施工完毕的标志,主要应进行(　　)等检测。

A. 标志板安装平整度　B. 立柱垂直度

C. 基础尺寸　D. 标志板下缘至路面净空高度

E. 金属构件的防腐

答案:ABCD

【精析2】

交通标线的检测

溶剂型路面标线涂料分为普通型和反光型:普通型是指涂料中不含玻璃珠,施工时也不撒布玻璃珠;反光型是指涂料中不含玻璃珠,施工时涂布涂层后立即将玻璃珠撒布在其表面。溶剂型涂料主要的检测项目包括容器中的状态、密度、黏度、施工性能、加热稳定性、涂膜外观、不粘胎干燥时间、遮盖率、色品性能、耐磨性、耐水性、耐碱性、附着性、柔韧性、固体含量等。

热熔型涂料分为普通型、反光型和突起型,涂料的主要检测项目包括密度、软化点、涂膜外观、不粘胎干燥时间、色度性能、抗压强度、耐磨性、耐水性、耐碱性、玻璃珠含量、流动性、涂层低温抗裂性、加热稳定性、人工加速耐候性等。

双组分涂料分为普通型、反光型和突起型,涂料的主要检测项目包括容器中状态、密度、施工性能、涂膜外观、不粘胎干燥时间、色度性能、耐磨性、耐水性、耐碱性、附着性、柔韧性、玻璃珠含量、人工加速耐候性等。

水性涂料分为普通型和反光型,涂料的主要检测项目包括容器中状态、黏度、密度、施工性能、漆膜外观、不粘胎干燥时间、遮盖率、色度性能、耐磨性、耐水性、耐碱性、冻融稳定性、早期耐水性、附着性、固体含量等。

对于已完工的标线,主要的检测项目包括标线的横断位置、标线线形、标线的长度及宽度、标线纵向间距、标线厚度、表面污染、涂层变色、反光效果、缺陷检查等。

对于突起路标,主要检查外观和尺寸、色度、逆反射性能、抗冲击性能、抗压性能、密封性、安装位置、线形与路面粘结性能等。

【题例】 标线双组分涂料分为普通型、反光型和(　　)。

A. 可水洗型　B. 高反光型

C. 突起型　D. 人工加速耐侯性型

答案:C

【精析3】

护栏的检测

波形梁护栏的检测项目主要包括构件的材料性能和外观尺寸,金属构件的防腐处理,混凝土的强度和外观尺寸,护栏的安装情况、高度、横断位置、线形等。

混凝土护栏的检测项目主要包括混凝土强度、外观尺寸、安装情况、混凝土表面外观、地基压实度、基础平整度等。

【精析 4】

隔离栅及桥梁防抛网的检测

隔离栅、桥梁防抛网的检测项目主要包括网片的丝径、网孔尺寸、网片的平整度、立柱的尺寸、混凝土构件的尺寸及强度、钢构件的防腐处理、隔离栅的安装高度、立柱间距、顺直度等。不同的隔离栅形式应根据结构特点选取检测项目。

【精析 5】

轮廓标的检测

轮廓标的检测项目主要包括外观要求、反射器尺寸、金属构件的防腐处理、反射材料的色度和逆反射性能、反射器的密封性、轮廓标安装的角度和高度、轮廓标的间距、柱式轮廓标柱体的竖直度、混凝土基础尺寸及强度等。

【精析 6】

防眩设施的检测

防眩设施的主要检测项目包括外观尺寸、材料性能、金属构件的防腐处理、防眩板的设置间距和垂直度、防眩设施的安装高度和顺直度等。

【精析 7】

钢筋混凝土结构的里程碑、百米桩、公路界碑的检测

它们的检测项目主要包括外形尺寸、混凝土强度、安装位置、埋设深度等。

2. 监控系统的检测

【精析】

主要检测项目

设备及材料的质量和规格的检测，设备的性能、功能的检测，监控子系统检测，监控系统的系统检测。

3. 掌握收费系统的检测

【精析 1】

主要检测项目

设备及材料的质量和规格的检测，设备的性能、功能的检测，收费子系统检测，收费系统的系统检测。

【精析 2】

收费设施的检测内容

各设备均是通过目测、手动检测等方法检测其设备的外观质量及安装情况，线缆是否连接牢固、排放整齐，电源、接地是否良好。通过通电，现场通过实际操作检查检测其设备的性能、功能。

本知识点常以客观题为主。

4. 通信系统的检测

【精析】

通信设施主要检测项目

光电缆线路；光纤数字传输设备；数字程控交换设备；会议电视设备；数字同步时钟设备；紧急电话、有线广播设备；通信电源设备。

本知识点常以客观题为主。

【题例】 通信管道与光缆线路的检测内容(　　)。

A. 主管道管孔试通试验　　B. 测试仪测试光纤的直流电阻和绝缘电阻

C. 测试光纤接头损耗平均值　　D. 测试光纤线间电容和对地电容

E. 测试光中继段光纤总衰耗

答案:ACE

5. 供配电、照明系统的检测

【精析1】

主要检测项目

设备及材料的质量和规格的检测,设备的性能、功能的检测,供配电、照明系统的系统检测,供配电、照明系统的系统测试。

【精析2】

照明主要设备检测的内容

公路照明的技术指标通常用亮度、照度、眩光限制和诱导性四项指标来表示。其中亮度、照度、眩光都与光通量、发光强度有关。照明系统的检测分为单项设备检测和照明效果检测两部分。

【题例】 某高速公路的供配电、照明设备已运抵施工现场,等待检测后进行安装调试。

问题:

(1)说明外场设备电力电缆线路的检测内容。

(2)说明供配电、照明系统主要检测要求?

答案:(1)外场设备电力电缆线路的检测内容主要是:配电箱基础尺寸及高程;配电箱涂层厚度;电缆埋深;电源箱、配电箱、分线箱安全接地电阻;配线架对配电箱绝缘电阻;相线对绝缘护套的绝缘电阻。

(2)对供配电、照明系统主要检测的项目分为以下三个方面:

①设备及材料的质量和规格的检测。对到达现场的工程材料与设备的产品说明书、出厂合格证、验收单等进行检查,检查其名称、型号、规格、外观等是否符合要求。

②设备的性能、功能的检测。通过对设备的产品说明书、出厂合格证、验收单中的主要性能指标和功能的检测,检测其设备的性能和功能是否符合要求。

③供配电、照明系统的系统检测。对单体设备性能和功能检测符合要求,连接集成后的系统检测,是要覆盖供配电、照明系统所要求的全部功能和技术性能,主要包括高低压配电装置与连锁、继电保护的整定、各种电量检测、自动重合闸和备用电源自动投入等自动装置、二次结线控制及信号系统、操作电源及照明效果检测等等,检测符合要求后才能提请鉴定测试、试运行和竣工验收。

第三节　(1B423000)公路工程安全管理

第一目　(1B423010)公路工程安全管理的范围及原则

一、考试大纲要求

1B423011　掌握公路工程安全管理的范围

1B423012　掌握公路工程安全管理的原则

二、考试要点精析

【精析 1】

公路工程安全管理的范围

路基、路面、桥梁、隧道、水上、陆地、高空、爆破、电气使用等各种作业的安全管理。

【精析 2】

爆破工程的安全管理范围

爆破工程的安全管理包括：对操作人员进行的培训考核、技术交底、考试取证、安全教育等人员的安全管理；对炸药、雷管、导火索以及其他爆破用器材等物的安全管理；对爆破现场安全距离、安全防护、安全警示等环境的安全管理。

【精析 3】

电气作业的安全管理范围

电气作业的安全管理包括：配电室的安全管理；配电线路的安全管理；施工现场配电箱与开关箱设置的安全管理；配电箱、开关箱内的电器装置的安全管理；发电机组的安全管理；电动机械设备的安全管理；施工现场照明电器的安全管理等。

第二目　(1B423020)公路工程安全技术要点

一、考试大纲要求

1B423021　掌握公路工程高处作业安全技术要点

1B423022　掌握公路工程水上作业安全技术要点

1B423023　掌握公路工程陆上作业安全技术要点

1B423024　掌握公路工程地下作业安全技术要点

1B423025　掌握公路工程电气作业安全技术要点

二、考试要点精析

【精析 1】

高处作业分级：

1 级：2 ～5m；2 级：5 ～15m；3 级：15 ～30m；特级：30m 以上。

【精析 2】

高处作业安全技术要点

安全知识培训；人员须经体检合格后方可上岗，患有7 种疾病的不能从事高处作业；人员必须穿戴劳保用品；防高空坠物；操作平台的邻边应设置防护栏杆；作业人员在上下交叉作业时不得在同一垂直面上；拆除作业的四点特别要求和专人负责现场的安全监护；六级(含六级)以上大风等恶劣天气时不得进行露天高处作业；设置联系信号或通信装置，并指定专人负责。

【精析 3】

公路工程水上作业安全技术要点

在船舶通航的大江、大河、大海区域进行水上施工作业前，在规定的期限内向施工所在地海事部门提出施工作业通航安全审核申请，批准并取得《水上水下施工许可证》后，方可施工。

进行水上夜间施工时，要有充足的灯光照明，尽量避免单人操作，特别是电焊作业时，最少安排两人相互监护。

使用轮胎或履带吊车在船上进行打桩、起重作业时,必须先进行稳定计算,满足稳定性要求,船体按施工要求加固,并在吊车轮胎(或履带)下加铺垫板,支撑牢固。

施工平台上必须按设计要求合理划分办公区、施工区和材料堆放区,并设置专门卫生间、吸烟室。平台上必须设置救生、消防设施。

航道水域上下游各布置一警示标牌,警示过往船舶不得随意进入施工航道。临时施工栈桥设置警示防雾灯,通航口位置设置导航灯,防止过往船舶撞击。

【精析4】

路基工程土方施工安全要点

开挖深度超过2m时,特别是在街道、居民区、行车道附近开挖土方时,不论深度大小都应视为高处作业,并设置警告标志和高度不低于1.2m的双道防护栏,夜间还要设红色警示灯。

开挖沟槽坑时,应根据土质情况进行放坡或支撑防护。挖掘深度超过1.5m,且不加支撑时,应按规定确定放坡度。若施工区域狭窄不能放坡时,应采取围壁措施。同时,固壁支撑的材料不能有朽、糟、断裂现象。

在开挖的沟槽坑边沿1m以内不许堆土或堆放物料;距沟槽坑边沿1～3m间,堆土高度不得超过1.5m;距沟槽坑边沿3～5m间,堆土高度不得超过2.5m;在沟槽坑边沿停置车辆,起重机械、振动机械时距离不少于4m。

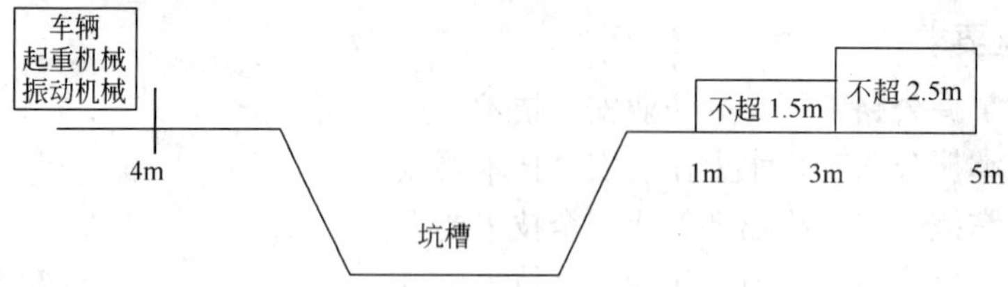

开挖工作应与装运作业面相互错开,严禁上、下双重作业。

滑坡地段的开挖,应从滑坡体两侧向中部自上而下进行,禁止全面拉槽开挖。

施工中如遇土质不稳,山体有滑动,发生坍塌危险时,应暂停施工,撤出人员和机具;当工作面出现陷机或不足以保证人员安全时,应立即停工,确保人员安全。

运输土方的车辆在会车时,应轻车让重车;重车运行,前后两车间距必须大于5m,下坡时,两车间距不小于10m,运土车上方严禁乘人(容易在案例中描述背景资料时用)。

【精析5】

路基工程石方施工安全要点

石方爆破作业必须严格遵守国家爆破安全规程,接受当地公安部门的监管。

人工打眼时,使锤人应站在掌钎人的侧面,禁止对面使锤;选择炮位时,炮眼口应避开正对的电线、路口和构造物;凿打炮眼时,应清除掉坡面上的浮岩危石。

爆破器材库的选址和搭建应请当地公安部门进行指导和监督,运输爆破器材要用专用运输工具,在公安部门的押运下进行,中途不许停留,并应避开人员密集地方;在保管、运输爆破器材过程中,工作人员严禁穿化纤服装。

导火索起爆应采用一次点火法点火,其长度不得短于1.2m,同次爆破燃速相同。进行露天爆破作业,一人连续点火不得超过10根,严禁使用明火点燃;多人同时点炮时,每个人的点炮数量应相同,严禁脚踏和挤压已点燃的导火索。爆破时,应点清爆破数与装炮数量是否相符,确认炮响完,并过 5min 后,方准爆破人员进入作业区。

在雷雨季节,潮湿场地等情况下,应采用非电起爆法;深度不超过 10m 的爆破用火花起爆,深度超过 10m 的爆破不得采用火花起爆,必须采用电力起爆。

大型爆破必须按审批的爆破设计书,并征得当地县(市)以上公安部门同意后由专门成立的现场指挥机构组织人员实施。

【精析 6】

隧道施工一般安全技术要点

隧道施工应做好施工前期的准备工作,制定隧道施工安全技术方案,对危险源和重大危险源进行辨识和全过程的跟踪、监督、检查。结合地形、地质等实际情况,编制施工组织设计,长度大于 1 000m 时,还应制定地质超前预报方案和实施细则,并向作业人员进行安全技术交底,合理安排施工。

必须制定发生紧急情况时的应急救援预案,建立完整的应急救援小组。

必须实行隧道工程安全目标管理,项目经理为安全生产第一责任人,对隧道施工安全生产全面负责。

隧道施工现场按规定配备必需的安全装置和设施。所有进入隧道施工现场人员必须佩戴好安全防护用品,并接受现场管理人员的指挥。

掘进前应先做好隧道洞口工程,做好洞口边坡,仰坡及天沟,边沟等排水设施,确保地表水不危及隧道施工安全。

在软弱围岩地段施工时,应按照“短进尺、弱爆破、早喷锚、勤量测、紧封闭”的原则稳步前进,若遇不良地质情况,必须进行超前地质预报,提前采取预防措施。

【精析 7】

隧道施工爆破作业安全技术要点

点炮前,无关人员与机具均应撤至安全地点。爆破员实行“一爆三检”制度,放炮员最后离场,班组长清点人数,发出警告 5s 后方可引爆。

爆破后必须经过 15min 通风排烟后,检查人员方可进入工作面,检查有关“盲炮”及可疑现象;有无残余炸药和雷管;顶板两边有无松动石块、危岩,支护有无损坏与变形;在妥善处理并确认无误后,其他施工人员方可进入工作面。

【题例】 下列关于隧道施工的安全要点的说法,正确的有(　　)。

A. 爆破后,需通风排烟 15min 人员方可进场

B. 机械凿岩时,必须采用干式凿岩机

C. 在隧道内熬制沥青时要注意通风

D. 爆破员实行“一爆三检”制度

E. 洞内运输,车速不得超过 10km/h

答案:ADE

【精析 8】

隧道内运输的安全技术要点

运输时严禁人料混装;宜选用带净化装置的柴油机动力;燃烧汽油的车辆和机械不得进洞。

卸碴时,应将车辆停稳并制动,严禁站在斗内扒碴。

洞内运输车速不得超过10km/h(07年26题);行驶中严禁超车,在洞口和狭窄地段应设置"缓行"标志;在洞内倒车或转向时,应开灯鸣号,并设专人指挥;洞内车辆相遇或有行人通行时,应关闭大灯光,改用近光或小灯光。

洞外卸碴场地应保持一段上坡段,并在堆碴边缘内0.8m处设置挡木,防止运输车滑翻。

【精析9】

隧道施工支护的安全技术要点

洞内支护,宜随挖随支护,支护至开挖面的距离一般不得超过4m。

钢支护脚部应设锁脚锚杆,防止钢支护下沉及水平收敛。

当发现量测数据有不正常变化或突变,洞内或地表位移大于允许位移值,洞内或地面出现裂缝以及喷层出现异常裂缝时,均应视为危险信号,人员必须立即撤离现场,经处理达到安全作业条件后方可继续施工。

【精析10】

隧道施工衬砌的安全技术要点

采用模板台车进行全断面衬砌时,台车距开挖面的距离不得小于260m,台车下的净空应能保证运输车辆的顺利通行,混凝土浇注时,必须两侧对称进行,台车上不得堆放物料工具,工作台应满铺底板,并设安全防护栏杆,拆除混凝土输送软管时,必须停止混凝土泵的运转。

严禁在洞内熬制沥青。

【精析11】

隧道施工中的通风、防尘、照明、排水及防火、防瓦斯安全要点

隧道施工时的通风,应设专人管理。保证每人每分钟得到1.5～3m^{3}的新鲜空气;隧道内的空气成分每月至少取样分析一次,风速、含尘量每月至少检测一次。

施工时宜采用湿式凿岩机钻孔,用水炮泥进行水封爆破以及湿喷混凝土等有利于减少粉尘浓度的施工工艺;在凿岩和装碴工作面上应做好防尘工作,放炮前后应进行喷雾与洒水,出碴前应用水淋透渣堆和喷湿岩壁;在吹入式的出风口,宜放置喷雾器。

隧道内各部照明电器为:开挖、支撑及衬砌作业地段为12～36V;成洞地段为110～220V;手提作业灯为12～36V。

有瓦斯的隧道,每个洞内必须设专职瓦斯检查员,一般情况下,每小时检测一次,并将检测结果写入记录簿,检测瓦斯的检定器应每季度校对一次。严禁明火。

【精析12】

公路工程电气的安全技术要点

公路工程施工现场临时用电的三项基本原则:TN—S接地,三级配电系统,两级漏电保护。

配电室的安全技术要点

施工现场配电线路的安全技术要点

施工现场配电箱与开关箱设置的安全技术要点

配电箱、开关箱内的电器装置安全技术要点

配电箱、开关箱使用与维护的安全技术要点

自备发电机组的安全技术要点

电动机械设备的安全技术要点

电动工具使用的安全技术要点

施工现场照明电器的安全技术要点

施工现场安全用电技术档案八个要点

第四节　(1B424000)公路工程施工现场技术管理

第一目　(1B424010)路基工程施工方法

一、考试大纲要求

1B424011　掌握路基工程施工方法

1B424012　掌握路基石方工程爆破方法

1B424013　掌握特殊路基施工方法

1B424014　掌握路基工程主要试验检测方法

二、要点精析

1.路基工程施工方法

【精析 1】

填土路基施工方法

土方路堤施工技术要领

土方路堤一般应采用机械化施工，操作程序：取土→运输→推土机初平→平地机整平→压路机碾压。施工一般技术要领如下：

(1)必须根据设计断面，分层填筑、分层压实。

(2)路堤填土宽度每侧应宽于填层设计宽度，压实宽度不得小于设计宽度，最后削坡。

(3)填筑路堤宜采用水平分层填筑法施工。如原地面不平，应由最低处分层填起，每填一层，经过压实符合规定要求之后，再填上一层。

(4)原地面纵坡大于12%的地段，可采用纵向分层法施工，沿纵坡分层，逐层填压密实。

(5)山坡路堤，地面横坡不陡于1∶5，且基底符合规定要求时，路堤可直接修筑在天然的土基上。地面横坡陡于1∶5时，原地面应挖成台阶(台阶宽度不小于1m)，并用小型夯实机加以夯实。填筑应由最低一层台阶填起，并分层夯实，然后逐台向上填筑，分层夯实，所有台阶填完之后，即可按一般填土进行。

(6)高速公路和一级公路，横坡陡峻地段的半填半挖路基，必须在山坡上从填方坡脚向上挖成向内倾斜的台阶，台阶宽度不应小于1m。

(7)不同土质混合填筑路堤时，以透水性较小的土填筑于路堤下层时，应做成4%的双向横坡；如用于填筑上层时，除干旱地区外，不应覆盖在由透水性较好的土所填筑的路堤边坡上。

(8)不同性质的土应分别填筑，不得混填。每种填料层累计总厚不宜小于0.5m。

(9)凡不因潮湿或冻融影响而变更其体积的优良土应填在上层，强度较小的土应填在下层。

(10)河滩路堤填土，应连同护道在内，一并分层填筑。可能受水浸淹部分的填料，应选用水稳性好的土料。

土方路堤填筑施工方法

推土机填筑路堤

用推土机直接推土填筑路堤,一般有两种方式:一种是土方由自卸汽车运来,按路基纵、横向每层需铺土方数量卸成土堆,然后由推土机推土摊平均匀,达到预计需要的松铺厚度。其分层最大松铺厚度,高速公路和一级公路不应超过30cm,并按试验路段的结果确定。二级以下公路分层摊平、碾压,如此反复每一层直至要求的路基高程。注意到顶层时摊平后的高度要比路基高度高出20~30cm,经过碾压后,再用推土机或人工修整达到设计高度和宽度。在每层摊铺时,其宽度应超过设计宽的10%~30%,以便最后以人工或平地机修理平整出预定的边坡度。另一种方式是从路堤两侧或一侧的取土坑直接取土,横向推土到填土断面,分层摊平、碾压,直至设计的路基顶面。用此种方式填筑路堤,首先以推土机沿将要填筑成的路堤护道内侧(即要填成的路堤边坡坡脚)在地面推出一条边线,作为填土标志,以免填土超出路堤,然后推土机进入预定的取土坑位置推土至填土断面。每层仍注意比设计宽度宽出10%~30%,碾压后,再进行第二层,逐层填至路基顶设计高程。最后一层仍应注意较碾压厚度高出20~30cm。最后清除护道多余土方,并平整取土坑,推平取土坑内为操作方便遗留的土埂,按设计要求保持排水纵坡,坑底需整理大致平顺。

推土机作业方式通常是由切土、推土、堆卸、空返等四个环节组成。而影响作业效率的主要是切土和推土两个环节。推土机作业效率取决于切满土的速度、距离,以及推土过程中切满刀片中的土散失量和推运速度。其作业方式一般有坑槽推土、波浪式推土、并列推土、下坡推土和接力推土。

土方路堤压实施工要领

(1)压实机械对土进行碾压时,一般以慢速效果最好,除羊足或凸块式碾外,压实速度以2~4km/h最为适宜。羊足碾的速度可以快些,在碾压黏土时最高可达12~16km/h,还不至影响碾压质量。各种压实机械的作业速度,应在填方前做试验段碾压时,找出最佳效果的碾压速度,正式施工时参照执行。

(2)碾压一段终了时,宜采取纵向退行方式继续第二遍碾压,不宜采用掉头方式,以免因机械掉头时搓挤土,使压实的土被翻松。故压路机始终要以纵向进退方式进行压实作业。

(3)在整个全宽的填土上压实,宜纵向分行进行,直线段由两边向中间,曲线段宜由曲线的内侧向外侧(当曲线半径超过200m时,可以按直线段方式进行)。两行之间的接头一般应重叠1/4~1/3轮迹;对于三轮压路机则应重叠后轮的1/2。

(4)纵向分段压好以后,进行第二段压实时,其在纵向接头处的碾压范围,宜重叠1~2m,以确保接头处平顺过渡。

根据以往考试情况,本知识点常以主观题为主进行测试,间或以客观题出现。

【题例】 推土机作业方式通常是由切土、推土、堆卸、空返等四个环节组成。而影响作业效率的主要是(　　)两个环节。

A. 切土和推土　　B. 推土和堆卸

C. 堆卸和空返　　D. 切土和空返

答案:A

【精析2】

填石路堤施工方法

填石路堤将填方路段划分为四级施工台阶、四个作业区段、八道工艺流程进行分层施工。石方填筑路堤八道工艺流程是:施工准备—填料装运—分层填筑—摊铺平整—振动碾压—检测签认—路基成型—路基整修。

分层填筑,摊铺平整

填石路堤分层填筑要做好路基宽度、填方边坡坡比和分层厚度控制。路基面以下 8m 高度为边坡变坡点,填筑高度 20m 内,宜按 3~5m 高度进行边坡坡比控制。每一边坡高度(3~5m)为一填筑单元,在填筑单元内按松铺厚度 0.5m 一层进行填筑。分层填筑厚度依公路等级和压实方法而定,高速公路、一级公路每层厚度应不大于 50cm。其他公路最大厚度不得大于 100cm。

分层填筑在定位卸料已经完成的填石区段进行。首先要采用挖掘机或装载机将料堆处填料翻拌混合,对合乎最大粒径要求的较大岩块辅以人工摆平,然后以不小于 180 马力(132kW)的大型履带式推土机进行推运铺筑和摊铺平整作业。

在摊铺初平的填筑层面,铺撒一层各种粒径的嵌缝料,最大粒径不大于 10cm,用以填满大粒径料间缝隙。嵌缝料铺撒完以后,应再用推土机摊铺一遍,使其较为平整,便于碾压。

洒水碾压,控制遍数

填石路基应以工作质量不小于 12t 的振动压路机碾压施工。碾压速度为 2.0km/h,频率 30Hz 左右,每层碾压遍数不少于 8 遍,在碾压过程中,第一遍和最后一遍为止振碾压,其余均为振动碾压。碾压顺序先自两侧开始向中间推进,后由中间向两侧碾压,每次要求重复 1/3 轮宽进行碾压。

干燥季节,碾压之前应在摊铺层表面洒水。用洒水车先两侧后中间洒水一遍,洒水量为填石体积的 15%。潮湿季节施工,石料表面和细料中天然含水率较大,可直接碾压。

碾压过程要与补填中小石料、撒布细料同步进行,其施工顺序是:初压—振压—补料—再振压—终压—检查—记录。在每一分层压实后的填石路堤表面,用净载 12.0t 的振动压路机作碾压检测(碾压参数:车速 2.0km/h,频率 30Hz),其碾压前后应无明显轮迹或沉降差等于零。施工中详细记录每层填石料松铺厚度、压实厚度、碾压遍数、填料粒径控制标准、洒水量、初压以后的填料铺撒量、细料总用量。并对记录进行整理分析和简明扼要的总结。

码砌边坡,路基成型

填石路基的边坡码砌与分层填筑同步进行,以边坡高度 3~5m 为一施工单元,每完成 3~5m 厚度的路堤填筑,同时进行路堤两侧的边坡码砌。

斜坡式边坡码砌,路堤上部 8m 高度范围,坡比为 1∶1.3;8m 以下路堤边坡坡比为 1∶1.5。应用粒径大于 30cm 的硬质石料码砌。路堤高度小于 6m,码砌厚度不小于 1m;高度大于 6m 时,码砌厚度不应小于 2m;干砌片石护坡最小厚度不小于 50cm。

台阶式边坡码砌,路堤上部 8m 高度范围,坡比为 1∶1;8m 以下路堤边坡坡比为 1∶1.3。边坡码砌石料宜用硬质块石砌筑,台阶每层高度为 0.3m,码砌厚度为 1~2m,上、下层应重复搭接。第二级台阶施工完毕,应检查路基宽度、中线及高程。

路床铺筑,路基整修,按路床粒径要求,选择合适的石料场专门生产粒径不大于 10cm 的优质石料,或采用碎石机等轧制石料的施工机械生产具有一定级配最大粒径不大于 10cm 的硬质石块、碎石、石屑的石质混合料。其适宜的分层厚度不大于 30cm,应按两层进行填筑、摊铺、平整和压实。

本知识点常以主观题为主进行测试。

【精析3】

土石路堤施工要领

土石路堤填筑应分层填筑,分层压实。当含石量超过70%时,整平应采用大型推土机辅以人工按填石路堤的方法进行,当含石量小于70%时,土石混合直接铺筑;松铺厚度控制在40cm以内,接近路堤设计高程时,需改用土方填筑。

【精析4】

结构物处的回填施工技术

填料要求:结构物处的回填材料应满足一般路堤填料的要求,优先选用挖取方便、压实容易、强度高的透水性材料,如石质土、砂土、砂性土。禁止使用捣碎后的植物土、白垩土、硅藻土、腐烂的泥炭土。黏土不可用于高等级公路,在掺入小剂量石灰等稳定剂进行处理后可用于低等级公路结构物处的回填。

桥台台背填筑的方法:采用水平分层填筑的方法,人工摊铺为主,分层松铺厚度宜小于20cm。当采用小型低等级夯具时,一级以上公路松铺厚度宜小于15cm。压实尽量使用大型机械,在临近桥台边缘或狭窄地段,则采用小型夯压机械,分薄层认真夯压密实,为保证填土与桥台衔接处的压实质量,施工中可采用夯压机械横向碾压的方法。

涵管处的填筑法:涵管两侧对称水平分层填筑,层铺厚度以15cm为宜。填土初期轻压,采用小型夯压机或人工夯实,至管顶填高60cm后,按一般路基压实要求碾压。

挡土墙墙背的回填法:挡土墙墙趾部分的基孔,应及时回填压实,并做成向外倾斜的横坡。填土过程中防止水的侵害。回填结束后,顶部应及时封闭。

根据以往考试情况,本知识点常以主观题为主进行测试。

2.特殊路基施工方法

【精析1】

软土地区路基施工技术

基底开挖换土施工方法

开挖方式:基底开挖同鱼塘清淤相似,深度在2m以内可用推土机、挖掘机或人工直接清除至路基范围以外堆放或运至取土坑还田;深度超过2m时,要由端部向中央,分层挖除,并修筑临时运输便道,由汽车运载出坑。

在路基坡脚范围以内的软土全部清除。边部挖成台阶状再回填;路基穿过沼泽地只需要清除路基坡角(含护坡道)范围以内的软土。护坡道以外,对于小滑塌的软土,可挖成1∶1～1∶2的坡度,对于泥沼地区的淤泥质高压缩性软土可将护坡道加宽加高至沼泽地相平或高出。

填筑及压实

(1)软基在开挖时要注意解决渗水和雨水两个问题,可采用边挖边填,也可全部或局部清除后进行全部或局部回填,尽可能换填渗水性材料,并注意及时抽水。

(2)碎石土及粉煤灰等工业废渣常作为换填材料,如果当地条件许可,可用这些填料回填至原地面或沼泽面。压实时,由于非土方填料分层厚度不宜小,为达到较好的压实效果,常采用振动压路机和重型静力压路机(三轮压路机12～15t)。

(3)如果路基与两侧沼泽完全隔离,就可按照一般路堤填筑方式进行填筑,分层碾压时控制好含水率、碾压遍数、碾压方式及路堤边坡、护坡道的密实程度,要做好泥沼与路堤之间的边沟的排水，保证路堤不受水毁，不受冻害。

(4)路堤与两侧沼泽不能完全隔离，在清除路基底部软土后，如渗透性良好的土源缺乏，可在路堤底面用砂石料设置透水性路堤。

(5)路堤两侧设立全铺式(块石、片石浆砌护坡)护坡或护面墙(挡土墙式护坡)时，砌石应用当地不易风化开山片石，用M5砂浆砌筑，墙基应埋入非软基土中0.50～1.20m，砌筑护坡时应夯实坡面，挡墙墙后应填筑开山石块并夯实。护面墙应在路堤压实稳定后再开挖砌筑。

本知识点常以主观题为主进行测试。

【题例】 背景材料：某路基填筑施工至软土区段，项目部制定的该区段基底开挖方案中注意事项如下：①基底开挖，用推土机、挖掘机或人工将软土直接清除至路基范围以外堆放；深度超过3m时，要由端部向中央，分层挖除，并修筑临时运输便道，由汽车运载出坑。②软土在路基坡脚范围以内全部清除。路基穿过沼泽地只需要清除路基坡角范围以内的软土。护坡道以外，对于小滑塌的软土，可挖成1∶1～1∶2的坡度。

问题：

(1)改正项目部制定的该区段基底开挖方案中注意事项的错误。

(2)进一步补充完善上述注意事项。

答案：(1)基底开挖深度超过2m时，要由端部向中央，分层挖除，并修筑临时运输便道，由汽车运载出坑，而不是3m；路基穿过沼泽地需要清除路基坡角范围以内的软土包含护坡道。

(2)软土在路基坡脚范围以内全部清除。边部挖成台阶状再回填。

【精析2】

滑坡地段路基的施工技术

迅速排除降水及地下水，排除降水及地下水的主要方法如下：环形截水沟，树枝状排水沟，排除地下水，支撑渗沟、边坡渗沟、暗沟、平孔等。

减轻滑体上作业机械、土体重力和振动；

改善土的工程性质，将上积土体减重，加重底脚处；

选择干旱的施工季节，集中力量突击滑坡施工段；

牵引式滑坡、具有膨胀性质的滑坡不宜用滑坡减重法。

本知识点常以客观题为主进行测试。

【题例】 滑坡体土方的正确开挖方法是(　　)。

A.从滑坡体中部向两侧自上而下进行　　B.从滑坡体两侧向中部自下而上进行

C.从滑坡体两侧向中部自上而下进行　　D.从滑坡体两侧向中部全面拉槽开挖

答案：C

【精析3】

盐渍土地区路基施工技术

应根据当地气候、水文地质等条件，通过试验决定填筑措施。

用石膏土作填料时，应先破坏其蜂窝状结构。石膏含量一般不予限制，但应控制压实度。

盐渍土路堤应分层铺填分层压实，每层松铺厚度不大于20cm，砂类土松铺厚度不大于30cm。碾压时应严格控制含水率，不应大于最佳含水率1个百分点。雨天不得施工。

盐土地区路堤施工前应测定其基底(包括护坡道)表土的含盐量和含水率及地下水位，根据测得的结果，分别按设计规定进行处理。

本知识点常以客观题为主进行测试。

【题例】 盐渍土地区路基填料容许含盐量大小选取的依据是盐渍土类别与(　　)。

A. 公路等级　　B. 路面等级

C. 路面类型　　D. 路基高度

答案:B

3. 路基工程主要试验检测方法

【精析1】

土的最佳含水率的测定方法

最佳含水率是土基施工的一个重要控制参数,是土基达到最大干密度所对应的含水率。根据不同的土的性质,采用不同的试验方法确定的。试验方法及适用范围如下表。

最佳含水率试验方法及适用范围

<table>
<tr><th>试验方法</th><th>适用范围</th><th>土的粒组</th></tr>
<tr><td>轻型、重型击实试验</td><td>小试筒适用于粒径不大于25mm的土
大试筒适用于粒径不大于38mm的土</td><td>细粒土
粗粒土</td></tr>
<tr><td>振动台法</td><td rowspan="2">1. 试验规定采用振动台测定无黏性自由排水粗粒土和巨粒土(包括堆石料)的最大干密度;
2. 本试验方法适用于通过0.074mm标准筛的干颗粒质量百分数不大于15%无黏性自由排水粗粒土和巨粒土;
3. 对于最大颗粒大于60mm的巨粒土,因受试筒允许最大粒径的限制,按相似级配法规定处理</td><td>细粒土
粗粒土</td></tr>
<tr><td>表面振动击实仪法</td><td>细粒土
粗粒土</td></tr>
</table>

本知识点常以客观题为主进行测试。

【题例】 土基达到最大干密度所对应的含水率是(　　)。

A. 最大含水率　　B. 最小含水率

C. 最佳含水率　　D. 最差含水率

答案:C

【精析2】 压实度检测方法

压实度是路基质量控制的重要指标之一,是现场干密度和室内最大干密度的比值。压实度越高、路基密实度越大,材料整体性能越好。其现场密度的测定方法如下。

灌砂法:现场挖坑,利用灌砂测定体积,计算密度。适用于路基土压实度检测,不宜用于填石路堤等有大孔洞或大孔隙材料的测定。在路面工程中也适用于基层、砂石路面、沥青表面处治及沥青贯入式路面的压实度检测。

环刀法:用于细粒土的密度测试。

核子密度湿度仪法:利用放射性元素测量各种土的密实度和含水率。打洞后用直接透射法测定,测定层的厚度不超过20cm。也可测定路面材料的密实度和含水率,测定时在表面用散射法。

根据以往考试情况,本知识点常以客观题为主进行测试。

【题例】 路基土在工地测得干密度为1.63g/cm^3,湿密度为1.82g/cm^3,而在实验室测得最大干密度为1.66g/cm^3,则路基土压实度为(　　)。

A. 91.21%　　B. 98.19%

C. 100%　　　　　　　　　　D. 109.64%

答案:B

第二目　(1B424020)路面工程施工方法

一、考试大纲要求

1B424021　掌握路面基层(底基层)施工方法

1B424022　掌握沥青路面施工方法

1B424023　掌握水泥混凝土路面施工方法

1B424024　熟悉路面工程主要试验检测方法

二、要点解析

1. 路面基层(底基层)施工方法

【精析】

无机结合料稳定基层施工

下承层准备:检查下承台的压实度、平整度、高程、横坡度、平面尺寸等,对土基必须用12～15t压路机或等效的压路机进行碾压检查(3～4遍),如有表面松散、弹簧等现象必须进行处理。

施工放样:

(1)根据道路设计坐标或道路特征点,采用全站仪、经纬仪恢复道路中线,并且在两侧路肩边沿外设置指示桩。

(2)在两侧指示桩上用明显标记标出待施工的无机结合料基层边沿的设计高程。

(3)路拌法施工根据施工布料需要在下承层上划分布料网格。

(4)摊铺机施工应于待摊铺基层两侧布置控制高程的钢支架,其上设置钢丝绳作为摊铺机行走的高程控制基准线。基准线一定要拉紧,拉力应不小于150kg,控制高程支架间距不超过10m,同时基准线拉好后要仔细观察一下是否平顺。

混合料组成设计:施工进场后根据设计图纸,由实验室选择合适的料源(土、砂砾、碎石、粉煤灰、工业废渣等),确定必需的水泥、石灰剂量及混合料的最佳含水率。

无机结合料稳定基层施工备料

土料:

(1)应在预定的深度范围内采集土,不应分层采集,当需分层采集土时,应将土先分层堆放在一场地上,然后从前到后将上下层土一起装车运送到现场。

(2)对于塑性指数大于12的黏土,机械拌和时,可视土质和机械能确定是否需要过筛。人工拌和时,应筛除15mm以上的土块。

集料:

(1)无机结合料使用的碎石、砂砾、煤矸石、各种粒状矿渣应满足规范所要求的强度、与其他材料混合后应满足相应的规范级配要求。

(2)掺加的碎石宜加工成3～4个不同粒径,以便于和其他自然材料(工业废渣、天然砂砾)混合后达到规范要求的颗粒组成范围。

水泥:路拌法宜选用袋装水泥、场拌法宜选用散装水泥。

生石灰：

(1)当石灰堆放时间较长时，应覆盖封存。

(2)生石灰块应在使用前7～10d充分消解。消解后的石灰应保持一定的湿度，不得产生扬尘，也不可过湿成团。

(3)消石灰宜过孔径10mm的筛，并尽快使用。

粉煤灰：运到现场的粉煤灰应含有足够的水分防止扬尘，在干燥和多风的季，应使料堆表面保持湿润，或者覆盖。场拌法施工宜选用工厂经过处理的符合规范的散装粉煤灰。

无机结合料基层养生：

(1)每一段碾压完成并经压实度检查合格后，应立即开始养生。

(2)对于高速公路和一级公路，基层的养生期不宜少于7d。对于二级和二级以下的公路，如养生期少于7d即铺筑沥青面层，则应限制重型车辆通行。

(3)水泥稳定土基层也可采用沥青乳液进行养生。

(4)二灰基层宜采用泡水养生法，养生期应为14d。

(5)石灰稳定土养生期间，不应过湿或忽干忽湿。

无机结合料基层施工注意事项：

(1)水泥稳定土基层水泥剂量不宜超过6%。

(2)水泥稳定土基层施工时，必须采用流水作业法，使各个工序紧密衔接。特别是要尽量缩短从拌和到完成碾压之间的延迟时间。

(3)水泥稳定土基层施工时，应做水泥稳定土的延迟时间对其强度影响的试验，以指导施工，确保不合格混合料不用于工程。

(4)水泥稳定土基层施工时，要综合考虑水泥终凝时间对施工运输车辆、运距、摊铺碾压时间的要求，必要时添加缓凝剂，确保施工顺利进行。

(5)水泥稳定土基层分层施工时，第二层必须在第一层养生7d后方可铺筑。铺筑第二层之前，应在第一层顶面撒少量水泥或水泥浆。

(6)石灰稳定土基层、石灰工业废渣稳定土基层，分层施工时，下层石灰稳定土碾压完成后，可以立即铺筑上一层石灰稳定土，不需要专门的养生期。

(7)无机结合料基层施工时，严禁用薄层贴补的办法进行找平。

(8)无机结合料基层施工宜在春末和气温较高的季节组织施工，施工期的日最低气温应在5℃以上，在有冰冻的地区，并应在第一次重冰冻(－3～－5℃)到来之前半个月到一个月完成。

(9)如无机结合料基层上为薄沥青层，基层每边应较面层展宽20cm以上。在基层全宽上喷洒透层或黏层沥青或设下封层，沥青面层边沿向外侧做成三角形。

2. 沥青路面施工方法

【精析1】

热拌沥青混凝土路面施工准备

选购经调查试验合格的材料进行备料，矿料应分类堆放，矿粉必须是石灰岩磨细而成的，不得受潮，必要时做好矿料堆放场地的硬化处理和场地四周排水及搭设矿粉库房或储存罐。

做好配合比设计报送监理工程师审批，对各种原材料进行符合性检验。

对下承层进行清扫，底面层施工前两天在基层上洒透层油。在中底面层上喷洒黏层油。

试验段开工前28d安装好试验仪器和设备，配备好的试验人员报请监理工程师审核。各层开工前14d在监理工程师批准的现场备齐全部机械设备进行试验段铺筑，以确定松铺系数、施工工艺、机械配备、人员组织、压实遍数，并检查压实度，沥青含量，矿料级配，沥青混合料马歇尔各项技术指标等。

【精析2】

沥青混合料的拌和

各种集料分类堆放，每个料源均进行试验，按要求的配合比进行配料。

设置间歇式具有密封性能及除尘设备，并有检测拌和温度装置的沥青混凝土拌和站。

拌和站设实验室，对沥青混凝土的原材料和沥青混合料及时进行检测。

沥青的加热温度控制在规范规定的范围之内，即150～170℃。集料的加热温度控制在160～180℃。混合料的出厂温度控制在140～165℃。当混合料出厂温度过高时废弃。混合料运至施工现场的温度控制在不低于120～150℃。

出厂的混合料须均匀一致，无白花料，无粗细料离析和结块现象，不符要求时废弃。

【题例】　沥青加热温度的控制范围是(　　)。

A. 120～150℃　　B. 140～165℃

C. 150～170℃　　D. 160～180℃

答案:C

【精析3】　混合料的运输

根据拌和站的产量、运距合理安排运输车辆。

运输车的车箱内保持干净，涂防粘薄膜剂。运输车配备覆盖棚布以防雨和热量损失。

已离析、硬化在运输车箱内的混合料，低于规定铺筑温度或被雨淋的混合料予以废弃。

【精析4】　检查试验

按施工技术规范要求的频率认真作好各种原材料、施工温度、矿料级配、马歇尔试验、压实度等试验工作。

在施工过程中随时检查铺筑厚度、平整度、宽度、横坡度、高程。

所有检验结果资料报监理工程师审批和申报计量支付。

3.路面工程主要试验检测方法

【精析1】

无侧限抗压强度试验方法

适用范围:适用于测定无机结合料稳定土(包括稳定细粒土、中粒土和粗粒土)试件的无侧限抗压强度，有室内配合比设计试验及现场检测，本试验包括:按照预定的干密度用静力压实法制备试件，以及用锤击法制备试件，试件都是高∶直径＝1∶1的圆柱体。应该尽可能用静力压实法制备等干密度的试件。

【精析2】

热拌沥青混凝土配合比确定方法

《公路沥青路面施工技术规范》(JTG F40—2004)规定，沥青混凝土配合比设计采用马歇尔试验配合比设计法。该法是首先按配合比设计拌制沥青混合料，然后制成规定尺寸试件，12h之后测定其物理指标(包括表观密度、空隙率、沥青饱和度、矿料间隙率等)然后测定稳定度和流值。

热拌沥青混合料配合比设计应通过目标配合比设计、生产配合比设计及生产配合比验证三个阶段,确定沥青混合料的材料品种及配合比、矿料级配、最佳沥青用量。

【精析3】

沥青混合料马歇尔稳定度试验

马歇尔稳定度试验是对标准击实的试件在规定的温度和速度等条件下受压,测定沥青混合料的稳定度和流值等指示所进行的试验。

本方法适用于马歇尔稳定度试验和浸水马歇尔稳定度试验。马歇尔稳定度试验主要用于沥青混合料的配合比设计及沥青路面施工质量检验。浸水马歇尔稳定度试验(根据需要,也可进行真空饱水马歇尔试验)主要是检验沥青混合料受水损害时抵抗剥落的能力,通过测试其水稳定性检验配合比设计的可行性。

【题例】 马歇尔试验的技术指标包括(　　)。

A. 空隙率　　B. 稳定度

C. 流值　　D. 沥青饱和度

E. 破碎比

答案:ABCD

第三目 (1B424030)桥梁工程施工方法

一、考试大纲要求

1B424031　掌握桥梁基础施工方法

1B424032　掌握桥梁下部结构施工方法

1B424033　掌握桥梁上部结构装配式施工方法

1B424034　掌握桥梁上部结构支架施工方法

1B424035　掌握桥梁上部结构逐孔施工方法

1B424036　掌握桥梁上部结构悬臂施工方法

1B424037　熟悉桥梁上部结构顶推施工方法

1B424038　熟悉桥梁上部结构缆索吊装施工方法

二、要点解析

1. 桥梁基础施工方法

【精析1】

明挖扩大基础施工

(1)明挖扩大基础施工的主要内容包括基础的定位放样、基坑开挖、基坑排水、基底处理以及砌筑(浇筑)基础结构物等。

坑壁有支撑的基坑,当基坑壁坡不易稳定并有地下水,或放坡开挖场地受到限制,或基坑较深、放坡开挖工程数量较大,不符合技术经济要求时,可根据具体情况,采取加固坑壁措施,如挡板支撑、钢木结合支撑、混凝土护壁及锚杆支护等。

(2)桥梁基础施工中常用的基坑排水方法有:

集水坑排水法。除严重流沙外,一般情况下均可适用。

井点排水法。当土质较差有严重流沙现象,地下水位较高,挖基较深,坑壁不易稳定,用普通排水方法难以解决时，可采用井点排水法。

其他排水法。对于土质渗透性较大、挖掘较深的基坑，可采用板桩法或沉井法。此外，视工程特点、工期及现场条件等，还可采用帷幕法，即将基坑周围土层用硅化法、水泥灌浆法、沥青溜浆法及冻结法等处理成封闭的不透水的帷幕。

(3)基底检验和基底处理：

基底检验。主要内容应包括：检查基底平面位置、尺寸大小，基底高程；检查基底土质均匀性，地基稳定性及承载力等；检查基底处理和排水情况；检查施工日志及有关试验资料等等。按《公路桥涵施工技术规范》(JTJ 041—2000)的要求，基底平面周线位置允许偏差不得大于20cm，基底高程不得超过：+5cm(土质)、+5cm～ －20cm(石质)。

基底处理。主要方法有：换填土法、桩体挤密法、砂井法、袋装砂井法、预压法加固地基、强夯法、电渗法、振动水冲法、深层搅拌桩法、高压喷射注浆法、化学固化剂法等。对于一般软弱地基土层加固处理方法可归纳为四种类型。即换填土法、挤密土法、胶结土法和土工聚合物法。

(4)基坑开挖边坡失稳的主要原因：基坑深度过大，而坑壁坡度较陡；对于湿土而言，坑壁坡度陡于该湿度下土的天然坡度；地下水以下部分开挖，土质易坍塌却没有增设加固措施；基坑四周没有设置截水沟、排水沟拦截地表径流；弃土位置距基坑太近，甚至将弃土放在基坑四周；在粗、细砂质土层中，水的渗流会夹带细砂颗粒流动，破坏土体结构，引起基坑壁坍塌；施工延续时间过长；施工所用大型设备在坑周边重复作业或振动较大等。

(5)边坡失稳的预防及处理措施：

基坑开挖之前，应先做好地面排水系统，在基坑顶外缘四周应向外设置排水坡或设置防水梁，并在适当距离设截水沟，且应防止水沟渗水，避免影响坑壁稳定。

坑顶边缘应有一定的距离作护道，堆载距坑缘不小于0.5m，动载距坑缘不小于10m，垂直坑壁坑缘边的护道还应适当增宽，堆置弃土的高度不得超过1.5m。

挖基经过不同土层时，边坡可分层而异，只视情况留平台。

在施工过程中注意观察坑缘顶面有无裂缝，坑壁有无松散坍落现象。

对地质情况发生变化的地层应及时增设支护；水文地质条件欠佳时应提前采取加固措施。

基坑自开挖起，应抓紧连续不断施工直至基础完成，施工时间绝不可延续太长。

严格按规范、图纸施工。

基坑应尽量安排在少雨季节施工。

若基坑开挖边坡不稳出现坍塌时，要认真分析其原因，及时处理。其处理方法主要是增设抗滑桩或木板支护、钢板桩支护、锚桩式支护、锚定板支护、喷锚支护等；待边坡稳定后，进行清理或继续施工，并尽快完成基础施工。

【精析 2】

钻孔灌注桩施工

钻孔灌注桩施工的主要工序有：埋设护筒、制备泥浆、钻孔、清底、钢筋笼制作与吊装以及灌注水下混凝土等。

(1)埋设护筒。护筒能稳定孔壁、防止坍孔，还有隔离地表水、保护孔口地面、固定桩孔位置和起到钻头导向作用等。

护筒要求坚固耐用，不漏水，其内径应比钻孔直径大(旋转钻约大20cm，潜水钻、冲击或冲抓锥约大40cm)，每节长度约2～3m。一般常用钢护筒，在陆上与深水中均能使用，钻孔完成，可取出重复使用。在深水中埋设护筒时,先打入导向架,再用锤击或振动加压沉入护筒。护筒入土深度视土质与流速而定。护筒平面位置的偏差不得大于5cm,倾斜度不得大于1%。

(2)泥浆制备。钻孔泥浆由水、黏土(膨润土)和添加剂组成,具有浮悬钻渣、冷却钻头、润滑钻具,增大静水压力,并在孔壁形成泥皮,隔断孔内外渗流,防止坍孔的作用。

通常采用塑性指数大于25,粒径小于0.005mm的黏土颗粒含量大于50%的黏土,通过泥浆搅拌机或人工调和,储存在泥浆池内,再用泥浆泵输入钻孔内。

(3)钻孔。一般采用螺旋钻头或冲击锥等成孔,或用旋转机具辅以高压水冲成孔,常用的方法是:正循环回转法、反循环回转法、潜水电钻法、冲抓锥法、冲击锥法。

(4)孔径检查与清孔:钻孔的直径、深度和孔形直接关系到成桩质量,是钻孔桩成败的关键。为此,除了钻孔过程中严谨操作、密切观测监督外,在钻孔达到设计要求深度后,应采用适当器具对孔深、孔径、孔形等认真检查,符合设计要求后,填写"终孔检查证"。

清孔的方法有抽浆法、换浆法、掏渣法、喷射清孔法,以及用砂浆置换钻渣清孔法等,应根据设计要求、钻孔方法、机具设备和土质条件决定。其中抽浆法清孔较为彻底,适用于各种钻孔方法的灌注桩。对孔壁易坍塌的钻孔,清孔时操作要细心,防止坍孔。

(5)灌注混凝土。在土中形成一定直径的井孔,达到设计高程后,将钢筋骨架(笼)吊入井孔中,灌注混凝土形成为桩基础。

钻孔桩水下混凝土的质量应符合:

(1)强度应不低于设计强度。除检查灌注过程中预留试块的抗压强度外,还应凿平桩头,凿取桩头混凝土试块做抗压强度试验,一般可按基桩总数的5%~10%抽查;大桥的钻孔桩,应以地质钻机钻取桩身混凝土芯样做抗压试验,同时检查桩尖沉淀土实际厚度和桩底土层情况,钻取的芯样直径应不小于70mm。

(2)桩身混凝土无断层或夹层,钻孔桩桩底不高于设计高程,桩底沉淀厚度不大于设计规定。应仔细检查分析所有各桩径的混凝土灌注记录,并用无破损方法检验桩身,认为其中某些桩的质量可疑,则应以地质钻机钻通全桩取芯样,检查该桩有无夹泥、断桩、混凝土质量松软,并做芯样的抗压强度试验。

(3)桩头凿除预留部分无残余松散层和薄弱混凝土层;需嵌入承台内的桩头及锚固钢筋长度符合规范要求。

在质量检查中,如发现断桩或其他重大质量事故,应会同有关部门共同研究提出处理方案。在处理过程中,应作详细记录。处理完毕后,再作一次检查,认为合格后方可进行下一道工序的施工。

【精析3】 钻孔灌注桩施工中易出现的问题及预防和处理方法

断桩是成桩后经探测,桩身局部没有混凝土,存在泥夹层或截面断裂的现象,是最严重的一种成桩缺陷,直接影响结构基础的承载力。

断桩原因:

(1)混凝土坍落度太小,骨料太大,运输距离过长,混凝土和易性差,致使导管堵塞,疏通堵管再浇筑混凝土时,中间就会形成夹泥层。

(2)计算导管埋管深度时出错,或盲目提升导管,使导管脱离混凝土面,再浇筑混凝土时,中间就会形成夹泥层。

(3)钢筋笼将导管卡住,强力拔管时,使泥浆混入混凝土中。

(4)导管接头处渗漏,泥浆进入管内,混入混凝土中。

(5)混凝土供应中断,不能连续浇筑,中断时间过长,造成堵管事故。

断桩预防措施:

(1)混凝土配合比应严格按照有关水下混凝土的规范配制,并经常测试坍落度,防止导管堵塞。

(2)严禁不经测算盲目提拔导管,防止导管脱离混凝土面。

(3)钢筋笼主筋接头要焊平,以免提升导管时,法兰挂住钢筋笼。

(4)浇筑混凝土应使用经过检漏和耐压试验的导管。

(5)浇筑混凝土前应保证混凝土搅拌机能正常运转,必要时应有一台备用搅拌机作应急之用。

断桩治理方法:

(1)当导管堵塞而混凝土尚未初凝时,可吊起导管,再吊起一节钢轨或其他重物在导管内冲击,把堵管的混凝土冲散或迅速提出导管,用高压水冲掉堵管混凝土后,重新放入导管浇筑混凝土。

(2)当断桩位置在地下水位以上时,如果桩的直径较大(一般在 1m 以上),可抽掉桩孔内泥浆,在钢筋笼的保护下,人下到桩孔中,对先前浇筑的混凝土面进行凿毛处理并清洗钢筋,然后继续浇筑混凝土。

(3)当断桩位置在地下水位以下时,可用直径较原桩直径稍小的钻头,在原桩位处钻孔,钻至断桩部位以下适当深度时,重新清孔,并在断桩部位增设一节钢筋笼,笼的下半截埋入新钻的孔中,然后继续浇筑混凝土。

(4)当导管被钢筋笼挂住时,如果钢筋笼埋入混凝土中不深,可提起钢筋笼,转动导管,使导管脱离。如果钢筋笼埋入混凝土中很深,只好放弃导管。

(5)灌注桩因严重坍方而断桩或导管拔出后重新放入导管时均形成断桩,是否需要在原桩外侧补桩,需经检测后与有关单位商定。

2. 桥梁下部结构施工方法

【精析 1】

承台底的处理

低桩承台:当承台底层土质有足够的承载力,又无地下水或能排干时,可按天然地基上修筑基础的施工方法进行施工。当承台底层土质为松软土,且能排干水施工时,可挖除松软土,换填 10~30cm 厚砂砾土垫层,使其符合基底的设计高程并整平,即立模灌筑承台混凝土。如不能排干水时,用静水挖泥方法换填水稳性材料,立模灌筑水下混凝土封底后,再抽干水灌筑承台混凝土。

高桩承台:当承台底以下河床为松软土时,可在板桩围堰内填入砂砾至承台底面高程。填砂时视情况决定,可抽干水填入或静水填入,要求能承受灌注封底混凝土的重量。当底层土承载力小于 0.15Hkg/cm^2[H 为水中封底混凝土厚度(m)],而围堰内水不易排干,填砂砾尚不能支承封底混凝土的重量时,则应考虑提请监理和设计单位进行变更设计或降低承台到能承受封底混凝土重量的土层,或提高承台采用吊箱围堰施工。

【精析 2】

混凝土的浇注

大体积混凝土的浇注。大体积混凝土的施工除遵照一般混凝土的要求外，施工时还应注意以下几点：

(1)水泥。选用水化热低，初凝时间长的矿渣水泥，并控制水泥用量，一般控制在 300kg/m^2 以下。

(2)砂、石。砂选用中、粗砂，石选用 0.5～3.2cm 的碎石和卵石。夏季砂、石料堆可设简易遮阳棚，必要时可向集料喷水降温。

(3)外加剂。可选用复合型外加剂和粉煤灰，以减少绝对用水量和水泥用量，延缓凝结时间。

(4)按设计要求敷设冷却水管，冷却水管应固定好。

(5)如承台厚度较厚，一次浇注混凝土方量过大时，在设计单位和监理同意后可分层浇注，以通过增加表面系数，利于混凝土的内部散热。分层厚度以 1.5m 左右为宜，层间浇注间隔时间 5～14d，上层浇注前，应清除下层水泥薄膜和松动石子，以及软弱混凝土面层，并进行湿润、清洗。

【精析 3】

钢筋混凝土墩台

(1)在承台顶面准确放出墩台中线和边线，考虑混凝土保护层后，标出主钢筋就位位置。

(2)将加工好的钢筋运至工地现场绑扎，在配置第一层垂直筋时，应使其有不同的长度，以符合同一断面筋接头的有关规定。随着绑扎高度的增加，用圆钢管搭设绑扎脚手架，做好钢筋网片的支撑并系好保护层垫块。

(3)条件许可时，可事先加工成钢筋网片或骨架，整体吊装焊接就位。

(4)将标准钢模板组合成分块模板片，板片高度及宽度视墩台身尺寸和吊装能力确定。

(5)用夹具将工字钢立柱和板片竖向连接，横向用销钉和槽钢横肋，将整个模板连成整体，安装就位，用临时支撑支牢，待另一面模板吊装就位后，用圆钢拉杆外套塑料管并加设锥形垫，外加垫块螺母，内加横内撑，将二面模板横向连成整体，校正定位。

(6)端头模板要和墙面模板牢固连接，认真采取支撑、加固措施，防止跑模、漏浆。

(7)为保证模板的使用性能和吊装时不变形，模板必须有足够的强度、刚度和稳定性，事先进行认真的设计。

(8)施工脚手架用螺栓连接在立柱上，立柱下部设置可调斜撑，以确保模板位置的正确。

(9)安装直坡式墩台模板，为便于提升，宜有 0.5％～1％模板高度的锥度，在制作模板时可根据锥度要求加工一定数量的梯形模板，为适应于空心墩台，还须制作收坡式模板。

(10)使用拼装式模板修筑圆形、方形墩时，可视吊装能力，分节组拼成整体模板，以加快进度，保证质量及安全。

(11)统筹安排混凝土拌和站的位置，拌和站的拌和能力必须满足施工需要，原材料质量、混凝土施工配合比、坍落度等必须符合设计要求。

(12)混凝土浇筑前应将模板内杂物、已浇混凝土面上泥土清理干净，模板、钢筋检查合格后，方可进行混凝土的浇筑。

(13)混凝土的水平运输视运距远近和方量大小可选用手推车、轻便轨道活底斗车、自卸汽车或混凝土拌和车。混凝土垂直运输常用各种吊机、扒杆、吊架、混凝土泵、混凝土泵车及皮带输送机等进行高墩台的混凝土浇筑。

(14)墩台身高度不大时，可搭设木板坡道，中间钉设防滑木条，用手推车运输混凝土浇筑。当墩台身高度较大，混凝土下落高度超过2m时，要使用漏斗、串筒。

(15)拼装式模板用于高墩台时，应分层支撑、分层浇筑，在浇筑第一层混凝土时，于墩台身内预埋支承螺栓，以支承第二层模板的安装和混凝土的浇筑。

(16)浇筑墩台混凝土通常搭设普通外脚手架，浇筑高墩台混凝土时，须采用简易活动脚手架或滑动脚手架。浇筑空心高墩台混凝土宜搭设内脚手架，并兼作提升吊架。

(17)混凝土应分层、整体、连续浇筑，逐层振捣密实，轻型墩台需设置沉降缝时，缝内要填塞沥青麻絮或其他弹性防水材料，并和基础沉降缝保持顺直贯通。

(18)混凝土浇筑时要随时检查模板、支撑是否松动变形，预留孔、预埋支座钢板是否移位，发现问题要及时采取补救措施。

(19)混凝土浇筑完成应适时覆盖，洒水养生，预松模板拉杆透水养生，拆模后也可采用喷洒养生剂、圈套塑料养生。

(20)浇筑轻型薄壁墩台，为防止出现混凝土裂缝，施工时应认真进行混凝土配合比设计，严格计量投料，精心施工，重视养生。为保持其墙体的稳定，混凝土浇筑后，要抓紧安排支撑梁混凝土的施工，以及上部构件的吊装，使整个构件构造物早日形成受力框架。

(21)高大的后仰桥台，为平衡偏心，应在浇筑台身混凝土之后，及时填筑台后路堤土方，防止桥台后倾或前滑。未经填土的台身露出地面的高度不得超过4m，以防因偏心造成基底的不均匀沉陷。

3.桥梁上部结构装配式施工方法

【精析1】

先张法预制梁板

先张法预应力筋的张拉操作时的施工要点：

(1)同时张拉多根预应力筋时，应预先调整其初应力，使相互之间的应力一致；张拉过程中，应使活动横梁与固定横梁始终保持平行，并应抽查预应力筋的预应力值，其偏差的绝对值不得超过一个构件全部力筋预应力总值的5%。

(2)预应力筋张拉完毕后，与设计位置的偏差不得大于5mm，同时不得大于构件最短边长的4%。

(3)预应力筋的张拉应符合设计要求，设计无规定时，其张拉程序可按《公路桥涵施工技术规范》(JTJ 041—2000)中的规定进行。

(4)张拉时，同一构件内预应力钢丝、钢绞线的断丝数量不得超过1%，同时对于预应力钢筋不允许断筋。

(5)横梁须有足够的刚度，受力后挠度应不大于2mm。

(6)应先张拉靠近台座截面重心的预应力钢筋，防止台座承受过大的偏心压力。

(7)在台座上铺放预应力筋时，应采取措施防止玷污预应力筋。

(8)用横梁整批张拉时，千斤顶应对称布置，防止活动横梁倾斜。

(9)张拉时，张拉方向与预应力钢材在一条直线上。

(10)紧锚塞时，用力不可过猛，以防预应力钢筋折断；拧紧螺母时，应注意压力表读数始终保持在控制张拉力处。

(11)台座两端应设置防护措施。张拉时，沿台座长度方向每隔4～5m应放一防护架。工作人员不得站在台座两端或进入台座。

(12)当预应力钢筋张拉到控制张拉力后,宜停 2～3min 再打紧夹具或拧紧螺母,此时,操作人员应站在侧面。

【精析2】

预制梁(板)的吊装

根据施工现场具体情况,选用不同的安装方法。

(1)自行式吊机架设法。即直接用吊车将运来桥孔的梁板吊放到安装位置上。

适用条件:平坦无水桥孔的中小跨径预制梁板安装。

一台吊机架设法。吊装时,一般将吊机置于待吊装的桥孔中间,如果起吊能力足够也可以将吊机置于台后或者已经吊装完成的桥孔上。吊装应注意起吊绳与梁面的夹角不能太小,一般以 45°～60°为宜,否则,应使用扁担梁。

二台吊机架设法。用两台吊机各吊住梁的一端,同步提升将梁吊起架设安装。吊装时,根据情况,可以将两台吊机置于一孔或分别置于两孔。吊装应注意两台吊机相互配合,由专职起吊工统一指挥。

(2)简易型钢导梁架设法。将用型钢组拼成的导梁移运到架设桥孔,在简易钢导梁上铺设轻轨,将混凝土梁用轨道平车运到桥孔,再用墩顶龙门吊机将梁横移就位,之后随着架梁的需要,移动导梁和龙门架。

适用条件:地面有水,孔数较多的中小跨径预制梁板安装。

(3)联合架桥机架设法。采用钢导梁配合墩顶龙门、托架等完成预制梁的安装。在导梁上铺设钢轨,托架通过钢轨托运龙门吊机在墩顶就位,系好缆风绳,将预制梁装上平车运到桥孔导梁上,利用二个龙门吊装就位或完成横移,接着导梁前伸,用龙门将未吊装好的梁吊装就位,托架托运龙门吊机前移,用同样程序吊装下孔。

该法的特点是不受桥下支架、洪水威胁,架设过程中不影响桥下通车、通航。预制梁的纵移、横移、起吊、就位都比较方便,便于施工单位自行制造。缺点是架设设备用钢材较多,设备组件多,操作相对复杂一些。

适用条件:孔数较多的中型梁板吊装。

(4)双导梁架桥机架设法。将轨道上拼装的架桥机推移到安装孔,固定好架桥机后,将预制梁由平车运至架桥机后跨,两端同时起吊,横移小平车,置于梁跨正中并固定,将梁纵移到安装跨,固定纵移平车,用横移小平车将梁横移到设计位置下落就位,待一跨梁全部吊完,小平车置于梁跨正中并固定,将梁纵移到安装跨,固定纵移平车,用横移小平车将移平车退到后端,前移架桥机,拆除前支架与墩顶连接螺栓,把前支架挂在鼻架上。重复上述程序进行下一跨梁的安装。

本法具备了联合架桥机的一切优点,并且不需要托架及墩顶龙门,整机性能好,设备更简洁,便于操作,使用更方便。

适用条件:孔数较多的重型梁吊装。

(5)跨墩龙门架架设法。预制梁由轨道平车或者平板拖车运至桥孔一侧,用二台同步运行的跨墩龙门吊将梁吊起再横移到设计位置落梁就位。

此法的特点是桥垮较少时,架设速度快,架设时不需要特别复杂的技术工艺,作业人员用得也较少。缺点是桥下地形条件要求较高,当桥墩较高时稳定性较差。

适用条件:无水或浅水河滩,地形相对平坦,孔数较多的中型梁板安装。

【精析 3】

后张法预制梁板

(1)后张法预制梁板工序

按施工需要规划预制场地,预制场地应整平压实,低洼不平处及软弱土质要处理改善,完善排水系统,确保场内不积水。

根据预制梁的尺寸、数量、工期,确定预制台座的数量、尺寸,台座用表面压光的梁(板)筑成,应坚固不沉陷,确保底模沉降≤2mm,台座上铺钢板底模或用角钢镶边代作底模。当预制梁跨大于 20m 时,要按规定设置反拱。

根据施工需要及设备条件,选用塔吊或跨梁龙门吊作吊运工具,并铺设其行走轨道。

统筹规划梁(板)拌和站及水、电管路的布设安装。

预制模板由钢板、型钢组焊而成,应有足够的强度、刚度和稳定性,尺寸规范、表面平整光洁、接缝紧密、不漏浆,试拼合格后,方可投入使用。

在绑扎工作台上将钢筋绑扎焊接成钢筋骨架,把制孔管按坐标位置定位固定,如使用橡胶抽拔管要插入芯棒。

用龙门吊机将钢筋骨架吊装入模,绑扎隔板钢筋,埋设预埋件,在孔道两端及最低处设置压浆孔,在最高处设排气孔,安设锚垫板后,先安装端模,再安涂有脱模剂的钢侧模,统一紧固调整和必要的支撑后交验。

将质量合格的梁(板)用梁(板)拌和车运输,卸入吊斗,由龙门吊从梁的一端向另一端,水平分层,先下部捣实后再腹板、翼板,浇至接近另一端时改从另一端向相反方向顺序下料,在距梁端 3~4m 处浇筑合拢,一次整体浇筑成型。梁体梁(板)数量较大时,采用斜向分段,水平分层方法连续浇筑。

梁(板)的振捣以紧固安装在侧模上的附着式为主,插入式振捣器为辅,振捣时要掌握好振动的持续时间、间隔时间和钢筋密集区的振捣,力求使梁(板)达到最佳密实度而又不损伤制孔管道。

梁(板)成活后要将表面抹平、拉毛,收浆后适时覆盖,洒水湿养不少于 7d,蒸汽养生恒温不宜超过 80℃,也可采用喷洒养生剂养生。

使用龙门吊拆除模板,拆下的模板要顺序摆放、清除灰浆,再进行养护,以备再用。

构件脱模后,要标明型号,预制日期及使用方向。

将力学性能和表面质量符合设计要求的预应力钢丝或钢绞线按计算长度下料,梳理顺直,编匝成束,用人工或卷扬机或其他牵引设备穿入孔道。

当构件梁(板)达到规定强度时,安装千斤顶等张拉设备,准备张拉。

张拉使用的张拉机及油泵、锚、夹具必须符合设计要求,并配套使用,配套定期校验,以准确标定张拉力与压力表读数间的关系曲线。

按设计要求在两端同时对称张拉,张拉时千斤顶的作用线必须与预应力轴线重合,两端各项张拉操作必须一致。

预应力张拉采用应力控制,同时以伸长值作为校核。实际伸长值与理论伸长值之差应满足规范要求,否则要查明原因,采取补救措施。

张拉过程中的断丝,滑丝数量不得超过设计规定,否则要更换钢筋或采取补救措施。

预应力筋锚固要在张拉控制应力处于稳定状态时进行,其钢筋内缩量不得超过设计规定。

预应力筋张拉后,将孔道中冲洗干净,吹除积水,尽早压注水泥浆,水泥浆的强度、稠度、水灰比、泌水率、膨胀剂掺量等必须符合设计或规范规定。

压浆使用压浆泵从梁最低点开始,在梁两端压浆孔各压浆一次,直至规定稠度的水泥浆充满整个孔道为止。

用龙门吊机将梁适用移运至存放场。

(2)后张法张拉时的施工要点

对力筋施加预应力之前,应对构件进行检查,外观尺寸应符合质量标准要求。张拉时,构件混凝土强度应符合设计要求;设计无要求时,不应低于设计强度等级值的75%。当块体拼装构件的竖缝采用砂浆接缝时,砂浆强度不低于15MPa。

对预留孔道应用通孔器或压气、压水等方法进行检查。端部预埋铁板与锚具和垫板接触处的焊渣、毛刺、混凝土残渣等应清除干净。当采用先穿束的方法时用压气、压水较好。

钢筋穿束前,螺丝端杆的丝扣部分应用水泥袋纸等包裹2~3层,并用细铁丝扎牢;钢丝束、钢绞线束、钢筋束等穿束前,将一端找齐平,顺序编号。对于短束用人工从一端向另一端穿束;对于较长束,应套上穿束器,由引线及牵引设备从另一端拉出。

对于夹片式锚具,上好的夹片应齐平,在张拉前并用钢管捣实。

预应力筋的张拉顺序应符合设计要求,当设计未规定时,可采取分批、分段对称张拉。

应使用能张拉多根钢绞线或钢丝的千斤顶同时对每一钢束中的全部力筋施加应力,但对于扁平管道中不多于4根的钢绞线除外。

预应力筋张拉端的设置应符合设计要求,当设计无具体要求时,应符合:对于曲线预应力筋或长度大于等于25m的直线预应力筋,宜在两端张拉;对长度小于25m的直线预应力筋,可在一端张拉;曲线配筋的精轧螺纹钢筋应在两端张拉,直线配筋的精轧螺纹钢筋可在一端张拉;当同一截面中有多束一端张拉的预应力筋时,张拉端宜分别设置于构件的两端。预应力筋采用两端张拉时,可先在一端张拉锚固后,再在另一端补足预应力值进行锚固。

后张预应力筋断丝及滑丝不得超过《公路桥涵施工技术规范》(JTJ 041—2000)中的规定的控制数。

预应力筋在张拉控制应力达到稳定后方可锚固。预应力筋锚固后的外露长度不宜小于300mm,锚具应用封端混凝土保护,当需长期外露时,应采取防止锈蚀的措施。一般情况下,锚固完毕并经检验合格后即可切割端头多余的预应力筋,严禁用电弧焊切割,强调用砂轮机切割。一般防锈措施为砂浆封堵。

张拉过后即封堵。完成后,即对外露多余钢绞线、钢筋进行切割,切封堵的方法是用素灰将锚头封住,然后用塑料布将其裹住进行养生,以防止裂缝而使锚头漏浆、漏气,影响压浆质量。

此外,张拉时,应注意夹片的回缩量,并做好记录予以减除。用自锚锚头时,夹片的回缩量即钢绞线回缩量,一般为限位板限位槽深减去夹片外露量。夹片外露量由张拉完毕后量得。

(3)施工中易出现的问题及处理方法

- 预应力损失过大是指预应力施加完毕后预应力筋松弛,应力值达不到设计值的现象。

原因分析:锚具滑丝或钢绞线(钢丝束)内有断丝;钢绞线(钢丝)的松弛率超限;量测表具数值有误,实际张拉值偏小;锚具下混凝土局部破坏变形过大;钢索与孔道间摩阻力过大。

防治措施:检查预应力筋的实际松弛率,张拉钢索时应采取张拉力和引伸量双控制。事先校正测力系统,包括表具;锚具滑丝失效,应予更换;钢绞线(钢丝束)断丝率超限,应将其锚具、预应力筋更换;锚具下混凝土破坏,应将预应力释放后,用环氧混凝土或高强度混凝土补强后重新张拉;改进钢束孔道施工工艺,使孔道线形符合设计要求,必要时可使用减摩剂。

• 锚头下锚板处混凝土变形开裂

原因分析:通常锚板附近钢筋布置很密,浇筑混凝土时,振捣不密实,混凝土疏松或仅有砂浆,以致该处混凝土强度低;锚垫板下的钢筋布置不够、受压区面积不够、锚板或锚垫板设计厚度不够,受力后变形过大。

预防措施:锚板、锚垫板必须有足够的厚度,以保证其刚度。锚垫板下应布置足够的钢筋,以使钢筋混凝土足以承受因张拉预应力索而产生的压应力和主拉应力;浇筑混凝土时应特别注意在锚头区的混凝土质量,因在该处往往钢筋密集,混凝土的粗集料不易进入而只有砂浆,会严重影响混凝土的强度。

治理方法:将锚具取下,凿除锚下损坏部分,然后加筋用高强度混凝土修补,将锚下垫板加大加厚,使承压面扩大。

4.桥梁上部结构支架施工方法

【精析 1】

施工预拱度确定应考虑因素

卸架后上部构造本身及活载一半所产生的竖向挠度;支架在荷载作用下的弹性压缩挠度;支架在荷载作用下的非弹性压缩挠度;支架基底在荷载作用下的非弹性沉陷;由混凝土收缩及温度变化而引起的挠度。

【精析 2】

混凝土的浇注

箱梁施工前,应做混凝土的配合比设计及各种材料试验,并报请工程师批准,并根据实际情况进行综合比较确定箱梁混凝土采用一次、两次或三次浇注。以下两点施工中应给予重视:

混凝土浇注时要安排好浇注顺序,其浇注速度要确保下层混凝土初凝前覆盖上层混凝土。一般为防止桥墩与支架发生沉降差而导致墩顶处梁体混凝土产生裂缝,应自跨中向两边墩台连续浇注。混凝土分次浇注时,第二次混凝土浇注应将接触面上第一次混凝土凿毛,清除浮浆。

混凝土的振捣采用插入式振捣器进行,振捣器的移动间距不超过其作用半径的 1.5 倍,并插入下层混凝土 5~10cm。对于每一个振动部位,必须振动到该部位混凝土密实为止,也不得超振。振捣时要避免振捣棒碰撞模板、钢筋,尤其是波纹管,不得用振捣器运送混凝土。对于锚下混凝土及预应力管道下的混凝土振捣要特别仔细,保证混凝土密实,由于该处钢筋密、空隙小,振捣棒一般要选用小直径的。

【精析 3】

张拉

在进行张拉作业前,必须对千斤顶、油泵进行配套标定,并每隔一段时间进行一次校验。有几套张拉设备时,要进行编组,不同组号的设备不得混合。

当梁体混凝土强度达到设计规定的张拉强度(试压与梁体同条件养生的试件)时,方可进行张拉。

箱梁预应力的张拉采用双控,即以张拉力控制为主,以钢束的实际伸长量进行校核,实测伸长值与理论伸长值的误差不得超过规范要求,否则应停止张拉,分析原因,在查明原因并加以调整后,方可继续张拉。后张法预应力筋张拉时的理论伸长值为 $\Delta L=PL/A_yE_g$,P 为预应力筋的平均张拉力,由于预应力筋张拉时,应先调整到初应力,再开始张拉和量测伸长值,实际伸长值为两部分组成,一是初应力至张拉控制应力部的实测伸长量,二是初应力时推算的伸长值;实际伸长值为两者之和。

张拉的程序按技术规范的要求进行,一般为:持荷 5 分钟,0—初应力—103%σ_k—σ_k

张拉过程中的断丝、滑丝不得超过规范或设计的规定,如超过应更换钢丝或采取其他工程师同意的补救措施。

张拉顺序按图纸要求进行,无明确规定时按分段、分批、对称的原则进行张拉。

【精析 4】

压浆、封锚

张拉完成后要尽快进行孔道压浆和封锚,压浆所用灰浆的强度、稠度、水灰比、泌水率、膨胀剂量按施工技术规范及试验标准中要求控制。一般宜采用 52.5 级普通硅酸盐水泥,水灰比 0.4～0.45,膨胀剂为铝粉,掺量为水泥用量的万分之一,铝粉需经脱脂处理。

压浆使用活塞式压浆泵缓慢均匀进行,压浆的最大压力一般为 0.5～0.7MPa,当孔道较长或输泵管较长时,压力可大些,反之可小些。每个孔道压浆到最大压力后,应有一定的稳定时间。压浆应使孔道另一端饱满和出浆,并使排气孔排出与规定稠度相同的水泥浓浆为止。

压浆完成后,应将锚具周围冲洗干净并凿毛,设置钢筋网,浇注封锚混凝土。

5.桥梁上部结构悬臂施工方法

【精析 1】

悬臂浇注施工法的施工准备

适用于大跨径的预应力混凝土悬臂梁桥、连续梁桥、T 形刚构桥、连续刚构桥。其特点是无须建立落地支架,无须大型起重与运输机具,主要设备是一对能行走的挂篮。

施工准备:

挂篮设计及加工。挂篮是悬浇箱梁的主要设备,它是沿着轨道行走的活动脚手架及模板支架。就国内外现有的挂篮按结构形式可分为桁架式、三角斜拉带式、预应力束斜拉式、斜拉自锚式;按行走方式可分为滑移式和滚动式;按平衡方式可分为压重式和自锚式。对某一具体工程,应根据梁段分段情况,根据对挂篮重量的要求承受荷载及施工经验对挂篮进行认真详细的设计。除必须满足强度、刚度、稳定性要求外,还要使其行走、锚固方便可靠,重量不大于设计规定。挂篮由主桁架、锚固、平衡系统及吊杆、纵横梁等部分组成,由工厂或现场根据挂篮设计图纸精心加工而成。

0 号、1 号块的施工。挂篮是利用已浇注的箱梁段作为支撑点,通过桁架等主梁系统、底模系统,人为创造一个工作平台。对于 0 号、1 号块挂篮没有支撑点或支撑长度不够。需采用其他方式浇注。一般采用扇形托架浇注。扇形托架可用万能杆件、贝雷片或其他装配式杆件组成,托架可支撑在桥墩基础承台上或墩身上。托架除须满足承重强度要求外,还须具有一定的刚度,各连续点应连接紧密,螺栓旋紧,以减少变形,防止梁段下沉和裂缝。

临时固结。对于连续箱梁，梁与墩未固结在一起，施工时，两侧悬浇施工难以保持绝对平衡，必须在施工中采取临时固结措施，使梁具有抗弯能力。临时固结一般采用在支座两侧临时加预应力筋，梁和墩顶之间浇注临时混凝土垫块。将梁固结在桥墩上，使梁具有一定的抗弯能力。在条件成熟时，再采用静态破碎方法，解除固结。

【精析 2】

悬臂浇筑施工中应注意的要点

主梁各部分的长度应充分考虑主梁的形式、跨径、墩宽、挂篮的形式以及施工周期来确定。0 号段长度一般为 5～20m，悬浇分段长度一般为 3～5m。

桥墩顶梁段及桥墩顶附近梁段施工时，可采用托架或膺架为支架就地浇筑混凝土。托架或膺架应经过设计，计算弹性及非弹性变形。

在梁段混凝土浇筑前，应对挂篮（托架或膺架）、模板、预应力筋管道、钢筋、预埋件、混凝土材料、配合比、机械设备、混凝土接缝处理情况进行全面检查，经确认后方可浇筑。

悬臂施工过程中，若梁身与墩身采用非刚性连接，为保证结构的稳定性，悬臂梁桥和连续梁桥应实施。0 号块梁段与桥墩间临时固结支承措施；对于刚性连接的 T 形刚构、连续刚构梁，因结构本身已具有一定的抗弯能力，可根据设计和施工要求在墩旁架设临时托架等方法进行施工。临时固结支承可采用如下措施：

将 0 号块梁段与桥墩钢筋或预应力筋临时固结，待解除固结时再将其切断。

在桥墩一侧或两侧设置临时支承或支墩。

顺桥向用扇形或门式托架将 0 号块梁段临时支承，待悬浇到至少一端合拢后恢复原状。

临时支承可用硫磺水泥砂浆块、砂筒或混凝土块等卸落设备，以使体系转换时，较方便地撤除临时支承。当采用硫磺水泥砂浆块做临时支承的卸落设备，并采用高温熔化撤除支承时，必须在支承块之间设置隔热措施，以免损坏支座部件。

挂篮安装时应保证安全、稳定、可靠。

挂篮组拼后，应全面检查安装质量，并对挂篮进行试压，以消除结构的非弹性变形。挂篮试压的最大荷载一般可按最大悬浇梁段重量的 1.3 倍考虑。挂篮试压通常采用水箱加压法、试验台加压法及砂袋法。

桥墩两侧梁段悬臂施工进度应对称、平衡，实际不平衡偏差不超过设计要求值。设计无要求时，其两端允许的不平衡重量最大不得超过一个梁段的底板自重。

悬臂浇筑前端底板和桥面的高程，应根据挂篮前端的垂直变形及预拱度设置，施工过程中要对实际高程进行监测，如与设计值有较大出入时，应会同有关部门查明原因进行调整。

安装预应力预留管道时，应保证管道连接紧密、管道定位准确。放置预应力管道时要注意和前一段的管道连接接头严密对准，并用胶布包贴，防止灰浆渗入管道，还应设置足够的定位钢筋，以保证预留管道在浇筑混凝土过程中位置正确，线形和顺。纵向预应力管道用塑料波纹管时必须设置塑料内衬管，内衬管外径可比波纹管内径小 3～4mm。定位钢筋的纵向水平间距不大于 100cm，曲线段间距不大于 50cm。

挂篮行走前要测定已完成节段梁端高程，并定出箱梁中轴线。当解除挂篮的后锚固后，挂篮沿箱梁中轴线对称向两端，每前进 50cm 做一次同步观测，防止挂篮转角、偏位造成挂篮受扭。

箱梁梁段混凝土浇筑，可视箱梁截面高度情况采用一次或二次浇筑法。无论采用何种方法浇筑,梁段自重误差应在−3%～+3%范围内。

采用一次浇筑法,可在箱梁顶板中部留一窗口,以供浇筑底板混凝土,待浇好底板后立即补焊钢筋封洞,并同时浇筑肋板混凝土,最后浇筑顶板混凝土,一次完成。浇筑肋板混凝土时,两侧肋板应同时分层进行。浇筑顶板及翼板混凝土时,应从外侧向内侧一次完成,以防发生裂纹。

当采用两次浇筑时,各梁段的施工应错开。箱梁分层浇筑时,底板可一次浇筑完成,腹板可分层浇筑,分层间隔时间宜控制在混凝土初凝之前且应使层与层覆盖住。为缩短两次浇筑混凝土的时间间隔,可一次支立外侧模,内侧模分次接高,内模接高应待底板混凝土达到一定强度后进行,同时做好钢筋的绑扎和预应力的定位、布设工作,然后浇筑肋板上段和顶板混凝土。其接缝除按施工缝要求进行处理外,还应采取如预埋型钢、预留凹槽等抗剪措施。

箱梁截面混凝土浇筑顺序应按设计要求进行,若设计无明确要求,一般应按下列顺序进行浇筑:

浇筑混凝土时,必须从悬臂端开始,两个悬臂端应对称均衡地进行浇筑。

浇筑混凝土时,应加强振捣,对于高箱梁混凝土施工,可采用内侧模开仓振捣。

在浇筑混凝土的同时应注意对预应力管道的保护,浇筑后应及时对管道清孔,以利穿束。

为提高混凝土早期强度,以加快施工速度,在设计混凝土配合比时,一般加入早强剂或减水剂。混凝土梁段浇筑周期一般为5～7d,为防止混凝土出现过大的收缩、徐变,应在配合比设计时按规范要求控制水泥用量。

梁段拆模后,应对梁端的混凝土表面进行凿毛处理,以加强接头混凝土的连接。悬浇梁段分次浇筑混凝土时,如处理不当,由于后浇筑混凝土的重力的影响会引起挂篮变形,导致先浇筑的混凝土开裂,因此应采取措施消除后浇筑混凝土引起的挂篮变形,一般可采用下列方法:

水箱法。浇筑混凝土前先在水箱中注入相当于混凝土重量的水,在混凝土浇筑过程中逐渐放水,保持挂篮负荷和挠度基本不变。

混凝土一次浇筑法。箱梁混凝土可采用一次浇筑,施工时应在浇筑混凝土前预留准确的下沉量,并在底板混凝土凝固之前全部浇筑完毕,即要求挂篮的变形全部发生在混凝土塑性状态之间,避免产生裂纹。

浇筑混凝土时,可根据混凝土重量的变化,随时调整吊带高度。

抬高挂篮的后支点法。混凝土浇筑前将模板前端抬高,同时用千斤顶顶起挂篮后支点,将底模梁支承在千斤顶上,浇筑混凝土时,随混凝土重量的变化,随时调整底模梁下的千斤顶,抵消挠度变形。斜拉式挂篮因其总变形小,一般可在浇筑混凝土前预留下沉量,不必在浇筑过程中进行调整。

施工中易出现的问题及预防措施

箱梁腹板出现斜向裂缝:悬臂现浇混凝土箱梁拆模后张拉预应力索,腹板混凝土出现裂缝。一种是有规律地出现于与底板约呈45°的斜裂缝。另一种为沿预应力索管方向的斜向裂缝,往往是靠近锚头处裂缝开展较宽,逐渐变窄而至消失。

原因分析:出现与底板呈45°斜裂缝的原因极大可能是该区域的主拉应力,超过了该处的预应力索和普通钢筋的抗剪力及混凝土的抗拉强度。也有可能是混凝土拆模时间过早,混凝土尚未达到其设计抗拉强度;出现沿预应力索管方向裂缝的原因往往是由于预应力索张拉时,索管及其周边混凝土受到较集中的压应力,由于泊松效应导致索管及其周边混凝土受到索管径向的巨大张力，如保护层混凝土不足以抵抗拉应力，则会在其最薄弱处开裂；混凝土未达到拆模、张拉的龄期或强度；腹板的非预应力普通钢筋网，钢筋间距较大，不能满足抗裂要求；施工临时荷载超载或在作用点产生过大的集中应力。

预防措施：悬臂现浇混凝土箱梁腹板斜向裂缝的出现往往是设计、施工、材料、工艺等综合因素作用的结果，原因比较复杂。但其中必然有一两个原因是主要的。为此，应针对不同的情况，采取相应的对策。设计中应注意：布置有弯起预应力筋部位，往往能有效地克服主拉应力。因此在无弯起预应力筋部位应特别注意验算该部位的主拉应力，并布置相应的抗裂钢筋；加密普通钢筋间距以增强抗裂性。必要时可在易发生斜向裂缝的区段，加设钢丝网片；在预应力束张拉集中的近锚头区域，增设钢筋网片，提高抗压能力和分散集中力；施工工况、工艺流程必须与设计相符。如有变更应立即与设计单位联系，核算无误后方可施工；混凝土未到龄期或强度，不能拆除模板。为掌握混凝土的实际强度，可在浇筑混凝土时多制作几组混凝土试块，在不同龄期进行试验。

【题例】 悬臂浇筑法施工刚构桥的挂篮由悬吊系统、行走系统和(　　)组成。

A. 满堂支架　　B. 拱架

C. 主桁架　　D. 工作平台底模架

E. 锚固系与平衡重

答案：CDE

第四目　(1B424040)隧道工程主要施工方法

一、考试大纲要求

1B424041　掌握隧道施工常用爆破方法

1B424042　掌握盾构法施工方法

1B424043　掌握新奥法施工方法

1B424044　掌握矿山法施工方法

1B424045　熟悉全断面掘进机施工方法

二、要点解析

1. 隧道施工常用爆破方法

【精析】

常见爆破方法

光面爆破法：通过调整周边眼的各爆破参数，使爆炸先沿各孔的中心连线形成贯通的破裂缝，然后内围岩体裂解，并向临空面方向抛掷。这种爆破在围岩中产生的裂缝较少，使爆破后的岩石表面能按设计轮廓线成型，表面较平顺，超欠挖很小。

光面爆破的技术要求：根据围岩特点合理选择周边眼间距和周边的最小抵抗线。严格控制周边眼的装药量，应使用药量沿炮眼全长合理分布，并合理选择炸药品种和装药结构。采用周边同时起爆。

光面爆破的分区起爆顺序：掏槽眼→辅助眼→周边眼→底板眼。辅助眼则应由里向外逐层起爆。

预裂爆破法分区起爆顺序为：周边眼→掏槽眼→辅助眼→底板眼。

毫秒爆破法是以毫秒雷管严格按一定顺序起爆炸药包组，使爆破前后阶段的时间间隔极其短促，以毫秒计算。爆破产生的岩石破坏作用力(应力波或冲击波)可以叠加，促使岩石易于被炸碎；同时，前后段爆破传递到围岩内部的冲击波又相互干扰和相互抵消，使冲击波对围岩的振动破坏大为减弱。实现毫秒爆破一般有两个方法：一是用毫秒雷管和毫秒起爆器(用延长仪器控制延发时间)；另一方法是使用毫秒雷管起爆。

【题例】 采用预裂爆破法施工隧道时，其分区起爆顺序为(　　)。

A. 底板眼→辅助眼→掏槽眼→周边眼

B. 辅助眼→掏槽眼→周边眼→底板眼

C. 掏槽眼→周边眼→底板眼→辅助眼

D. 周边眼→掏槽眼→辅助眼→底板眼

答案：D

2. 盾构法施工方法

【精析 1】

盾构的基本构造

盾构通常由盾构壳体、推进系统、拼装系统、出土系统等四大部分组成。按盾构断面形状不同可将盾构分为：圆形、拱形、矩形和马蹄形四种。圆形因其抵抗地层中的土压力和水压力较好，衬砌拼装简便，可采用通用构件，易于更换，因而应用较广泛；按开挖方式不同可将盾构分为：手工挖掘式、半机械挖掘式和机械挖掘式三种；按盾构前部构造不同可将盾构分为：敞胸式和闭胸式二种。具体分类方法见下表。

盾构分类及适用范围

<table>
<tr><th>挖掘方式</th><th>构造类型</th><th>盾构名称</th><th>开挖面稳定措施</th><th>适用地层</th><th>附注</th></tr>
<tr><td rowspan="5">人工开挖</td><td rowspan="3">敞胸</td><td>普通盾构</td><td>临时挡板、支撑千斤顶</td><td>地质稳定或松软均可</td><td rowspan="3">辅以气压、人工井点降水及其他地层加固措施</td></tr>
<tr><td>棚式盾构</td><td>将开挖面分成几层，利用砂的安息角和棚的摩擦</td><td>砂性土</td></tr>
<tr><td>网格式盾构</td><td>利用土和钢制网状格栅的摩擦</td><td>黏土淤泥</td></tr>
<tr><td rowspan="2">闭胸</td><td>半挤压盾构</td><td>胸板局部开孔依靠盾构千斤顶推力使土砂自然流入</td><td>软可塑黏土</td><td>—</td></tr>
<tr><td>全挤压盾构</td><td>胸板无孔、不进土</td><td>淤泥</td><td>—</td></tr>
<tr><td rowspan="2">半机械式</td><td rowspan="2">敞胸</td><td>反铲式盾构</td><td>手掘式盾构装上反铲挖土机</td><td>土质坚硬稳定开挖面能自立</td><td rowspan="2">辅助措施</td></tr>
<tr><td>旋转式盾构</td><td>同上，装上软岩掘进机</td><td>软岩</td></tr>
<tr><td rowspan="4">机械式</td><td>敞胸</td><td>旋转刀盘式盾构</td><td>单刀盘加面板
多刀盘加面板</td><td>软岩</td><td>辅助措施</td></tr>
<tr><td rowspan="3">闭胸</td><td>局部气压盾构</td><td>面板和隔板间加气压</td><td>多水松软地层</td><td>—</td></tr>
<tr><td>泥水加压盾构</td><td>面板和隔板间加压力泥水</td><td>含水地层、冲积层、洪积层</td><td>辅助措施</td></tr>
<tr><td>土压平衡盾构
加水式
加泥式</td><td>面板和隔板间充满土砂容积产生的压力与开挖面处的地层压力保持平衡</td><td>淤泥、淤泥混沙</td><td>辅助措施</td></tr>
</table>

【精析 2】

盾构分类及适用范围

盾构法隧道的衬砌应具有支承土压的能力和易于操作的结构形式。因此，一般而言，结构由两层构成，第一层是推进时在盾尾内进行拼装的一次衬砌，第二层是在其内侧浇筑的二次衬砌。一次衬砌在施工中起到支撑和承受盾构推力的作用，成环后成为永久性的结构。一次衬砌一般采用的是施工迅速、安装容易的管片结构。

二次衬砌通常是用来加强管片防水、防锈的能力。并且起到内部装修的作用，还用来提高结构的刚度并以此作为防震措施。

【题例】 采用盾构法施工隧道时，一次掘进的长度相当于装配式衬砌一环的（　　）。

A. 宽度　　B. 厚度

C. 高度　　D. 长度

答案：A

3. *新奥法施工方法*

【精析 1】

新奥法的施工顺序

在坑道开挖后，在岩体松散破坏之前，及时修筑一层柔性薄壁衬砌（第一次衬砌），通过施工中的量测监视，确定围岩变形稳定之后，修筑防水层及第二次衬砌。

【精析 2】

新奥法施工的基本原则

(1)少扰动。在进行隧道开挖时，尽量减少对围岩的扰动次数、扰动强度、扰动范围和扰动持续时间。严格进行控制爆破；尽量采用大断面开挖；根据围岩级别、开挖方法、支护条件选择合理的循环掘进进尺；自稳性差的围岩，循环掘进进尺应短一些；支护应尽量紧跟开挖面，缩短围岩应力松弛时间。

(2)早喷锚。开挖后及时施作初期锚喷支护，使围岩的变形进入受控制状态。一方面是为了使围岩不致因变形过度而产生坍塌失稳；另一方面是使围岩变形适度发展，以充分发挥围岩的自承能力。必要时可采取超前预支护措施。

(3)勤量测。以直观、可靠的量测方法和量测数据来准确评价围岩（或围岩加支护）的稳定状态，或判断其动态发展趋势，以便及时调整支护形式、开挖方法，以确保施工安全和顺利进行。

(4)紧封闭。一方面是指采取喷射混凝土等防护措施，避免围岩因长时间暴露而致强度和稳定性的衰减，尤其是对于易风化的软弱围岩。另一方面是指要对围岩施作封闭形支护，这样做不仅可以及时阻止围岩变形，而且可以使支护和围岩能进入良好的共同工作状态。

【精析 3】

全断面开挖法

全断面开挖法是按设计开挖断面一次开挖成型。

全断面开挖法的优缺点：

(1)全断面开挖有较大的工作空间，适用于大型配套机械化施工，施工速度快，因单工作面作业，便于施工组织和管理。一般应尽量采用全断面开挖法。由于开挖面大，围岩相对稳定性降低，且每循环工作量相对较大，因此要有较强的开挖、出渣能力和相应的支护能力。

(2)采用全断面开挖，具有较大的断面进尺比（即开挖断面面积与掘进进尺之比），可获得较好的爆破效果，且爆破对围岩的振动次数较少，有利于围岩的稳定。但由于每次爆破振动强度却较大,因此要求进行严格的控制爆破设计,尤其是对于稳定性较差的围岩。

采取全断面法开挖时应注意以下事项:

(1)摸清开挖面前方的地质情况,随时准备好应急措施(包括改变施工方法),以确保施工安全。尤其应注意突然发生的地质条件恶化,如地下泥石流。

(2)各工序使用的机械设备务求配套,以充分发挥机械设备的使用效率和各工序之间的协调进行,在保证隧道稳定安全条件下,提高施工速度。

(3)在软弱破碎围岩中使用全断面法开挖时,应加强对辅助施工方法的设计和作业检查,以及对支护后围岩的动态量测与监控。

【精析4】

台阶开挖法

台阶开挖法一般是将设计断面分上半断面和下半断面两次开挖成型。也有采用台阶上部弧形导坑超前开挖的。

台阶开挖法的优缺点:

(1)台阶开挖法可以有足够的工作空间和适当的施工速度。但上下部作业有干扰。

(2)台阶开挖虽增加对围岩的扰动次数,但台阶有利于开挖面的稳定。尤其是上部开挖支护后,下部作业就较为安全,但应注意下部作业时对上部稳定性的影响。

台阶开挖时应注意以下事项:

(1)台阶长度要适当。按台阶长短可分为长台阶、短台阶、微台阶(超短台阶)三种。选用何种台阶,应根据两个条件来确定:其一是初期支护形成闭合断面的时间要求,围岩稳定性越差,闭合时间要求越短;其二是上半断面施工时开挖、支护、出渣等机械设备所需的空间大小的要求。

(2)解决好上、下半断面作业的相互干扰问题。微台阶基本上是合为一个工作面进行同步掘进;长台阶基本上拉开,干扰较小;而短台阶干扰就较大,要注意作业组织。对于长度较短的隧道,可将上半断面贯通后,再进行下半断面施工。

(3)下部开挖时,应注意上部的稳定。若围岩稳定性较好,则可以分段顺序开挖;若围岩稳定性较差,则应缩短下部掘进循环进尺;若稳定性很差,则可以左右错开,或先拉中槽后挖边帮。

【精析5】

分部开挖法

分部开挖法是将隧道断面分部开挖逐步成型,且一般将某部超前开挖,故也可称为导坑超前开挖法。常用的有上下导坑超前开挖法,上导坑超前开挖法、单(双)侧壁导坑超前开挖法等。

分部开挖法的优缺点:

(1)分部开挖因减少了每个坑道的跨度(宽度),能显著增强坑道围岩的相对稳定性,且易于进行局部支护,因此它主要适用于围岩软弱破碎严重的隧道或设计断面较大的隧道。分部开挖由于作业面较多,各工序相互干扰较大,且增加了对围岩的扰动次数,若采用钻爆掘进,则更不利于围岩的稳定,施工组织和管理的难度亦较大。

(2)导坑超前开挖,有利于提前探明地质情况,并予以及时处理。但若采用的导坑断面过小,则施工速度就较慢。

分部开挖时应注意以下事项：

(1)因工作面较多，相互干扰大，应注意组织协调，实行统一指挥。

(2)由于多次开挖对围岩的扰动大，不利于围岩的稳定，应特别注意加强对爆破开挖的控制。

(3)应尽量创造条件，减少分部次数，尽可能争取用大断面开挖。

(4)凡下部开挖，尤其是边帮部位开挖时应注意上部支护或衬砌的稳定，减少对上部围岩及支护、衬砌的扰动和破坏。

4.矿山法施工方法

【精析1】

传统的矿山法施工的基本原则

(1)少扰动。在进行隧道开挖时，应尽量减少对围岩的扰动次数、扰动强度、扰动范围和扰动持续时间，这与新奥法施工的要求是一致的。采用钢支撑，可以增大一次开挖断面跨度，减少分部次数，从而减少对围岩的扰动次数。

(2)早支撑。开挖后应及时施作临时构件支撑，使围岩不致因变形松弛过度而产生坍塌失稳，并承受围岩松弛变形产生的压力——早期松弛荷载。定期检查支撑的工作状况，若发现变形严重或出现损坏征兆，应及时增设支撑予以加强。作用在临时支撑上的早期松弛荷载大小可比照设计永久衬砌的计算围岩压力大小来确定。临时支撑的结构设计亦采用类似于永久衬砌的设计方法，即结构力学方法。

(3)慎撤换。拆除临时支撑而代之以永久性模筑混凝土衬砌时要慎重，即要防止撤换过程中围岩坍塌失稳。每次撤换的范围、顺序和时间要视围岩稳定性及支撑的受力状况而定。若预计到不能拆除，则应在确定开挖断面大小及选择支撑材料时就予以研究解决。使用钢支撑作为临时支撑，则可以避免拆除支撑的麻烦和危险。

(4)快衬砌。拆除临时支撑后要及时修筑永久性混凝土衬砌，并使之尽早承载，参与工作。若采用的是钢支撑又不必拆除，或无临时支撑时，亦应尽早施作永久性混凝土衬砌。

【精析2】

开挖

传统的矿山法施工，其开挖、支撑、衬砌几大工序的相互联系更紧密，因此，在选择开挖、支撑、衬砌的方法和顺序时，应根据围岩的地质条件、隧道的断面大小、支撑形式、工区长度、工期要求、设备能力等因素慎重选择。并应充分估计到隧道前方可能遇到的各种条件变化，尤其是地质条件变得恶劣时，应选择能很容易适应变化的开挖、支撑、衬砌方法和顺序。传统的矿山法施工顺序，主要按衬砌的施作顺序分为：先墙后拱法和先拱后墙法。

(1)先墙后拱法亦称为顺作法。在隧道开挖成形后，再由下至上施作模筑混凝土衬砌。开挖可以采用全断面法、台阶法或导坑超前法。这种方法常用于较为稳定的围岩条件。但当围岩稳定性较差或隧道断面较大时，则可以先将墙部开挖成型并施作边墙衬砌后，再将拱部开挖成型，并完成拱部衬砌，如侧壁导坑法及洞柱法等。这种方法也可用于围岩更为软弱破碎松散的浅埋隧道中。先墙后拱法的施工速度较快，施工各工序及各工作面之间的相互干扰较小；衬砌的整体性好，受力状态较好。

(2)先拱后墙法亦称为逆作法。它是先将隧道上部开挖成型并施作拱部衬砌后，再开挖下部并施作边墙衬砌。先拱后墙法施工速度较慢，上部施工较困难。但上部完成后，下部施工就较安全和快捷。由于先拱后墙,使得衬砌的整体性较差,受力状态不好,而且由于拱部衬砌沉降量较大,要求的预留沉落量较大,因此增加了开挖工作量。

5. 全断面掘进机施工方法

【精析1】

掘进机施工特点

(1)作业人员少,进度快,日进尺可达10~30m;有时可达50m。

(2)与钻爆法施工比较,洞内粉尘、有害气体含量低,改善了劳动条件;施工过程是连续的,具有隧道工程"工厂化"的特点。

(3)对围岩扰动小,岩壁完整,施工安全,减少隧洞坍方事故。

(4)成洞质量好,无超欠挖现象,可减少洞壁衬砌与灌浆,衬砌支护质量好、通风条件好,减少辅助工程,节省投资。

(5)掘进机设备一次性投资大,有对地质条件的依赖性大,设备的型号一旦确定,开挖断面尺寸不可改变;机械运输和组装较难。

【精析2】

掘进机施工隧洞工艺流程

(1)隧洞进洞前常规的洞口处理,包括劈坡、安全处理及洞口施工的场地平整,附属设施修建等。

(2)用厂家运来的掘进机零部件在洞口外组装。

(3)用钻爆法先掘进一定长度(即为掘进机机身的全长),并用混凝土支护洞壁。

(4)将施工用的风、水、电、道路(如用有轨运输应修铁路)、激光定向点等引入洞内。

(5)整机移入洞内,利用侧支撑与洞壁的摩擦力将刀盘顶拢岩面,回转刀盘,使岩块削落,装在刀盘上的铲斗将石渣装入机头皮带机运到存料斗,再用其他运输工具运到洞外。

(6)刀盘推进到一定长度(即推进活塞杆长度,视不同机械而异),收缩侧支撑,刀盘重量由前下支撑承担,收缩推进活塞,侧支撑向前移动,然后再将侧支撑靴板顶拢洞壁,完成刀盘一次掘进全过程。

第五目 (1B424050)交通工程主要系统的施工安装

一、考试大纲要求

1B424051 掌握交通安全设施的施工安装

1B424052 掌握监控系统主要设施的施工安装

1B424053 掌握收费系统主要设施的施工安装

1B424054 掌握通信系统主要设施的施工安装

1B424055 熟悉供配电、照明系统主要设施的施工安装

二、要点解析

1. 交通安全设施的施工安装

【精析1】

标志的施工安装要求

在开始加工标志板前,应根据公路实施的实际情况(如互通立交、平交路口、服务区、收费

站等设施的设置情况），对设计图纸进行复核。

在浇筑标志基础前，应按照有关规范及设计文件中所提出的标志设置原则，对标志的设置位置进行逐个核对，特别应注意门架式标志、双柱式标志等大型标志的可实施性。如果遇到门架式标志、双柱式标志设置在挖方路段，由于标志基础与主体相关设施（如排水沟、护面墙等）冲突，则应提出对主体相关设施的调整、修缮方案，或提出对标志设置的调整方案（如加长门架横梁或移动标志位置）。确定位置后，标志基础可根据《公路工程国内招标文件范本》的规定就地浇筑。如果标志基础应预埋在桥梁上，则应对预埋情况进行核实或与桥梁施工单位协调确认。在基础中埋置地脚螺栓及底座法兰盘时，应特别注意其镀锌要求。

标志支撑结构应根据《公路工程国内招标文件范本》、《道路交通标志和标线》（GB 5768—1999）以及设计图纸的规定制作和安装。在加工标志的支撑结构时，应保证钻孔、焊接等加工在钢材镀锌之前完成。在加工立柱时，应根据有关规范及设计的要求，并结合标志实际设置位置的情况，确定立柱的长度。

标志支撑结构的架设应在基础混凝土强度达到要求后进行。门架标志结构整个安装过程应以高空吊车为工具，不允许施工人员在门架的横梁上作业。在横梁安装之前，应先预拱：门架式标志横梁中间处的预拱度一般为 50mm，悬臂标志的预拱度为 40mm。在架设标志时，应使标志面与车流方向所成角度满足有关规范和设计的要求，不允许出现过渡偏转或后仰的现象。对于门架式标志、悬臂式标志应注意控制标志板下缘至路面的净空，对于单柱式标志、双柱式标志应注意控制标志内边缘至土路肩边缘的距离。

【精析 2】

护栏的施工安装要求

(1)波形梁护栏

在进行波形梁护栏施工之前，应以桥梁、涵洞、通道、立体交叉、分隔带开口及人孔处等为控制点，进行立柱定位放样。放样后应调查每根立柱下的地基状况，如遇地下管线、泄水管等或涵洞顶部埋土深度不足时，应改变立柱固定方式或调整立柱位置，避免损坏路面下埋设的管线设施。如果路侧护栏不是全线通布，则应根据设计所给出的路侧护栏设置原则，并结合主体工程的实施情况，对设计中路侧护栏设置位置进行复核，并应根据实际情况对其进行适当调整。当立柱打入深度过深时，不得将立柱部分拔出加以矫正，须将其全部拔出，待基础压实后再重新打入。当在水泥混凝土、沥青混凝土路面设置护栏立柱时，立柱放入基坑后，柱坑应先填至路面底面以下 50mm 处，剩余的柱坑深度应使用与路面相同的材料回填并压实。当立柱埋入岩石时，应预先在岩石上钻孔，然后用土回填并夯实，最后将立柱打入夯实的回填土中。设置完毕的护栏不应使护栏面侵入公路建筑限界以内。为了保证立柱外侧的土压力，立柱外边缘到路肩边缘的最小距离：当土路肩宽度为 0.75m 时，不应小于 0.25m；当土路肩宽度为 0.5m时，不应小于 0.14m。波形梁护栏的起讫点应根据设计要求进行端头处理。波形梁通过拼接螺栓相互拼接，并由连接螺栓固定于立柱或横梁上。护栏板的搭接方向应与行车方向相同。波形梁的连接螺栓及拼接螺栓不宜过早拧紧，以便在安装过程中利用波形梁的长圆孔及时进行调节，使其形成平顺的线形，避免局部凹凸。波形梁顶面应与道路竖曲线相协调。当护栏的线形认为比较满意时，方可最后拧紧螺栓。

(2)混凝土护栏

当采用预制混凝土护栏块施工时，预制场地应平整、坚实，并应采取必要的排水措施，防止场地沉陷。预制混凝土护栏块使用的模板,应采用钢模板。混凝土拌和物,应采用机械搅拌。投入搅拌机的拌和物数量应按混凝土施工配合比和搅拌机容量计算确定。并根据搅拌机的性能和拌和物的和易性要求确定搅拌时间。每块预制件的混凝土必须一次浇筑完成,不得间断。混凝土拌和物应采用机械振捣。一般可用附着在侧模的振捣器,辅以插入式振捣器来振动密实。应以拌和物停止下沉,不再冒气泡并泛出水泥砂浆为准,不宜过振。振捣过程中,应随时检查模板,如有变形或松动,应及时采取补救措施。混凝土护栏预制块浇筑完毕,应及时养护。为加快钢模板周转和施工进度,一般采用蒸汽养护。模板拆除时,拆模时间应根据气温和混凝土强度情况而定,拆模时混凝土护栏块强度不应低于设计强度的70%,并且不得损坏混凝土护栏的边、角,同时应保持模板完好并经常校验模板的尺寸(每次使用前均应校验)。混凝土护栏构件在脱底模、移动、堆放、吊装时,混凝土的强度不应低于设计所要求的吊装强度,一般不得低于设计强度的70%。在起吊、运输和堆放过程中,不得损坏混凝土护栏构件的边角。如有小的碰损,安装就位后,应采用强度高于构件强度的拌和物及时修补。混凝土护栏构件在安装前,应先精确放样定位,按设计要求做好基层,在基层夯实、整平,并复核高程和平面位置无误后,方可开始安装护栏。混凝土护栏的安装应从一端逐步向前推进。在安装过程中应使每块护栏构件的中线与公路中心线相一致。在曲线路段,应使护栏布设圆滑;在竖曲线路段,应使护栏与公路线形协调。凡采用传力钢筋与基础连接的路段,应根据传力钢筋的布设放样,并把传力钢筋固定在基层混凝土块中,再将混凝土护栏吊装就位。

当混凝土护栏采用就地浇筑的方式施工时,施工期前必须组织有关人员对设计文件、图纸、资料进行研究和现场核对,特别是混凝土护栏的中心位置、水平高程、起讫位置。混凝土护栏的长度应精确测量,定好控制点,以便根据公路沿线构造物的实际情况合理布设。混凝土护栏的基础施工程序应与设计文件和有关技术规范的规定相符。采用嵌锁式基础,应保证基层的厚度、强度和高程。采用传力钢筋连接时,应保证传力钢筋的位置正确,结合稳固,基底面平整、高程正确。在浇筑混凝土前,应按设计图规定安装好钢筋及预埋件,在检查合格后,方可浇筑混凝土。每节护栏构件的混凝土必须一次浇筑完成,不得间断。就地浇筑的混凝土护栏,可采用湿治养护或塑料薄膜养护。

2. 监控系统主要设施的施工安装

【精析1】

设备安装通用要求

(1)设备开箱检查必须由业主、承包方和监理共同参加。

(2)检查时要对其外观、型号、规格、数量、备品、备件等随机资料等做好详细记录,并签字认可。

(3)设备安装前要画线定位,核对地面水平,保持防静电地板的完好性。

(4)设备应按设计位置水平排列,方向正确,位置合理。

(5)室内布缆、线,一般均在防静电地板下平行排列,不能交叉排列,每隔0.5~1.0m绑扎一处,电力电缆和信号电缆应分槽布设。

(6)对有静电要求的设备开箱检查、安装、插接件的插拔,必须穿防静电服或带防护腕,机架地线必须连接良好。

(7)设备配线如为焊接式时,焊点应牢固、饱满、光滑、均匀,如为螺丝固定时,应加焊线鼻子,螺丝紧固,焊接严禁使用带腐蚀剂焊剂。

(8)设备安装完毕后,应重点检查电源线、地线等配线正确无误,方可通电。

(9)本机调试应先进行通电试验,然后测试相关的各项技术指标及调试软件。

【精析 2】

视频监视系统设备的安装要求

(1)摄像机的安装要求。将摄像机逐个通电进行检测和粗调,在摄像机处于正常工作状态后,方可安装。

在高压带电设备附近架设摄像机时,应根据带电设备的要求,确定安全距离。

摄像装置安装应牢靠、稳固。

从摄像机引出的电缆宜留有 1m 的余量,不得影响摄像机的转动。摄像机的电缆和电源线均应固定,并不得用插头承受电缆的自重。

经通电试看、细调,检查各项功能,观察监视区域的覆盖范围和图像质量,符合要求后可固定。

(2)广场摄像机或遥控摄像机的具体安装要求。安装在立柱上,使得摄像机的可视半径≥2km;避雷针均安装在立柱顶端;防雷接地电阻≤10Ω,安全接地电阻≤4Ω。两个接地的距离≥20m;由电、光缆分支人井到摄像机之间应加光、电缆保护钢管。

3. 收费系统主要设施的施工安装

【精析】

设备安装要求

收费亭内设备安装要求。收费亭内设备主要包括:车道控制机(含工控机和车道控制器)、收费员终端(显示器、专用键盘)、通行券发券装置(入口)、通行券读写装置(出口)、收据打印机(出口)、对讲分机、报警开关等;设备安装位置应正确,布局应合理,线路连接应正确,并便于维修。车道控制机放置位置应不妨碍收费员的正常操作,报警开关原则上是安装在隐蔽位置。

第六目　(1B424060)施工技术管理制度

一、考试大纲要求

1B424061　掌握图纸会审制度

1B424062　掌握技术交底制度

1B424063　熟悉测量管理制度

1B424064　熟悉材料、构(配)件试验管理制度

1B424065　熟悉隐蔽工程验收制度

1B424066　熟悉变更设计制度

1B424067　熟悉质量检验评定制度

1B424068　熟悉技术总结制度

1B424069　熟悉技术档案制度

二、要点解析

1. 图纸会审制度

【精析 1】

图纸会审的步骤

初审:初审指在熟悉图纸的基础上,在某专业内部组织有关人员对本专业施工图的详细细节进行审查,审查前,应根据设计图的内容,确定并收集的技术资料、标准、规范、规程等,做好技术保障工作。

内部会审:是指施工企业内部各专业间(测量、试验、材料、土建、结构、机械、预算、合同、财务等工种)对施工图的会同审查,其任务是对各专业间相关的交接部分,如设计高程、尺寸、构筑物设置、施工程序配合、交接等是否合理、有无矛盾,施工中协作配合作业等事宜作仔细会审。

综合会审:是指在内部会审的基础上,由土建施工单位与各分包施工单位,共同对施工图进行全面审查。图纸综合会审工作,一般由建设单位负责组织,设计单位进行技术交底,施工单位参加。

【精析2】

图纸会审的主要内容

在各阶段会审工作中,抓住施工图的主要内容,与现行的国家技术标准及经济政策对照进行会审。会审的主要内容如下:

施工图是否符合国家现行的有关标准、经济政策的有关规定。

施工的技术设备条件能否满足设计要求;当采取特殊的施工技术措施时,现有的技术力量及现场条件有无困难,能否保证工程质量和安全施工的要求。

有关特殊技术或新材料的要求,其品种、规格、数量能否满足需要及工艺规定要求。

建筑结构与安装工程的设备与管线的接合部位是否符合技术要求。

安装工程各分项专业之间有无重大矛盾。

图纸的份数及说明是否齐全、清楚、明确,图纸上标注的尺寸、坐标、高程及地上地下工程和道路交会点等有无遗漏和矛盾。

【精析3】

图纸会审记录

图纸经过会审后,会审组织者,应及时将会审中提出的有关设计问题的建议,做好详细的记录。图纸会审记录上应填写单位工程名称、设计单位、建设单位和施工单位及参加审核人员名单等。对会审提出问题,凡是设计单位变更修改的,应在会审记录"解决意见"栏内填写清楚,尽快请设计部门发"设计变更通知单",施工时按"设计变更通知单"执行。图纸未经过会审不得施工。

2.技术交底制度

【精析1】

概述

工程施工前必须进行技术交底,交底记录作为施工管理的原始技术资料。交底内容:承包合同有关条款、设计图、设计文件规定的技术标准、施工技术规范和质量要求、施工进度和总工期、拟采用的施工工艺方法和材质要求、技术安全措施等。对于重点工程、重点部位、特殊工程、新结构、新工艺、新材料的工程,更要作详细的技术交底。

【精析2】

技术交底方式

技术交底应按不同层次、不同要求和不同方式进行,应使所有参与施工的人员掌握所从事工作的内容、操作规程方法和技术要求。

项目经理部的技术交底工作由项目经理组织,项目总工程师主持实施。

工长(技术负责人)负责组织向本责任区内的班组交底。

对于分包工程,项目经理部应向分包单位详细地就承包合同中有关技术管理、质量要求、工程监理和竣工验收办法以及合同规定中双方应承担的经济合同法律责任等内容进行全面交底。

【精析 3】

技术交底主要内容

(1)承包合同中有关施工技术管理和监理办法,合同条款规定的法律、经济责任和工期。

(2)设计文件、施工图及说明要点等内容。

(3)分部、分项工程的施工特点,质量要求。

(4)施工技术方案。

(5)工程合同技术规范、使用的工法或工艺操作规程。

(6)材料的特性、技术要求及节约措施。

(7)季节性施工措施。

(8)安全、环保方案。

(9)各单位在施工中的协调配合、机械设备组合、交叉作业及注意事项。

(10)试验工程项目的技术标准和采用的规程。

(11)适应工程内容的科研项目、"四新"项目等先进技术推广应用的技术要求。

3.测量管理制度

【精析 1】

在测量工作的各个程序中实行双检制

(1)测量队应核对有关设计文件和监理签认的控制网点测量资料,应由 2 人独立进行,核对结果应做记录并进行签认,成果经项目技术部门主管复核签认,总工程师审核签认后方可使用。

(2)测量外业工作必须有多余观测,并构成闭合检测条件。控制测量、定位测量和重要的放样测量必须坚持"两人两种方法"制度,坚持采用两种不同方法(或不同仪器)或换人进行复核测量。利用已知点(包括平面控制点、方向点、高程点)进行引测、加点和施工放样前,必须坚持"先检测后利用"的原则。

测量后,测量成果必须采用两组独立平行计算进行相互校核,测量队长、测量组长对各自的测量成果进行复核签认。

【精析 2】

测量仪器工具的使用和保管

(1)公路工程施工常用测量仪器主要有:水准仪、经纬仪、光电测距仪、全站仪(包括觇标、水准尺等附属工具)。测量工具主要指量距尺、温度计、气压计。测量队、组对所配置的仪器工具具有使用权和负有保管责任。

(2)测量仪器工具的使用,应当符合下列要求:测量仪器、工具使用人员,必须认真学习仪器说明书,熟悉各部分性能、操作方法和日常保养知识,了解各种仪器使用时必须具备的外部环境条件。仪器精度与性能应符合合同条件及规范要求,仪器的配置与使用范围应经项目总工程师签认确定。

在使用前,应到国家法定计量技术检定机构对测量仪器、工具检定。当测量仪器、工具出现下列情况均视为不合格。

已经损坏;过载或误操作;显示不正常;功能出现了可疑;超过了规定的周检确认时间间隔;仪表封缄的完整性已被破坏。

出现了上述不合格项的测量仪器、工具,必须停止使用,隔离存放,并做明显标记。只有排除不合格原因,再次检定确认合格,并经项目技术部门主管验证签认后,方可使用。

4.材料、构(配)件试验管理制度

【精析1】

《公路水运工程试验检测管理办法》的有关规定

(1)项目经理部必须严格控制工程进场材料的质量、型号、规格。根据材料部门提供的有关资料,项目在采购材料之前,材料采购部门应填写《材料试验检验通知单》交项目试验室,由试验室主任指派试验人员配合材料采购人员到货源处取样,进行性能试验。经检验合格的材料,方可与供应方签订供应合同。

(2)试验室对进场的主要原材料按施工技术规范规定的批量和项目进行检测试验。

对于进场的原材料,试验频次较多,试验站(点)的试验人员按规定频率进行取样送样,取样要有代表性,一旦发现有弄虚作假的,严厉惩罚当事人。

(3)没有出厂合格证或试验单的材料及型号规格与图纸要求不符合的材料,一律不得在工程上使用。一旦发现应及时向上级技术负责人反映,通报工地材料员和试验员,及时取样做试验,及时提供材质证明和试验单。

(4)进厂的材料要做到材质证明随材料走,材质证明要与所代表材料相符,做好材料的标志。

【精析2】

构(配)件进场验证试验

(1)对构件的检验。对构件厂生产的预制构件,安装前应核验出厂合格证,内容包括:构件型号、规格数量、出池或出厂强度、出厂日期。检验后加盖检验合格章。安装后,在合格证上注明使用部位。

(2)对于有缺陷的构件处理。如认为采取一定的措施认可使用,一定要在合格证上注明鉴定处理意见和使用部位,做好标志。

5.隐蔽工程验收制度

【精析】

隐蔽工程项目包括

(1)地基与基础,包括土质情况、槽基几何尺寸、高程、地基处理。

(2)主体结构各部位钢筋,内容包括:钢筋品种、规格、数量、间距、接头情况及除锈、代用变更情况。

(3)桥梁等结构物预应力筋及预留孔道的直径、位置、坡度、接头处理、孔道绑扎牢固等的情况。

(4)现场结构焊接,包括焊条牌号(型号)、焊口规格、焊缝长度、高度及外观清渣等。

(5)桥梁工程桥面防水层下找平层的平整度、坡度,桥头搭板位置、尺寸。

(6)桥面伸缩缝埋件规格、数量及埋置位置。

(7)钢管管道内外绝缘防腐。

(8)ϕ1 200mm 以上钢管管道椭圆度。

(9)雨、污水管道。混凝土管座、管带及附属构筑物隐蔽部位。

(10)热力管道。管道保温、管沟及小室外部防水。

(11)水工构筑物及沥青防水工程,包括防水层下的各层细部做防水变形缝等。

(12)通信管道工程。

(13)设备基础及水泥混凝土的配筋尺寸、养生、强度等级、表面高程。

(14)光电缆的布放、预留长度、接头的物理、电性能,电缆沟的开挖、回填及光电缆的接续。

(15)接地体的埋设、引接和接地电阻(分干、湿两极)、机电设备支架箱体的防锈防腐处理。

6. 变更设计制度

【精析 1】

设计变更的主要原因

(1)经过会审后的施工图,在施工过程中,发现施工图仍有差错与实际情况不符者。

(2)因施工条件发生变化与施工图的规定不符者。

(3)材料、半成品、设备等,与原设计要求不符者。

【精析 2】

设计变更的内容、手续及要求

(1)公路工程设计变更应当符合国家有关公路工程强制性标准和技术规范的要求,符合公路工程质量和使用功能的要求,符合环境保护的要求。

(2)公路工程设计变更分为重大设计变更、较大设计变更和一般设计变更。

(3)公路工程重大、较大设计变更实行审批制。经批准的设计变更一般不得再次变更。

(4)公路工程勘察设计、施工及监理等单位可以向项目法人提出公路工程设计变更的建议。设计变更的建议应当以书面形式提出,并应当注明变更理由。

(5)公路工程设计变更工程的施工原则上由原施工单位承担。原施工单位不具备承担设计变更工程的资质等级时,项目法人应通过招标选择施工单位。

(6)由于公路工程勘察设计、施工等有关单位的过失引起公路工程设计变更并造成损失的,有关单位应当承担相应的费用和相关责任。

(7)新工艺、新技术以及职工提出合理化建议等受到采纳,需要对原设计进行修改时,均需用“变更设计申请”向设计单位办理修改手续。

(8)重要工程部位及较大问题的变更必须由建设单位、设计和施工单位三方进行洽商,由设计单位修改,向施工单位签发“设计变更通知单”方为有效。

(9)如果设计工程做较大变更而影响了建设规模和投资标准时,需报请原批准初步设计的主管单位同意后方可修改。

(10)“图纸会审纪要”、“设计变更通知单”、“技术联系单”等技术文件,都要有详细的文字记录,一并汇成明细表归入工程档案,将作为施工和竣工结算的依据。

7. 技术总结制度

【精析】

技术总结的主要内容

(1)简述本工程概况。包括工程名称、工程地点(或标段)、建设规模,采用的技术标准,主体结构类型、主要施工方案和工艺;开工、竣工日期,变更设计情况,工程质量自检情况(或验收的评定情况)。本工程竣工后对国家和该地区的政治、经济意义等。

(2)"新技术、新工艺、新材料、新设备"的推广应用情况。

(3)技术创新项目及运用效果。

(4)施工中关键技术的研究和技术难题的解决实施情况。

(5)施工中存在的技术失误、工程质量事故的原因及经验教训。

(6)沥青混凝土和水泥混凝土路面施工中进行质量监控的手段和方法(包括原材料的试验检验方法、配合比、抗压强度、抗折强度、含油量、密实度、空隙率、间隙率、厚度、温度、平整度等)。

(7)推广应用的先进的试验仪器和试验方法以及在质量控制中所起的积极作用。

(8)本工程在施工组织和施工技术管理方面的体会。

(9)本工程实现施工过程"零缺陷质量管理"的经验和方法。

(10)对本工程的"高、新、特、难"项目的分项或分部工程进行专题技术总结。

8. 技术档案制度

【精析】

工程技术档案的内容

施工企业工程技术档案的内容,应包括两部分。

(1)第一部分是工程完工验收后,交建设单位保管的。其内容有:竣工图表;图纸会审记录、设计变更和技术核定单;材料、构件的质量合格证明;隐蔽工程验收记录;工程质量检查评定和质量事故处理记录;主体结构和重要部位的试件、试块、材料试验、检查记录;永久性水准点的位置,构造物在施工过程中测量定位记录,有关试验观测记录;其他有关该项工程的技术决定。

(2)第二部分是施工组织与管理方面的技术档案,由施工企业保存,供本单位今后施工参考。其内容有:施工组织设计及经验总结;技术革新建议的试验、采用、改动时的记录;重大质量、安全事故的原因分析及补救措施记录;有关重大技术的决定;施工日志;其他施工技术管理经验总结。

第五节 (1B425000)公路工程造价与施工成本管理

第一目 (1B425010)公路工程造价的构成

一、考试大纲要求

1B425011 掌握公路工程造价的构成

1B425012 掌握公路工程预算中相关费率的含义及取用原则

1B425013 熟悉公路工程预算单价分析方法

由于2008年交通运输部出台了新的《公路工程概预算定额》及编制办法,而这部分的较多内容已经过时,估计考试涉及的内容不会多。预测可能会涉及新旧定额表述相同的内容。

二、考试要点精析

【精析 1】

公路工程的造价由建筑安装工程费、设备工具器具及家具购置费、工程建设其他费用、预留费用等四部分构成。

【精析 2】

设备、工具、器具及家具购置费包括设备、工具、器具购置费,办公和生活用家具购置费。

设备、工具、器具购置费是指为满足公路的营运、管理、养护需要购置的设备、工具、器具的费用。包括渡口设备、隧道照明、通风的动力设备、高等级公路的监控设备,养护用的机械、设备和工具、器具等的购置费用。

办公和生活用家具购置费指为保证新建、改建项目初期正常生产、使用和管理所必须购置的办公和生活用家具、用具的费用。包括办公室、单身宿舍及生活福利设施等的家具、用具。

【精析 3】

预留费用由工程造价增涨预留费及预备费两部分组成。预备费指在初步设计和概算中难以预料的工程和费用,包括按施工图预算加系数包干的预算包干费用。

【题例】 预留费用由工程造价增涨预留费和( )组成。

A. 预备费　　B. 装备费

C. 间接费　　D. 管理费

答案:A

【精析 4】

冬期施工增加费按工程类别和工程所在地的气温区选用相应的费率。气温区的划分,是根据气象部门提供的满15 年以上的气温资料确定。

雨期施工增加费按工程类别和工程所在地的雨量区、雨季期选用相应的费率。雨量区和雨季期的划分,是根据气象部门提供的满15 年以上的降雨资料确定的。

夜间施工增加费指根据设计、施工的技术要求和合理的施工进度要求,必须在夜间连续施工而发生的工效降低、夜班津贴以及有关照明设施等增加的费用。

高原地区施工增加费按工程类别和工程所在地的海拔高度选用相应的费率。

行车干扰施工增加费按工程类别和平均昼夜双向行车次数选用相应的费率。

【题例】 雨期施工增加费按工程类别和工程所在地的雨量区、雨季期选用相应的费率。雨量区和雨季期的划分,是根据气象部门提供的满( )年以上的降雨资料确定的。

A. 5　　B. 10

C. 15　　D. 20

答案:C

【精析 5】

预算综合税率按纳税人在市区、纳税人在县城、乡镇,以及纳税人不在市区、县城、乡镇三种情况计算。

【精析 6】

人工工资单价包括基本工资、工资性补贴、辅助工资、职工福利费和劳动保护费等五部分。

【精析 7】

材料费是指列入预算定额的材料、构件、零件和半成品的用量以及周转材料的摊销量和相应的预算价格相乘所得到的费用。

【精析8】

施工机械使用费是指应列入预算定额的施工机械台班量和台班单价相乘所得的费用以及其他机械使用费、施工机械进出场费之和。

机械台班单价由折旧费、大修理费、经常修理费、安拆和场外运输费、燃料动力费和运输机械养路费、车船使用税以及驾驶员等的人工费。

第二目 (1B425020)公路工程项目施工成本管理的原则和方法

一、考试大纲要求

1B425021 掌握公路工程项目施工成本管理的原则

1B425022 掌握公路工程项目施工成本控制方法

1B425023 熟悉降低公路工程项目施工成本的方法和途径

本部分历次考试均有涉及,而且以结合案例分析为主。

二、考试要点精析

【精析1】

成本最低化原则的含义:施工项目成本管理的根本目的,在于通过成本管理的各种手段,促进不断降低施工项目成本,以达到可能实现最低的目标成本的要求。

【精析2】

全面成本管理是全企业、全员和全过程的管理,亦称“三全”管理。

【题例】 全面成本管理是全企业、全员和(　　)的管理。

A. 全进度　　B. 全质量

C. 全过程　　D. 全项目

答案:C

【精析3】

为了实行全面成本管理,必须对施工项目成本进行层层分解,以分级、分工、分人的成本责任制作保证。成本责任制的关键是划清责任,并要与奖惩制度挂钩,使各部门、各班组和个人都来关心施工项目成本。

【精析4】

所谓成本管理有效化,主要有两层意思:一是促使施工项目经理部以最小的投入,获得最大的产出;二是以最少的人力和财力,完成较多的管理工作,提高工作效率。

【精析5】

提高成本管理的有效性,可以采取:

(1)行政方法。通过行政隶属关系,下达指标,制定实施措施,定期检查监督。

(2)经济方法。利用经济杠杆、经济手段实行管理。

(3)法制手段。根据国家的政策方针和规定,制定具体的规章制度,使人人照章办事,用法律手段进行成本管理。

【精析6】

在施工项目成本管理中,可以运用预测与决策方法、目标管理方法、量本利分析方法和价值工程方法等。

【精析 7】

在施工项目成本控制中，可按施工预算实行"以收定支"，或者叫"量入为出"，是最有效的方法之一。

【精析 8】

建立资源消耗台账，实行资源消耗的中间控制。在施工过程中，各成本责任部门、作业班组或者个人，应及时记录各自成本责任范围内的各种资源消耗和原始记录，做到日清日算，对各种资源消耗实施有效的中间控制。

【精析 9】

成本控制与计划管理、成本与进度之间存在着必然的同步关系，即施工到什么阶段，就应该发生相应的成本费用。

【精析 10】

在发生经济业务的时候，首先要由有关项目管理人员审核，最后经项目经理签认后支付。这是项目成本控制的最后一关，必须十分重视。

【精析 11】

质量成本是指项目为保证和提高产品质量而支出的一切费用，以及未达到质量标准而产生的一切损失费用之和。质量成本包括预防成本、鉴定成本、内部故障成本、外部故障成本。

【精析 12】

项目经济核算的"三同步"，就是统计核算、业务核算、会计核算的"三同步"。统计核算即产值统计，业务核算即人力资源和物质资源的消耗统计，会计核算即成本会计核算。具体表现为：完成多少产值、消耗多少资源、发生多少成本，三者应该同步。否则，项目成本就会出现盈亏异常情况。

【精析 13】

施工方案主要包括四项内容：施工方法的确定、施工机具的选择、施工顺序的安排和流水施工的组织。

【精析 14】

组织均衡施工，加快施工进度。凡是按时间计算的成本费用，如项目管理人员的工资和办公费，现场临时设施费和水电费，以及施工机械和周转设备的租赁费等，在加快施工进度、缩短施工周期的情况下，都会有明显的节约。

【精析 15】

项目对机械成本控制的关键是提高机械设备的完好率和使用率。同时，应建立单机核算制度，明确和量化机械成本的控制指标和控制责任，并落实到部门和个人。

第三目　(1B425030)公路工程项目施工成本目标考核

一、考试大纲要求

1B425031　掌握公路工程项目施工成本目标考核的内容

根据以往的考试情况，本部分内容主要是比较各级考核内容的不同。

二、考试要点精析

【精析 1】

比较企业对项目经理考核的内容和项目经理对所属各部门、各施工队和班组考核的内容

企业对项目经理考核的内容：

(1)项目成本目标和阶段成本目标的完成情况。

(2)建立以项目经理为核心的成本管理责任制的落实情况。

(3)成本计划的编制和落实情况。

(4)对各部门、各施工队和班组责任成本的检查和考核情况。

(5)在成本管理中贯彻责任权利相结合原则的执行情况。

项目经理对所属各部门的考核内容：

(1)本部门、本岗位责任成本的完成情况。

(2)本部门、本岗位成本管理责任的执行情况。

项目经理对各施工队的考核内容

(1)对劳务合同规定的承包范围和承包内容的执行情况。

(2)劳务合同以外的补充收费情况。

(3)对班组施工任务单的管理情况，以及班组完成施工任务后的考核情况。

【题例】 下列不属于企业对项目经理考核内容的是(　　)。

A. 在成本管理中贯彻责任权利相结合原则的执行情况

B. 本部门、本岗位责任成本的完成情况

C. 劳务合同以外的补充收费情况

D. 项目成本目标和阶段成本目标的完成情况

答案：C

【精析2】

项目经理对对生产班组的考核内容(平时由施工队考核)以分部分项工程成本作为班组的责任成本。以施工任务单和限额领料单的结算资料为依据，与施工预算进行对比，来考核班组责任成本的完成情况。

第四目　(1B425040)公路工程项目定额及预(决)算的编制办法

一、考试大纲要求

1B425041　熟悉公路工程项目施工定额的编制方法

1B425042　了解公路工程项目施工预算的编制

1B425043　了解公路工程决算的编制

由于2008年交通运输部出台了新的《公路工程概预算定额》及编制办法，估计这部分考试涉及的内容不会多，有可能只会涉及新旧定额表述相同的内容。

二、考试要点精析

【精析1】

系统整理和分析研究日常积累的定额基础资料。这些资料有三类：一类为现行定额执行情况和存在的问题资料；一类是企业和现场补充定额的资料；一类是已采用新结构、新材料、新机械和新操作方法的资料。

【精析2】

拟定正常的施工条件。具体包括拟定工作地点的组织、拟定工作组成和拟定施工人员编制三部分。

【精析 3】

拟定人工定额消耗量。其中主要就是拟定时间定额和产量定额，拟定出时间定额，也就可以计算出产量定额。

【精析 4】

确定机械一小时纯工作生产率的步骤

(1)根据现场观察资料和机械说明书确定各循环组成部分的延续时间。

(2)计算各循环组成部分的延续时间相加，减去各组成部分之间的交叠时间，求出循环过程的正常延续时间。

(3)计算机械纯工作一小时的正常循环次数。

(4)计算循环机械纯工作一小时的正常生产率。

【精析 5】

确定机械正常利用系数，要在计算工作班正常状况下，准备与结束工作、机械启动、机械维护等工作所必须消耗的时间，以及机械有效工作的开始与结束时间。

【精析 6】

比较施工机械台班产量定额和施工机械时间定额

施工机械台班产量定额＝机械一小时工作正常生产率×工作班纯工作时间

施工机械时间定额＝1/机械台班产量定额

【精析 7】

确定材料消耗定额的测定方法包括：现场技术测定法、实验室试验法、现场统计法和理论计算法。

【精析 8】

工料分析表的编制。根据各分部分项工程的实物工程量和相应定额的项目所列的用工工日及材料数量，计算出各分部分项工程所需的人工及材料数量，相加汇总便得到该单位工程所需要的各类人工和材料的数量。

【精析 9】

实物法编制设计预算的步骤

(1)搜集各种资料作为编制依据。

(2)熟悉施工图纸和定额。

(3)计算工程量。

(4)套用预算人工、材料、机械定额用量。

(5)求出各分项工程人工、材料、机械台班消耗量并汇总单位工程所需各类人工、材料、机械台班消耗量。

(6)用当时当地的各类人工、材料、机械台班的实际单价分别乘以相应的人工、材料、机械台班消耗量，并汇总便得出单位工程的人工费、材料费和机械使用费。

(7)计算其他各项费用和汇总造价。

(8)复核。

(9)编制说明，填写封面。

【精析10】

竣工决算应包括从筹建到竣工投产全过程的实际支出费用。竣工决算由竣工决算报表、竣工决算报告说明书、竣工工程平面示意图、工程造价比较分析四部分组成。大中型建设项目竣工决算报表一般包括竣工工程概况表、竣工财务决算表、建设项目交付使用财产总表及明细表,以及建设项目建成交付使用后的投资效益和交付使用财产明细表等组成。

【题例】 公路工程竣工决算文件由(　　)几部分组成。

A. 竣工决算报表　　B. 竣工决算报告说明书

C. 竣工工程平面示意图　　D. 工程造价比较分析

E. 缺陷责任期报告

答案:ABCD

【精析11】

批准的概算是考核建设工程造价的依据,在分析时,可将决算报表中所提供的实际数据和相关资料与批准的概算、预算指标进行对比,以考核竣工项目总投资控制的水平,在对比的基础上总结先进经验,找出落后的原因,提出改进措施。

第六节　(1B426000)公路工程合同管理

第一目　(1B426010)公路工程合同条件

一、考试大纲要求

1B426011　掌握公路工程合同工程量清单

1B426012　掌握公路工程项目分包合同

1B426013　掌握公路工程项目的其他采购合同

二、考试要点精析

【精析1】

工程量清单的概念和特点

工程量清单中所列的工程数量是设计的预计数量,不能作为最终结算与支付的依据,结算和支付应以监理工程师认可的、按技术规范要求完成的实际工程数量为依据。

工程量清单中有标价的单价或总额包括了工、料、机、管理、利润、缺陷修复、税金等费用,以及合同中明示或暗示的所有责任、义务和一般风险。

在合同履行过程中,标有单价的工程量清单是办理结算,进而确定工程造价的依据。

【题例】 在合同履行过程中,标有单价的工程量清单是承包商与业主办理(　　)的依据。

A. 月预算　　B. 月结算

C. 月决算　　D. 月核算

答案:B

【题例】 工程量清单是招标和合同文件的组成部分,是一份以一定计量单位说明工程实物(　　)的文件。

A. 数量　　B. 质量

C. 总量　　D. 价格

答案：A

【题例】 工程量清单中有标价的单价或总额包括了工、料、机、管理、利润、缺陷修复、税金等费用，以及合同中明示或暗示的所有(　　)。

A. 责任　　B. 权利

C. 义务　　D. 保险

E. 一般风险

答案：ACE

【精析 2】

工程量计量办法

按合同完成的工程数量所采用的量测和计算方法，如在有关部分未做具体规定时应符合我国公路工程的习惯做法。

凡超过了图纸所示或监理工程师指示或同意的任何长度、面积或体积，都不予计量。

全部必需的模板、脚手架、装备、机具和连接螺栓、垫圈等其他材料，应包括在其他支付细目中，不单独计量。

如果规范规定的任何分项工程或其细目未在工程量清单中出现，则应被认为是其他相关工程的附属义务，不再单独计量。

【精析 3】

工程量清单的编写和内容

工程量清单的四组成：说明，工程细目，计日工明细表，工程量清单汇总表。

公路工程的工程细目，分为总则、路基、路面、桥梁涵洞、隧道、安全设施及预埋管线、绿化及环境保护七部分。

计日工明细表，也称“散工”。有劳务(人工)、材料和施工机械三个计日工表。

工程量清单汇总表，包括第 100 章至第 700 章合计、计日工合计、暂定金额和投标总价。

【题例】 工程量清单汇总表中的项目包括(　　)。

A. 投标总价　　B. 暂定金额

C. 计日工合计　　D. 施工措施费合计

E. 100 章至 700 章合计

答案：ABCE

【题例】 公路工程工程量清单编写的工程细目，根据工程的不同部位分为总则、路基、路面、桥梁涵洞、隧道、预埋管线、绿化、环境保护和(　　)部分。

A. 机械设备　　B. 租赁设备

C. 安全设施　　D 暂定金额

答案：C

【题例】 计日工是指在工程实施过程中，业主有一些临时性的或新增加的项目需要按计日(或计量)使用人工和(　　)所需的费用。

A. 材料　　B. 工期

C. 风险　　D. 资金周转

E. 施工机械

答案:AE

【精析4】

分包合同的分类和概念

分包合同的分类:一般分包合同;指定分包合同。

【题例】 在执行工程承包合同过程中,承包商由于某些原因将承担的一部分工程在经业主或监理工程师批准后,交给另外的承包商施工所订立的工程合同被称为(　　)合同。

A. 一般分包　　B. 指定分包

C. 协作　　D. 转包

答案:A

【题例】 指定分包合同是业主或监理工程师指定或选择的分包工程施工、供货或劳务人员,在承包商同意后,与(　　)签订的分包合同。

A. 第三方　　B. 业主

C. 监理工程师　　D. 承包商

答案:D

第二目 (1B426020)公路工程计量、支付、变更、索赔和价款调整

一、考试大纲要求

1B426021　掌握公路工程合同计量支付程序

1B426022　掌握公路工程合同变更程序

1B426023　熟悉公路工程合同索赔程序

1B426024　熟悉公路工程合同价款调整

二、考试要点精析

【精析1】

工程计量的组织类型

监理工程师独立计量;承包人(单独)进行计量;监理工程师与承包人共同计量

【精析2】

监理工程师对计量结果的审查

高级驻地监理工程师对计量结果的审查包括两个方面:一是计量的工程质量是否达到合同标准;二是计量的过程是否符合合同条件。

【题例】 高级驻地监理工程师对计量结果的审查包括两个方面:一是计量的工程质量是否达到合同标准;二是计量的过程是否符合(　　)条件。

A. 合同　　B. 数量

C. 清单　　D. 价款

答案:A

【精析3】

工程计量的方法

断面法、图纸法、钻孔取样法、分项计量法、均摊法、凭证法、估价法。

【题例】 公路工程的工程计量方法包括断面法、图纸法、钻孔取样法、分项计量法和

( )法。

A. 单价　　B. 均摊

C. 实物　　D. 凭证

E. 估价

答案:BDE

【精析 4】

工程费用支付的程序

工程费用支付的程序分为:中期支付程序和最终支付程序。

最终支付程序的要点:①在合同工程交工证书签发后 42 天之内,承包人应以监理工程师批准的格式向监理工程师提交一份交工结账单,并附上详细资料说明的证实文件;②在发出缺陷责任终止证书后的 28 天之内,承包人应以监理工程师批准的格式向监理工程师提交一份最后结账单草案,并附上详细的证实文件;③在提交最后结账单时,承包人应给业主一份书面清账书;④在最后结账单和清账书收到 14 天之后,监理工程师应签发一份最后支付证书报业主审批。

【精析 5】

工程变更的概念(类型)及产生原因

工程变更包括设计变更、进度计划变更、施工条件变更以及原招标文件和工程量清单中未包括的"新增工程"。

其产生原因有主观原因,如设计工作粗糙;有客观原因,如不可预见的事故。

【精析 6】

工程变更的确认过程(即工程变更的全过程)

提出工程变更→分析提出的工程变更对项目目标的影响→分析有关的合同条款和会议、通信记录—初步确定处理变更所需的费用、时间范围和质量要求→确认工程变更。

【精析 7】

变更后合同价款的确定程序

工程变更发生后,承包人在工程变更确定后 14 天内,提出变更工程价款的报告,经工程师确认后调整合同价款。承包人在确定变更后 14 天内不向工程师提出变更工程价款报告时,视为该项设计变更不涉及合同价款的变更。工程师收到变更工程价款报告之日起 7 天内,予以确认。工程师无正当理由不确认时,自变更报告送达之日起 14 天后变更工程价款报告自行生效。

【题例】 施工中发包人如果需要对原工程设计进行变更,应不迟于 14 天以书面形式向承包人发出变更通知。承包人对发包人的变更通知( )的权利。

A. 拥有修改　　B. 没有修改

C. 拥有拒绝　　D. 没有拒绝

答案:D

【精析 8】

变更后合同价款的确定方法

合同中已有适用于变更工程的价格,按合同已有的价格计算变更合同价款。

合同中有类似于变更工程的价格,可以参照此价格确定变更价格,变更合同价款。

合同中没有适用或类似于变更工程的价格,由承包人提出适当的变更价格,经工程师确认后执行。

【精析9】

索赔的概念及处理原则

索赔是指在合同履行过程中,对于并非自己的过错,而是应由对方承担责任的情况造成的实际损失向对方提出经济补偿和(或)时间补偿的要求。前者索赔也称为费用索赔,后者也称为工期索赔(工程延期,简称延期)。

处理索赔事件依据以下原则:索赔必须以合同为依据;必须注意资料的积累;及时、合理地处理索赔;加强索赔的前瞻性,有效地避免过多索赔事件的发生。

【题例】 索赔是指在合同履行过程中,对于并非自己的过错,而是应由对方承担责任的情况造成的实际损失向对方提出经济补偿和(或)(　　)补偿的要求。

A. 时间　　B. 计日工

C. 人员工资　　D. 机械台班

答案:A

【精析10】

费用索赔中是否包含利润的情况分析

工程变更性质的新增、无过错工程返工修复、额外服务等可以包括利润;其他的一般只包含成本不包含利润,如风险责任、文件差错的索赔是不包利润的。总之在损失中有"新增加"工程内容却又不是风险责任时,才有利润的可能。

【题例】 由业主风险所造成的任何损害,承包商必须进行工程补救,其费用应由业主支付,根据风险公平分担的原则,承包商只能索赔工程费用,无权索赔(　　)。

A. 工资　　B. 利润

C. 管理费　　D. 装备费

答案:B

【精析11】

公路工程合同价款调整

在公路工程合同中,大部分合同为可调价合同,规定调整合同价款的方式和方法,最终确定合同结算价款。

如果在本工程的递交投标书截止日之前的28天以后,本工程施工所在国家或地方的法令、法规、命令、法律或规章发生了变化,由此引起了承包商施工费用的额外增加,承包商有权提出索赔(主要是调整价格,见索赔部分)。

工程价款价差调整的主要方法:工程造价指数调整法;实际价格调整法;调价文件计算法;调值公式法。

【题例】 工程价款价差调整的主要方法有(　　)法几种。

A. 调值公式　　B. 调价文件计算

C. 估算价格调整　　D. 实际价格调整

E. 工程造价指数调整

答案:ABDE

【题例】 对于可调价的公路工程合同,在截止投标日之前的(　　)天以后的法律法规变更引起的费用增减，合同价可相应调整。

A. 7　　B. 14

C. 28　　D. 30

答案：C

第七节　(1B427000)公路工程施工现场生产要素管理

第一目　(1B427010)施工现场工、料、机的合理配置及场地要求

一、考试大纲要求

1B427011　掌握劳动力组合

1B427012　掌握现场材料管理

1B427013　掌握主要机械设备的配置与组合

1B427014　掌握施工场地要求

二、考试要点精析

【精析 1】

工程项目组织机构的设置原则：任务目标原则、管理跨度原则、统一指挥原则、分工协作原则、精干高效原则和责权利相对应原则。

【精析 2】

管理跨度是指一个领导者所直接领导的人员数量，科学的管理跨度加上适当的管理层次划分和适当的授权，正是建立高效率组织机构的基本条件。

【精析 3】

统一指挥原则要求：确立管理层次时，要使上下级间形成一条等级链；任何一级组织只能有一个负责人；下级组织只接受一个上级组织的命令和指挥；下级只能向直接上级请示工作；上级不能越级指挥下级，以维护下级组织的领导权威，但可以越级检查工作。

【精析 4】

项目组织形式：混合工作队式、部门控制式和矩阵式管理组织形式。

【精析 5】

比较项目的组织形式。

混合工作队式：项目管理组织与项目同寿命；这种形式的优点使具有专业技术特长的人员在项目管理中配合、协同工作，取长补短，有利于培养一专多能的人才并充分发挥其作用；各专业人才集中在现场办公，减少了扯皮和等待时间，办事效率高，解决问题快；项目经理权利集中，干预少，决策及时，指挥灵便。

部门控制式：这是一种按职能原则建立的项目组织。把项目委托给某一施工队，由施工队负责项目的组织和实施。这种形式的项目组织机构一般适用于小型的、专业性较强的工程项目。人才作用发挥较充分，人际关系容易协调；从接受任务到组织运转，启动时间较短；职责明确，职能专一，关系简单；项目经理无需专门训练便容易进入状态。

矩阵式管理组织形式：管理人员由企业有关职能部门派出，并进行业务指导，受项目经理

的直接领导;把职能原则和对象原则结合起来,既发挥职能部门的纵向优势,又发挥项目组织的横向优势;专业职能部门是永久性的,项目组织是临时性的;矩阵中的每个成员或部门都接受原部门负责人和项目经理的双重领导,但部门的控制力大于项目的控制力;项目经理有权控制和使用本项目经理部的成员;项目经理部的工作有多个职能部门支持,项目经理没有人员包袱。矩阵式管理组织形式适用于同时承担多个需要进行项目管理的企业;适用于大型、复杂的工程项目。这种形式的优点是兼有部门控制式和混合工作队式两种组织的优点,解决了传统模式中企业组织和项目组织相互矛盾的状况,把职能原则与对象原则融为一体,取得了企业长期例行性管理和项目一次性管理的一致性;能以尽可能少的人力,实现多个项目管理的高效率;有利于人才的全面培养。

【精析6】

施工人员管理方法

(1)按劳动效率确定、按设备确定、按岗位确定、按比例确定。

(2)根据生产工人的比例,确定服务人员和辅助生产人员的数量。

(3)按组织机构的职责、范围和业务分工确定。

【精析7】

施工人员管理要素:劳动组织、劳动纪律、劳动保护、培训和考核与激励。

【精析8】

施工作业方法:依次施工、平行施工和流水施工三种组织形式。

【精析9】

劳动力需求计划的内容要包括:作业任务、应提供的劳动人数、进度要求及进场、退场时间,双方的管理职责及结算方式,奖励与处罚条款。

【精析10】

投入施工现场的劳动力除测量工和试验工在所有的工程中必须配置及随机械配置机械工外,所有工程的劳动力组合由工程的性质、工期决定。

【题例】 公路工程中,配备最普遍的技术工人是测量工和(　　)。

A. 钢筋工　　B. 木工

C. 试验工　　D. 混凝土工

答案:C

【精析11】

施工现场的劳动力应进行动态管理,包括:对劳动力进行跟踪平衡,进行劳动力补充与减员,向劳动管理部门提出用工申请;向进入施工现场的作业班组下达施工任务书,进行考核并兑现费用支付和奖罚,加强对现场人员作业质量和效率的检查。

【精析12】

材料管理的最终目的是控制材料成本,对施工过程中涉及材料的各个环节进行管理。

【精析13】

材料管理的过程控制:购入原价(材料原价)的控制、运杂费的控制、场外运输损耗的控制和采购及保管费的控制。

【题例】 公路工程施工现场材料管理过程包括(　　)。

A. 购入原价的控制

B. 施工使用量的控制

C. 运杂费的控制

D. 采购及保管费的控制

E. 场外运输损耗的控制

答案:ACDE

【精析 14】

运杂费是材料自供应地至工地仓库、料场的费用,其不包括材料工地后场内运输、二次倒运、超定额操作的费用。

【精析 15】

采购及保管费是指材料部门在组织采购供应和保管过程中所发生的费用,主要包括工地和各级材料管理人员的开支以及采购保管费、仓库材料储存损耗等,预算中原材料的采购保管费率为 2.5%,外购设备构件的采购保管费率为 1%。

【精析 16】

合理选择施工机械的依据是:工程量、施工进度计划、施工质量要求、施工条件、现有机械的技术状况和新机械的供应情况等。

【精析 17】

施工机械选择的一般原则:适应性、先进性、通用性和专用性。

【精析 18】

合理的机械组合包括机械技术性能的合理组合和机械类型及其台数的合理组合。机群的合理规模由工程量、工期要求和机群的作业能力两方面的因素决定。机械组合要注意牵引车与配置机具的组合,主要机械和配套机械的组合。

【精析 19】

根据作业内容选定机械,见下表。

根据作业内容选择机械参考表

作业内容		使用机械	说明
清理草木	铲除杂草	平地机、小型推土机	铲除矮草、杂草及表土
	除掉灌木丛、树木、漂石	推土机、空气压缩机、凿岩机	根据树木的种类和直径,除了推土机之外,还可使用耙齿推土机、伐木机、剪切机,以便提高效率
挖方	软土开挖	平地机	修补道路、平整场地
		推土机	短距离铲土、运土
		拖式铲运机	中等距离铲土、运土
		自行式铲运机	中长距离铲土、运土
	硬土开挖	中、大型推土机(带液压松土器)	适用于风化岩、软岩、漂石混合土质的挖方
		凿岩机、空气压缩机	松土器不能挖掘时,利用炸药来爆破

续上表

作业内容		使用机械	说明
挖土装载	一般性挖土、装载	推土机	推土机适用于100m以内的运路距，在堆土场等地方，作为挖掘机装载的辅助机械来进行挖掘，作业时以中、大型推土机为宜
		履带式装载机、轮式装载机、挖掘机	对于挖掘能力要求不大而较松的土质，以使用轮式装载机为适宜，挖掘能力要求较大时，挖掘机或履带式装载机较能发挥效益
		拖式铲运机、自行式铲运机	拉铲机根据运距、地形、土质来选用。松软土质或坡度较大，一般使用拖式铲运机；远距较长，而现场条件好的时候，则使用自行式铲运机
		挖掘机	挖掘机工作半径大，并能旋转360°，可在比地面高或低的地方进行工作，其工作范围很广
		拉铲挖掘机	拉铲挖掘机适于在河川等低而广的地方进行挖掘
	构筑物基底的挖掘	推土机、拉铲挖掘机	基础较大时，用推土机铲土、运土，也可用装载机进行挖掘、装载
		挖掘机、拉铲挖掘机	基础较小时，在地面上对其基础进行挖掘、装载
	沟的开挖	平地机	适用于侧沟的开挖
		推土机	适用于简易排水沟的开挖
		挖掘机	适用于埋设水管等沟的开挖，挖掘精度要求较高
运输	道路上运输	推土机	适用于100m以内的短距离运土
		拖式铲运机	适用于500m以内的中距离运土
		自行式铲运机	适用于500m以上的中长距离运土
		装载机、翻斗车	适用于500m以上的中长距离运土。搬运岩石时，不能使用铲运机的情况下，运距在50～150m处，可使用轮式装载机来装运
铺土	一般性铺平作业	推土机、铲运机、平地机	一般的铺平作业可用推土机、铲运机，平地机可用于铺平已经推土机、铲运机初平的场所
	大面积或精度高的铺平作业	平地机	用于道路填土的平整。一般可在推土机之后，地形条件好时也可单独作业
	铺砌材料等铺平作业	碎石撒布机、石屑撒布机	铺砌材料的铺平厚度受到严格限制时，可使用碎石或石屑撒布机

续上表

作业内容		使用机械	说明
压实	道路的填土、填筑堤坝等的压实	静力式压路机	适用于黏土、壤土的压实
		轮胎压路机	适用于砂砾石、砂质土及黏土和壤土的压实
		振动压路机	适用于砂砾石、砂质土的压实
		羊脚碾	适用于黏土、壤土的压实
	填土坡面的压实	振动板	沿着坡面进行压实时使用
		牵引式振动压路机	规模小时使用振动板，规模大时使用牵引式振动压路机
	沥青混凝土路表面的压实	静力式压路机、轮胎压路机、振动压路机	根据不同的沥青路面结构形式可以采用不同的组合

【精析 20】

选择用于高原、高山地区作业的施工机械要注意以下问题：以柴油机为动力的施工机械，柴油机应配用增压装置，应选转矩适应系数(转矩储备系数)大的柴油机；以电力驱动的施工设备在电机的驱动功率上作出调整，增大驱动能力，达到电机安全运转的目的。

【精析 21】

土地干燥区施工，尽可能选用轮式底盘的施工机械；经常在雨季或湿涝地区施工，尽可能选用履带式底盘的施工机械。

【精析 22】

施工机械需要数量是根据工程量、计划时段内的台班数、机械的利用率和生产率来确定的，可用下式计算：

$$N = \frac{P}{W_1 Q k_B}$$

式中：N——需要机械的台数；

P——计划时段内应完成的工程量(m^3)；

W_1——计划时段内的制度台班数；

Q——机械的台班生产率(m^3/台班)；

k_B——机械的利用率。

【精析 23】

路面基层施工主要机械设备的选型及组合原则：

(1)达到计划生产量确保工期。

(2)充分利用主机的生产能力。

(3)主体机械与辅助机械及运输工具之间的工作能力要保持平衡，使机群得到合理地配合利用。

(4)进行比较和核算，使机械设备经营费用达到最低。

【精析 24】

沥青混凝土搅拌设备的配置：根据工作量和工期选择生产能力和移动方式，一般生产能力要相当于摊铺能力的70%左右,沥青混合料拌和厂一般包括原材料存放场地、沥青储存及加热设备、搅拌设备、试验室及办公用房。

【精析25】

选择厂址首先要确定场地面积,又要满足拌和对供电和给排水的要求。所用矿料符合质量要求,储存量应为平均日用量的5倍,堆场应加遮盖,以防雨水;矿料和沥青储量应为平均日用量的2倍。

【精析26】

沥青混凝土摊铺机的配置:通常每台摊铺机的摊铺宽度不宜超过7.5m,可以按照摊铺宽度选用、确定摊铺机的台数;选择与调整摊铺机的参数,摊铺机参数包括结构参数和运行参数两大部分。

为了减少摊铺次数,每一条摊铺带的宽度应该按该型号摊铺机的最大摊铺宽度来考虑。宽度为B的路面所需横向摊铺的次数n按下式计算:

$$n=\frac{B-x}{b-x}$$

式中:B——路面宽度(m);

b——摊铺机熨平板的总宽度(m);

x——相邻摊铺带的重叠量(m),一般$x=0.025\sim0.08$m。

公式的意义是,路面的宽度应为摊铺机总摊铺宽度减去重叠最后的整倍数。如果n值不能满足整数时,则尽可能在减少摊铺次数的前提下,使所剩的最后一条摊铺带的宽度不小于该摊铺机的标准摊铺宽度。

【精析27】

沥青路面的压实机械配置有光轮压路机、轮胎压路机和双轮双振动压路机。

【题例】 高速公路施工中,双轮双振动压路机通常用于(　　)。

A. 路面基层施工　　B. 混凝土路面施工

C. 路基填筑施工　　D. 沥青路面施工

答案:D

【精析28】

滑模式摊铺施工时,水泥混凝土搅拌楼容量应满足滑模摊铺机施工速度1m/min的要求。

【精析29】

盾构法施工盾构的形式多样,按开挖方式的不同,可分为手工挖掘式、半机械挖掘式、机械化挖掘三种;机械化盾构有多种形式,主要有刀盘式、行星轮式、铲斗式、钳爪式、铣削臂式和网格切割式,所以根据施工方法的不同需配置不同的设备。

【精析30】

隧道施工中的钻孔机械:风动凿岩机、液压凿岩机、凿岩台车。

【精析31】

初次支护机械:锚杆台车、混凝土喷射机、混凝土喷射机械手。

【精析32】

装渣机械(包括轮胎式、履带式装载机、扒爪装岩机、耙斗式装岩机、铲斗式装岩机)。

【精析33】

二次支护衬砌机械:模板衬砌台车(混凝土搅拌站、搅拌运输车、混凝土输送泵)。

【精析 34】

项目经理部应建立项目环境监控体系,采取环境保护措施,施工现场泥浆和污水未经处理不得直接排入河流、湖泊和城市排水设施。除去符合规定的装置外,不得在施工现场熔化沥青和焚烧油毡、油漆等可产生有毒有害烟尘和臭气物品。

【精析 35】

在居民和单位密集区域进行爆破、打桩等施工作业前,施工中需要停水、停电时,项目经理部应按规定申请批准,并向受影响范围的居民和单位通报说明。封路而影响环境时,必须经有关部门批准,事先告示。在行人、车辆通行的地方施工,应当设置沟、井、穴覆盖物和标志。

【精析 36】

项目经理部在现场入口的醒目位置设置承包人的公示标志,公示如下内容。

(1)工程概况牌,包括:工程规模、性质、用途、发包人、设计人、承包人和监理单位的名称及施工起止年月等。

(2)安全纪律牌。

(3)防火须知牌。

(4)安全无重大事故计时牌。

(5)安全生产、文明施工牌。

(6)施工总平面图。

(7)项目经理部组织架构的主要管理人员名单图。

第二目　(1B427020)施工现场材料管理的主要内容

一、考试大纲要求

1B427021　掌握合格材料供方的选择方法

1B427022　掌握材料核算的内容

1B427023　熟悉材料计划的管理

二、考试要点精析

【精析 1】

工程重要部位用材料,主要有钢筋、钢绞线、水泥、焊条、专用材料等直接构成工程实体材料,承包人还需要按照相关的工程技术规范对产品进行试验来确认。部分材料(主要是砂、石、石灰、粉煤灰等地材)虽有标准规定的质量控制指标,但对供货商来说几乎没有约束作用,而只对使用方有约束作用。因此,对这类材料的采购,必须事前取样做试验,符合质量要求才能进货。

【精析 2】

对材料供货商的评价内容包括:质量保证能力、生产及供货保证能力、价格、资信状况、信誉、服务及业绩、质量保证能力、售后服务保证能力等方面。

【精析 3】

材料核算的内容:量差考核和价差考核。

【精析 4】

物耗量差的考核,归并为两种形式:一是项目或企业内实行施工各环节、各层次的物耗量差考核,主要用以考核具体工程部位的施工班组等;二是项目或企业总的物耗量差考核,即施工图预算材料总量与实耗总量比较,用来考核企业单位或项目工程项目物耗总量节超水平。

【精析5】

企业在施工中为了达到在具体操作上控制物耗的目的,最常用的方法是推行限额领料制度。限额领料是对实际消耗材料数量的控制和考核,是考核量差节超的基本制度。其考核的对象是施工班组,即用料部门,奖罚的对象也同样应是施工班组。

【精析6】

执行限额领料物资部门责任制,一是材料部门按限额领料单控制发料;二是凭限额领料单核算节超。限额领料是执行的施工定额或试验配合比,实际上能节约的地方就是"场内运输和操作损耗"。限额领料单是控制和考核施工班组材料使用数量的凭证。

【精析7】

控制供料成本的措施:

(1)购入原价的核算:即以预算中的材料原价与实际采购价格的比较节超。

(2)运杂费的核算:是以实际发生的运杂费与预算运杂费比较节超。

(3)场外运输损耗的核算:根据概预算编制办法,部分地材和水泥、沥青等有场外运输定额损耗。

(4)采购及保管费的核算:材料的采购及保管费包括采购费、仓管费、仓储损耗和物资人员的开支四个部分。

【精析8】

材料计划是指从查明材料的需要和资源开始,经过对材料的供需综合平衡所编制的各种计划。材料需用量计划是编制材料供应计划的基础。材料需用量计划的准确与否,决定了材料供应计划保证供应的程度。

【精析9】

材料计划管理的内容:材料需用量计划、材料供应计划、材料采购计划和材料用款计划。

【精析10】

材料供应计划是企业物资部门根据材料需要计划而编制的计划,也是进行材料供应的依据。材料供应计划按保证时间分为年度、季度和月度供应计划。物资供应量=需要量-库存量+储备量。

第三目　(1B427030)主要施工机械设备的性能、生产能力及适用条件

一、考试大纲要求

1B427031　熟悉土石方机械

1B427032　熟悉压实机械

1B427033　熟悉路面机械

1B427034　熟悉桥梁机械

1B427035　熟悉隧道机械

二、考试要点精析

【精析1】

推土机装有推土铲刀，主要对土石方或散状物料进行切削或短距离搬运，根据发动机功率确定其生产能力，用于公路施工的推土机分为中型（59～103kW）、大型（118～235kW）和特大型（大于235kW）三种。

【精析2】

推土机一般适用于季节性较强、工程量集中、施工条件较差的施工环境。主要用于50～100m短距离作业，并可为铲运机与挖装机械松土和助铲及牵引各种拖式工作装置等作业。

【精析3】

常用推土机特点及适用范围的对比。

(1)履带式：此类推土机有附着牵引力大、爬坡能力强等优点，能胜任较为险恶的工作环境。

(2)轮胎式：此类推土机具有行驶速度高、作业循环时间短、运输转移不损坏路面、机动性好等优点。

(3)专用型：此类推土机适用于特定工况，属此类推土机的有湿地推土机、水陆两用推土机、水下推土机、爆破推土机、船舱推土机、军用快速推土机等。

【题例】 与轮胎式推土机比较而言，履带式推土机的特点有（　　）。

A. 运输转移不损坏路面　　B. 爬坡能力强

C. 附着牵引力大　　D. 行驶速度高

E. 机动性好

答案：BC

【精析4】

铲运机根据铲斗容积确定其生产能力，一般按铲斗容积分为小型（小于5m^3）、中型（5～15m^3）、大型（15～30m^3）和特大型（大于30m^3）四种；铲斗容积为小型和中型的合理运距为100～350m；大型和特大型的铲运机合理运距为800～1 500m。铲运机应在Ⅰ、Ⅱ级土中施工。在土的湿度方面，最适宜湿度较小（含水率在25%以下）松散砂土和黏土中施工，但不适宜于在干燥的粉砂土和潮湿的黏土中作业，更不宜在地下水位高的潮湿地区和沼泽地带以及岩石类地区作业。

【精析5】

装载机是一种广泛用于公路工程的土方施工机械，它主要用来铲、装、卸、运散装物料，也可对岩石、硬土进行轻度铲掘作业，短距离转运工作。其生产能力主要根据其发动机功率确定，一般按小于74kW、74～147kW、147～515kW和大于515kW分为四种生产能力，也可按铲斗容量确定生产能力。

【精析6】

挖掘机包括单斗挖掘机和多斗（轮斗式）挖掘机，它的特点是效率高、产量大，但机动性较差。单斗挖掘机又可再细分成正铲挖掘机、反铲挖掘机、抓铲（抓斗）挖掘机和捞铲（拉斗）挖掘机四种。在公路工程施工中，遇到开挖量较大的路堑和填筑高路堤等大工程量时，选用挖掘机配合运输车辆组织施工是比较合理的。为了使挖掘机发挥最大效能，在使用挖掘机时应考虑最小工程量和最低工作面高度。

【精析7】

平地机是一种铲土、运土、卸土同时进行的连续作业机械。平地机主要用于路基、砂砾、路面的切削、刮送和整平,及土方工程中场地整形和平地作业,还可用于从两侧取土填筑不高于1m的路堤、修整路基的横断面、修刮路堤和路堑的边坡、开挖边沟和路槽等。

【精析8】

破碎机械按结构特征可分为:颚式破碎机、锤式破碎机、反击式破碎机和辊式破碎机。

【精析9】

颚式破碎机的优点是结构简单、外部尺寸小、破碎比较大、操作方便;锥式破碎机可用于中碎和细碎;锤式破碎机能破碎硬度较大的石块,多用于养路工作的备料;滚筒式破碎机一般用于配合颚式破碎机作破碎工作。

【精析10】

砂石料的筛分设备有干式和湿式两种。

【精析11】

压实机械按压实作用原理分为静作用碾压机械、振动碾压机械和夯实机械三种类型。

静作用碾压机械包括各种型号的光轮压路机、轮胎压路机(简称轮胎碾)、羊脚压路机(简称羊脚碾)、凸块压路机(简称凸块碾)及各种拖式压滚等。

光轮压路机不适于压实黏土。用羊脚碾压实黏土,其效果特别好。

振动压路机用来压实各种土壤(多为非黏性)、碎石料、各种沥青混凝土等。振动压路机可以按照结构质量、结构形式、行驶方式、传动方式、振动轮数、振动激振力方式等进行分类。

【精析12】

光轮振动压路机最适用于压实非黏土壤、碎石、沥青混凝土及沥青混凝土铺层。

【题例】 既能适用于黏性土路基施工又能适用于沥青混凝土路面施工的机械是(　　)。

A. 静力光轮压路机　　B. 振动压路机

C. 轮胎压路机　　D. 夯实机械

答案:A

【精析13】

羊脚或凸块式振动压路机既可压实非黏土,又可压实含水率不大的黏性和细粒砂砾石混合料。

【精析14】

沥青混凝土搅拌设备分间歇式和连续滚筒式,生产能力按每小时拌和成品料的数量确定。主要有小型(40t/h以下)、中型(40～350t/h)和大型(400t/h以上)三种。

【精析15】

沥青混凝土摊铺机是用来将拌制好的沥青混合料(包括沥青混凝土或黑色粒料)按一定的技术要求(厚度和横截面形状)均匀地摊铺在已修筑好的路面底基层或基层上(构成沥青混凝土基层或沥青混凝土面层),并给予初步的整平和捣实的专用设备。摊铺机按行走方式可分为自行式和拖式两种,自行式摊铺机又可分为履带式、轮胎式及复合式三种。

【精析16】

自行式沥青混合料摊铺机特点比较

轮胎式沥青混合料摊铺机的优点是:行驶速度快(20km/h),可自驶转移工地,费用低,机动性和操纵性能好,对单独的小面积高堆或深坑适应性较好,不致过分影响铺层的平整度;弯道摊铺质量好；结构简单，造价低。

履带式沥青混合料摊铺机的优点是：牵引力与接地面积都较大，减少对下层的作用，对下层的不平度不太敏感。其缺点是：行驶速度低，不能很快地自行转移工地；对地面较高的凸起点适应能力差，机械传动式的摊铺机在弯道上作业时会使铺层边缘不整齐，此外，其制造成本较高。

复合式沥青混合料摊铺机作业时，利用履带行走装置；运输时，采用充气轮胎。广泛应用于小型自行式摊铺机上。

【精析 17】

沥青混合料摊铺机的生产能力是以其最大摊铺宽度确定，一般按摊铺宽度分为小型(3.6m)，中型(4～6m)，大型(6～10m)和超大型(10～12m)四类。

【精析 18】

水泥混凝土拌和设备，可分为水泥混凝土搅拌机和水泥混凝土搅拌站(楼)两大类。混凝土搅拌机按其结构形式可分为鼓筒式、双锥反转出料式和强制式三种。水泥混凝土搅拌设备又分为自落式和强制式，强制式搅拌设备可拌制低塑性混凝土，适用于水泥混凝土路面工程等。

【精析 19】

水泥混凝土摊铺机是把搅拌好的混凝土先均匀地摊铺在路基上，然后经过振实、整平和抹光等作业程序，完成混凝土的铺筑成型的施工机械。其分为轨道式和滑模式两种生产能力按每分钟摊铺混凝土的数量计算。

【精析 20】

石屑撒布机、粉料撒布机的比较

石屑撒布机是采用层铺法铺筑沥青路面、撒布石屑的专用机械。粉料撒布机是道路稳定土路拌施工中撒布粉料的专用设备。

【精析 21】

稳定土拌和机是在路基上加工稳定土材料的拌和设备，主要功能是将土壤和稳定剂均匀拌和，相应的施工称为路拌法。稳定土拌和机的生产能力由拌和宽度、深度和工作行进速度决定。

【精析 22】

倾翻式运输车将工程建筑材料运往工地时，在生产中所用运输车辆数量 n 视工程建筑材料的生产能力 G(t/h)、车辆的载重能力 G(t)及运输时间等因素而定。

【精析 23】

钻孔设备的比较

旋转钻机是采用沉入孔中的钻头旋转切土的方式成孔的施工机械，适用于各种各样地质条件下的施工。旋转钻机按其钻孔装置可分为有钻杆机和无钻杆机(潜水钻机)，按排渣方式可分为正循环钻机和反循环钻机。

螺旋钻机用于灌注桩、深层搅拌桩、混凝土预制桩钻打结合法等工艺，适用土质的地质条件；

冲击钻机用于灌注桩钻孔施工，尤其在卵石、漂石地质条件下具有明显的优点；

回转斗钻机适用于除岩层外的各种土质地质条件。

液压旋挖桩孔机适用于除岩层、卵石、漂石地质外的各种土质地质条件，尤其在市政桥梁及场地受限的工程中使用。

【题例】 桥梁灌注桩钻孔施工,最广泛应用于卵石、漂石地质条件下的施工机械是(　　)。

A. 液压循环钻机　　B. 冲击钻机

C. 旋挖钻机　　D. 潜水钻机

答案:B

【精析24】

预制桩施工的方法主要有打入法、振入法、射水法和压入法四种。常用的沉桩施工机械有:蒸汽打桩机、柴油打桩机、液压打桩机、振动沉拔桩机、静压沉桩机等。

【精析25】

预应力张拉成套设备主要由千斤顶、油泵车、卷管机、穿索机和压浆机组成,其能力由张拉千斤顶的吨位和锚具强度决定。

【精析26】

混凝土搅拌运输车是运送混凝土的专用设备,由搅拌灌体容积决定其能力,一般为4～6m^3,水泥混凝土搅拌运输车适用于大方量或长距离运送水泥混凝土。它的特点是在运量大、运距远的情况下,能保证混凝土的质量均匀。

【精析27】

工程起重机械有自行式、移动式和固定安装式三种。

【精析28】

起重机安全使用的要点

起升重物时,卷筒上的钢丝绳应排列整齐。放出后,钢丝绳在卷筒上的余量不得少于三圈,并要经常检查钢丝绳的牢固性;

遇下雨或有雾时,由于带式制动器容易失效,故重物的升降速度应慢;

两台起重机同时吊装一件重物时,重物的质量不得超过两机在各动臂的仰角下起升质量总和的75%,同时要注意负荷的分配,每台起重机分配的负荷不得超过该机允许载荷的80%。并使升降速度保持一致。

【精析29】

全断面隧道掘进机是刀头直径与开挖隧道的直径大小一致,在岩层中进行隧道掘进的机械,是根据隧道的断面尺寸设计生产的专用机械,生产能力由设计和地质条件决定。

【精析30】

盾构机是一种集开挖、支护、衬砌等多种作业于一体的大型隧道施工机械,是根据隧道的断面尺寸设计生产的专用机械,生产能力由设计和地质条件决定。

第八节　(1B428000)公路工程施工主要质量通病及防治措施

第一目　(1B428010)路基工程质量通病及防治措施

一、考试大纲要求

1B428011　掌握路基压实质量问题的防治

1B428012 掌握路堤边坡病害的防治

1B428013 掌握高填方路基沉降的防治

1B428014 掌握路基开裂病害的防治

新大纲与2006年版大纲相比,取消了路基“弹簧”的防治与季节性冻土路基常见病害的防治两条,新增了掌握路基压实质量问题的防治、掌握路基开裂病害的防治两条。根据以往考试情况,本目以选择题与案例题出现的概率相当。

二、考试要点精析

1.路基行车带压实度不足的原因及防治

【精析】

原因:①下层质量;②填料方面(不符合要求的填料、含水量大、松铺厚度过大);③填筑方法;④压实方法。

2.路基行车带压实度不足的治理措施

【精析】

措施:①清除碾压层下软弱层,换填良性土壤后重新碾压;②对产生“弹簧”的部位,可将其过湿土翻晒,拌和均匀后重新碾压;或挖除换填含水率适宜的良性土壤后重新碾压;③对产生“弹簧”且急于赶工的路段,可掺生石灰粉翻拌,待其含水率适宜后重新碾压。

3.高填方路基沉降的原因分析与预防措施

【精析】

施工方面的原因:①基底处理;②填料组成;③填筑方法;④压实方法;⑤施工过程中未注意排水。

预防措施:①施工时应考虑高填方路基早开工,避免填筑速度过快,路面基层施工时应尽量安排晚开工,以使高填方路基有充分的沉降时间;②加强对基底的压实或对地基进行加固处理,当地基位于斜坡和谷底时,应做挖台阶处理;③施工时要严格分层填筑,控制分层的厚度,并充分压实;④在软弱地基上进行高填方路基施工时,除对软基进行必要处理外,从原地面以上1~2m高度范围内不得填筑细粒土,应填筑硬质石料,并用小碎石、石屑等材料嵌缝、整平、压实。

【题例】

背景

某高速公路第五合同段,设计车速120km/h,路基宽度26m,路面为双向四车道沥青混凝土路面。路线通过地段为一古河道,地表为砾石类土,部分路段为采砂场废料堆。砾石层覆盖厚度一般在1~5m不等,砾石层下为粉质性低液限黏土,地下水位在埋深2m以下,路线两侧为农业区。K20+450~K20+950路堤填筑高度22m,为防治高填路堤沉降,在采取相应的设计处理措施基础上,设计方对施工提出以下要求:

(1)加强对地基的压实。

(2)严格分层填筑并充分压实。

(3)填挖交界处挖台阶。

施工方严格按照设计要求进行施工,在施工过程中遇到一处软基,在对软基处理之后,以硬质石料填筑地面上2m高度范围并分层压实。由于填筑过程中突遇大雨停工数天,天晴后排除积水继续施工,为赶工期,工班长提出加班加点填筑,按时完成后可立即进入下一道路面基层施工工序。

问题:

(1)施工方对软基处理后填筑路堤的方式是否合理?如果不合理请提出合理措施。

(2)因大雨误工后工班长提出的建议可否采纳?为什么?

答案:

(1)不完全合理。以硬质石料填筑地面上2m高度范围后,还应用小碎石、石屑等材料嵌缝、整平再压实。

(2)不能采纳。因为高填方路基宜早开工,避免填筑速度过快,下一道工序应尽量安排晚开工,以使高填方路基有充分的沉降时间。

第二目 (1B428020)路面工程质量通病及防治措施

一、考试大纲要求

1B428021 掌握无机结合料基层裂缝的防治

1B428022 掌握沥青混凝土路面不平整的防治

1B428023 掌握沥青混凝土路面接缝病害的防治

1B428024 掌握水泥混凝土路面裂缝的防治

1B428025 掌握水泥混凝土路面断板的防治

新大纲与2006年版大纲相比,新增了掌握水泥混凝土路面裂缝的防治一条。另外,各条的顺序有一定的调整。根据以往考试情况,本目以选择题与案例题出现的概率相当。

二、考试要点精析

1. 无机结合料基层裂缝产生的原因

【精析】

原因分析:①混合料中石灰、水泥、粉煤灰等比例偏大;集料级配中细料偏多,或石粉中塑性指数偏大。②碾压时含水率偏大。③成型温度较高,强度形成较快。④碎石中含泥量较高。⑤路基沉降尚未稳定或路基发生不均匀沉降。⑥养护不及时、缺水或养护时洒水量过大。⑦拌和不均匀。

2. 石灰稳定土基层裂缝的主要防治方法

【精析】

(1)改善施工用土的土质,采用塑性指数较低的土或适量掺加粉煤灰。

(2)掺加粗粒料,在石灰土中适量掺加砂、碎石、碎砖、煤渣及矿渣等。

(3)保证拌和遍数。控制压实含水率,需要根据土的性质采用最佳含水率,避免含水率过高或过低。

(4)铺筑碎石过渡层,在石灰土基层与路面间铺筑一层碎石过渡层,可有效的避免裂缝。

(5)分层铺筑时,在石灰土强度形成期,任其产生收缩裂缝后,再铺筑上一层,可有效减少新铺筑层的裂缝。

(6)设置伸缩缝,在石灰土层中,每隔5~10m设一道缩缝。

【题例】

背景

某二级公路全长68.53km，施工期气候干燥，气温较低。全路段的土质有粉质黏土、砂性土、重黏土，但当地石灰产量很多。设计单位根据相关情况在路面结构设计中采用了石灰稳定土无机结合料基层，面层为沥青混凝土。施工单位采用路拌法施工基层。为了保证石灰稳定土基层的强度，施工单位对土质进行了改善，施工中还对压实度进行了控制，在沥青混凝土面层施工前，发现在K30＋500－K37＋800段已成型的石灰稳定基层表面产生大量裂缝。

问题：

(1)背景材料中，全路段有三类土质，哪些土质需要改善？简述改善方法。

(2)简述石灰稳定土基层裂缝主要防治措施。

答案：

(1)砂性土、重黏土需改善。

砂性土主要是塑性指数过低，可以加大石灰用量来进行改善；重黏土主要是塑性指数过高，可以分为两次加石灰进行改善，即先在重黏土内加入少许石灰进行拌和闷料使之“砂化”，2～3天后摊开再加入剩余量的石灰进行拌和。

(2)石灰稳定土基层裂缝主要防治措施：

①改善施工用土的土质，采用塑性指数较低的土或适量掺加粉煤灰。

②掺加粗粒料，在石灰土中适量掺加砂、碎石、碎砖、煤渣及矿渣等。

③保证拌和遍数。控制压实含水率，需要根据土的性质采用最佳含水率，避免含水率过高或过低。

④铺筑碎石过渡层，在石灰土基层与路面间铺筑一层碎石过渡层，可有效的避免裂缝。

⑤分层铺筑时，在石灰土强度形成期，任其产生收缩裂缝后，再铺筑上一层，可有效减少新铺筑层的裂缝。

⑥设置伸缩缝，在石灰土层中，每隔5～10m设一道缩缝。

3. 水泥混凝土路面龟裂产生的原因

【精析】

原因分析：①混凝土浇筑后，表面没有及时覆盖，在炎热或大风天气，表面游离水分蒸发过快，体积急剧收缩，导致开裂；②混凝土拌制时水灰比过大；模板与垫层过于干燥，吸水大；③混凝土配合比不合理，水泥用量和砂率过大；④混凝土表面过度振捣或抹平，使水泥和细集料过多上浮至表面，导致缩裂。

4. 水泥混凝土路面断板的治理措施

【精析】

治理措施：①裂缝的修补(直接灌浆法、压注灌浆法、扩缝灌注法、条带罩面法、全深度补块法)；②局部修补

【题例】 水泥混凝土路面裂缝的修补防法有(　　)。

A. 条带罩面法　　B. 扩缝灌注法

C. 压注灌浆法　　D. 全深度补块法

E. 抹面修补法

答案：ABCD

第三目　(1B428030)桥梁工程质量通病及防治措施

一、考试大纲要求

1B428031　掌握钻孔灌注桩断桩的防治

1B428032　掌握钢筋混凝土梁桥预拱度偏差的防治

1B428033　掌握箱梁两侧腹板混凝土厚度不均的防治

1B428034　掌握钢筋混凝土结构的构造裂缝的防治

1B428035　掌握悬臂浇筑钢筋混凝土箱梁桥的施工(挠度)控制

1B428036　掌握桥面铺装病害的防治

1B428037　掌握桥梁伸缩缝病害的防治

1B428038　掌握桥头跳车的防治

新大纲与2006年版大纲相比,本目无变化。根据以往考试情况,本目以选择题与案例题出现的概率相当。

二、考试要点精析

1. 钻孔灌注桩断桩的防治

【精析】

防治措施:①保证混凝土能连续灌注。②混凝土要求和易性好,坍落度要控制在18～22cm。若灌注时间较长时,可以在混凝土中加入缓凝剂(须征得监理工程师的许可),以防止先期灌注的混凝土初凝,堵塞导管。③在钢筋笼制作时,一般要采用对焊,以保证焊口平顺。当采用搭接焊时,要保证焊缝不要在钢筋笼内形成错台,以防钢筋笼卡住导管。④导管的直径应根据桩径和石料的最大粒径确定,尽量采用大直径导管;对每节导管进行组装编号,导管安装完毕后要建立复核和检验制度。导管使用前,要对导管进行检漏和抗拉力试验,以防导管渗漏。⑤下导管时,其底口距孔底的距离控制在25～40cm(注意导管口不能埋入沉淀的回淤泥渣中)之间,同时要能保证首批混凝土灌注后能埋住导管至少1.0m。在随后的灌注过程中,导管的埋置深度一般控制在2.0～6.0m的范围内。⑥在提拔导管时要通过测量混凝土的灌注深度及已拆下导管的长度,认真计算提拔导管的长度,严禁不经测量和计算而盲目提拔导管。⑦当混凝土堵塞导管时,可采用拔插抖动导管(注意不可将导管口拔出混凝土面),当所堵塞的导管长度较短时,也可以用型钢插入导管内来疏通导管,也可以在导管上固定附着式振捣器进行振动来疏通导管内的混凝土。⑧当钢筋笼卡住导管时,可设法转动导管,使之脱离钢筋笼。

2. 桥头跳车的防治

【精析】

防治措施:①重视桥头地基处理。②选用合适的压实机具,确保台背及时回填,回填压实度达到要求。③有针对性的选择台后填料。④做好桥头路堤的排水、防水工程,设置桥头搭板。⑤优化设计方案、采用新工艺加固路堤。

【题例】 预防桥头跳车的防治措施包括(　　)。

A. 重视桥头地基处理,采用先进的台后填土施工工艺

B. 改善地基性能,提高地基承载力,减少差异沉降

C. 有针对性的选择台后填料,提高桥头路基压实度

D. 做好桥头路堤的排水、防水工程，设置桥头搭板

E. 提高对锚固件焊接施工质量的控制

答案：ABCD

第四目　(1B428040)隧道工程质量通病及防治措施

一、考试大纲要求

1B428041　掌握隧道水害的防治

1B428042　掌握隧道衬砌腐蚀病害的防治

1B428043　掌握隧道衬砌裂缝病害的防治

新大纲与2006年版大纲相比，本目无变化。根据以往考试情况，本目以选择题与案例题出现的概率相当。

二、考试要点精析

1. 隧道水害的防治

【精析】

水害的防治：①因势利导，给地下水以排走的出路，将水迅速地排到洞外。②将流向隧道的水源截断，或尽可能使其水量减少。③堵塞衬砌背后的渗流水，集中引导排出。④水害整治的关键：分析病害成因，对症整治；合理选择防水材料；严格施工工艺。

2. 隧道衬砌裂缝病害的防治

【精析】

钢筋保护层必须保证不小于3cm，钢筋使用前应作除锈、清污处理。

【题例】　隧道衬砌时，钢筋保护层必须保证不小于(　　)cm。

A. 3　　　B. 3.5

C. 4　　　D. 4.5

答案：A

第三章(1B430000)公路工程相关法律法规

第一节 (1B431000)公路建设管理法规

第一目 (1B431010)公路工程施工企业资质和承担工程的范围

一、考试大纲要求

1B431011 掌握公路工程施工企业资质类别、等级的划分

1B431012 掌握公路施工企业承包工程范围

二、考试要点精析

【精析1】

公路工程施工企业根据国家相关规定,结合公路工程特点,共分为六大类,具体划分如下:公路工程施工总承包企业、公路路面工程专业承包企业、公路路基工程专业承包企业、桥梁工程专业承包企业、隧道工程专业承包企业以及公路交通工程专业承包企业。

【精析2】

公路工程施工企业资质等级的划分:

公路工程施工总承包企业分为特级企业,一级企业、二级企业、三级企业。

公路路面工程专业承包企业分为一级企业、二级企业、三级企业。

公路路基工程专业承包企业分为一级企业、二级企业、三级企业。

桥梁工程专业承包企业分为一级企业、二级企业。

隧道工程专业承包企业分为一级企业、二级企业。

【题例】 可承担各类桥梁工程的施工企业是( )。

A. 桥梁工程专业承包特级企业

B. 桥梁工程专业承包一级企业

C. 桥梁工程专业承包二级企业

D. 桥梁工程专业承包三级企业

答案:B

【题例】 根据国家相关规定,结合公路工程的特点,下列关于公路工程施工总承包企业资质的划分,正确的是( )。

A. 特级企业、一级企业、二级企业

B. 特级企业、一级企业、二级企业、三级企业

C. 一级企业、二级企业

D. 一级企业、二级企业、三级企业

答案:B

解题思路:本题主要是区分公路工程施工总承包企业和专业承包资质(路面、路基、桥梁和隧道)设定的不同类别。

【题例】 根据公路工程施工企业资质类别划分要求,桥梁工程专业承包企业资质划分为(　　)。

A. 一级、二级　　B. 一级、二级、三级

C. 特级、一级、二级　　D. 特级、一级、二级、三级

答案:A

【精析3】

公路交通工程专业承包企业按施工内容分为5个分项施工企业。即交通安全设施分项专业承包企业;通信系统工程分项承包企业;监控系统工程分项承包企业;收费系统工程分项承包企业;通信、监控、收费综合系统工程分项承包企业。

第二目　(1B431020)公路工程质量事故等级划分和报告制度

一、考试大纲要求

1B431021　掌握公路工程质量事故的分类及分级标准

1B431022　掌握公路工程质量事故报告制度

二、考试要点精析

【精析1】

公路工程质量事故分质量问题、一般质量事故及重大质量事故三类。

【题例】 公路工程施工造成工程质量低劣或达不到合格标准,需加固补强的,属于(　　)。

A. 质量问题　　B. 质量缺陷

C. 一般质量事故　　D. 重大质量事故

答案:C

【题例】 某道路工程在交工验收时,发现一段长约300m的混凝土挡墙质量达不到合格标准,需加固补强,从而造成了直接经济损失(包括修复费用)100万元。按公路工程质量事故的分类及分级标准,这个事故属于(　　)。

A. 一级一般质量事故　　B. 二级一般质量事故

C. 一级重大质量事故　　D. 二级重大质量事故

答案:B

解题思路:本题主要是考察公路工程质量事故的分类及分级标准。由于2007年国家出台了新的安全事故划分标准,而教材中这部分与之划分方式不同,所以这部分在考试中出现的可能不大。

【精析2】

国务院交通主管部门归口管理全国公路工程质量事故,省级交通主管部门归口管理本辖区内的公路工程质量事故。质量事故的调查处理实行统一领导、分级负责的原则。重大质量事故由国务院交通主管部门会同省级交通主管部门负责调查处理;一般质量事故由省级交通主管部门负责调查处理;质量问题原则上由建设单位或企业负责调查处理。

【题例】 公路工程重大质量事故负责调查处理的单位是(　　)。

A. 国务院交通主管部门会同省级交通主管部门

B. 国务院交通主管部门

C. 建设单位或企业

D. 省级交通主管部门

答案:A

【题例】 某特大桥梁工程施工中,因责任过失而造成主体结构倒塌,负责对此质量事故进行调查处理的单位有(　　)。

A. 国务院交通主管部门　　B. 省级交通主管部门

C. 县级交通主管部门　　D. 建设单位

E. 施工单位

答案:AB

【精析 3】

公路工程在建项目,施工单位为事故报告单位;交付使用的工程,建设单位为事故报告单位。

【题例】 某桥梁工地施工现场,建设方、监理方、设计方、施工方相关人员正在就某设计变更方案进行讨论,突然发生主体结构垮塌事故,按公路工程质量事故报告制度的要求,事故报告单位应是(　　)。

A. 建设单位　　B. 监理单位

C. 设计单位　　D. 施工单位

答案:D

解题思路:本题主要是区分在建和完建项目事故管理责任的不同。在建项目的管理责任在施工单位,而交付使用的项目管理责任一般在建设单位。

【精析 4】

质量事故发生后,事故发生单位必须以最快的方式,将事故的简要情况同时向建设单位、监理单位、质量监督站报告。

【题例】 将公路工程质量事故及时报告有关部门是(　　)。

A. 建设单位的权利和义务

B. 施工单位的权利和义务

C. 监理单位的权利和义务

D. 任何单位和个人的权利和义务

答案:D

【精析 5】

质量事故书面报告内容

(1)工程项目名称,事故发生的时间、地点,建设、设计、施工、监理等单位名称。

(2)事故发生的简要经过、造成工程损伤状况、伤亡人数和直接经济损失的初步估计。

(3)事故发生原因的初步判断。

(4)事故发生后采取的措施及事故控制情况。

(5)事故报告单位。

第三目 (1B431030)公路工程验收程序和条件

一、考试大纲要求

1B431031 掌握公路工程交工和竣工验收程序

1B431032 掌握公路工程交工验收应具备的条件

1B431033 掌握公路工程竣工验收应具备的条件

二、考试要点精析

【精析 1】

比较交工验收、竣工验收范围

交工验收是检查施工合同的执行情况,评价工程质量是否符合技术标准及设计要求,是否可以移交下一阶段施工或者是否满足通车要求,对各参建单位工作进行初步评价。

竣工验收是综合评价工程建设成果,对工程质量、参建单位和建设项目进行综合评价。

【题例】 由建设单位主持,检查施工合同的执行情况,评价工程质量是否符合技术标准及设计要求,是否可以移交下一阶段施工称为( )。

A. 竣工验收　　B. 中间交工验收

C. 交工验收　　D. 工序验收

答案:C

【精析 2】

公路工程竣(交)工验收的依据是:

(1)批准的工程可行性研究报告。

(2)批准的工程初步设计、施工图设计及变更设计文件。

(3)批准的招标文件及合同文本。

(4)行政主管部门的有关批复、指示文件。

(5)交通部颁布的公路工程技术标准、规范、规程及国家有关部门的相关规定。

【精析 3】

交工验收由项目法人负责。竣工验收由交通主管部门按项目管理权限负责。

【精析 4】

公路工程(合同段)进行交工验收应具备的条件:

(1)合同约定的各项内容已完成。

(2)施工单位按《公路工程质量检验评定标准》(JTG F80—2004)及相关规定的要求对工程质量自检合格。

(3)监理工程师对工程质量的评定合格。

(4)质量监督机构按交通部规定的公路工程质量鉴定办法对工程质量进行检测(必要时可委托有相应资质的检测机构承担检测任务),并出具检测意见。

(5)竣工文件已按交通部规定的内容编制完成。

(6)施工单位、监理单位已完成本合同段的工作总结。

【题例】 公路工程交工验收必须具备的条件包括( )。

A. 工程已按施工合同和设计文件要求建成,具有独立使用价值

B. 按相关要求编制完成竣工文件

C. 设计、施工、监理等单位开始准备总结报告材料

D. 质量监督部门已完成工程质量检测、检验，并编写完成了工程质量鉴定书

E. 按规定已编制好工程交工决算

答案:ABD

解题思路:本题主要是考察交工验收和竣工验收必须具备的条件。两者之间相互干扰。

【精析5】

公路工程各合同段符合交工验收条件后，经监理工程师同意，由施工单位向项目法人提出申请，项目法人应及时组织对该合同段进行交工验收。

【精析6】

交工验收的主要工作内容是:

(1)检查合同执行情况。

(2)检查施工自检报告、施工总结报告及施工资料。

(3)检查监理单位独立抽检资料、监理工作报告及质量评定资料。

(4)检查工程实体，审查有关资料，包括主要产品质量的抽(检)测报告。

(5)核查工程完工数量是否与批准的设计文件相符，是否与工程计量数量一致。

(6)对合同是否全面执行、工程质量是否合格作出结论，按交通主管部门规定的格式签署合同段交工验收证书。

(7)按交通部规定的办法对设计单位、监理单位、施工单位的工作进行初步评价。

【题例】 公路工程交工验收的主要工作有(　　)。

A. 全面考核建设成果

B. 检查施工合同的执行情况

C. 检查监理工作情况

D. 对建设项目进行综合评价

E. 确定工程质量等级

答案:BC

解题思路:本题主要是区分交工验收和竣工验收的主要工作内容。

【精析7】

项目法人负责组织公路工程各合同段的设计、监理、施工等单位参加交工验收。拟交付使用的工程，应邀请运营、养护管理单位参加。

【精析8】

公路工程进行竣工验收应具备的条件:

(1)通车试运营2年后。

(2)交工验收提出的工程质量缺陷等遗留问题已处理完毕，并经项目法人验收合格。

(3)工程决算已按交通部规定的办法编制完成，竣工决算已经审计，并经交通主管部门或其授权单位认定。

(4)竣工文件已按交通部规定的内容完成。

(5)对需进行档案、环保等单项验收的项目，已经有关部门验收合格。

(6)各参建单位已按交通部规定的内容完成各自的工作报告。

(7)质量监督机构已按交通部规定的公路工程质量鉴定办法对工程质量检测鉴定合格,并形成工程质量鉴定报告。

【精析 9】

竣工验收的主要工作内容:

(1)成立竣工验收委员会。

(2)听取项目法人、设计单位、施工单位、监理单位的工作报告。

(3)听取质量监督机构的工作报告及工程质量鉴定报告。

(4)检查工程实体质量、审查有关资料。

(5)按交通部规定的办法对工程质量进行评分,并确定工程质量等级。

(6)按交通部规定的办法对参建单位进行综合评价。

(7)对建设项目进行综合评价。

(8)形成并通过竣工验收鉴定书。

【精析 10】

竣工验收委员会由交通主管部门、公路管理机构、质量监督机构、造价管理机构等单位代表组成。大中型项目及技术复杂工程,应邀请有关专家参加。国防公路应邀请军队代表参加。项目法人、设计单位、监理单位、施工单位、接管养护等单位参加竣工验收工作。

【精析 11】

竣工验收委员会负责对工程实体质量及建设情况进行全面检查。按交通部规定的办法对工程质量进行评分,对各参建单位进行综合评价,对建设项目进行综合评价,确定工程质量和建设项目等级,形成工程竣工验收鉴定书。

第四目　(1B431040)公路建设管理有关规定

一、考试大纲要求

1B431041　掌握《公路建设市场管理办法》

1B431042　掌握《公路工程质量监督规定》

1B431043　掌握《公路工程设计变更管理办法》

二、考试要点精析

【精析 1】

施工图设计文件审查的主要内容包括:

(1)是否采纳工程可行性研究报告、初步设计批复意见。

(2)是否符合公路工程强制性标准、有关技术规范和规程要求。

(3)施工图设计文件是否齐全,是否达到规定的技术深度要求。

(4)工程结构设计是否符合安全和稳定性要求。

【精析 2】

交通主管部门应当自收到完整齐备的申请材料之日起20日内审查完毕。

【精析 3】

公路建设项目依法实行施工许可制度。国家和国务院交通主管部门确定的重点公路建设项目的施工许可由国务院交通主管部门实施,其他公路建设项目的施工许可按照项目管理权限由县级以上地方人民政府交通主管部门实施。

【精析4】

项目施工应当具备的条件:

(1)项目已列入公路建设年度计划。

(2)施工图设计文件已经完成并经审批同意。

(3)建设资金已经落实,并经交通主管部门审计。

(4)征地手续已办理,拆迁基本完成。

(5)施工、监理单位已依法确定。

(6)已办理质量监督手续,已落实保证质量和安全的措施。

【精析5】

公路工程实行政府监督、法人管理、社会监理、企业自检的质量保证体系。

【精析6】

勘察、设计单位经项目法人批准,可以将工程设计中跨专业或者有特殊要求的勘察、设计工作委托给有相应资质条件的单位,但不得转包或者二次分包。监理工作不得分包或者转包。

【精析7】

施工单位可以将非关键性工程或者适合专业化队伍施工的分部工程分包给具有相应资质的单位,并对分包工程负连带责任。允许分包的工程范围应当在招标文件中规定,分包的工程不得超过总工程量的30%。分包工程不得再次分包,严禁转包。

【精析8】

工程分包计划和所有分包协议须报监理工程师审查,并报项目法人同意。

【精析9】

施工单位可以直接招用农民工或者将劳务作业发包给具有劳务分包资质的劳务分包人。施工单位招用农民工的,应当依法签订劳动合同,并将劳动合同报项目监理工程师和项目法人备案。劳务分包人不得将其分包的劳务作业再次分包。

【精析10】

投标人相互串通投标或者与招标人串通投标的,投标人以向招标人或者评标委员会成员行贿的手段谋取中标的,中标无效,处中标项目金额5‰以上10‰以下的罚款,对单位直接负责的主管人员和其他直接责任人员处单位罚款数额5%以上10%以下的罚款;情节严重的,取消其1年至2年内参加依法必须进行招标的项目的投标资格并予以公告。

【精析11】

除因不可抗力不能履行合同的,中标人不按照与招标人订立的合同履行施工质量、施工工期等义务,造成重大或者特大质量和安全事故,或者造成工期延误的,取消其2年至5年内参加依法必须进行招标的项目的投标资格并予以公告。

【精析12】

承包单位将承包的工程转包或者违法分包的,对施工单位处工程合同价款5‰以上10‰以下的罚款。工程监理单位转让工程监理业务的,责令改正,没收违法所得,处合同约定的监理酬金25%以上50%以下的罚款。

【精析13】

公路工程质量监督主要包括的内容:

(1)工程质量管理的法律、法规、规章、技术标准和规范的执行情况。

(2)从业单位的质量保证体系及其运转情况。

(3)勘察、设计质量情况,工程质量情况,使用的材料、设备质量情况。

(4)工程试验检测工作情况。

(5)工程质量资料的真实性、完整性、规范性、合法性情况。

(6)从业单位在工程实施过程中的质量行为。

【精析 14】

建设单位或者项目法人在完成开工前各项准备工作之后,应当在办理施工许可证前三十日,按照交通部的有关规定到质监机构办理公路工程施工质量监督手续。

【精析 15】

交通主管部门及其委托的质监机构对工程实体质量进行现场监督检查时,应当重点检查质量薄弱环节和涉及结构强度及稳定性的重要指标。交通主管部门及其委托的质监机构对检查中发现的问题,应当及时以书面方式通报有关单位。对一般质量管理问题和一般质量缺陷,责令限期整改;对不合格工程,责令限期返修;对违法的质量行为依法予以纠正。

【精析 16】

公路工程交工验收前,质监机构应当按照有关规定对工程质量进行检测并出具检测意见。公路工程竣工验收前,质监机构对工程质量进行质量鉴定并出具质量鉴定报告。未经质量鉴定或质量鉴定不合格的项目,不得组织竣工验收。

【精析 17】

公路工程设计变更分为重大设计变更、较大设计变更和一般设计变更。

【精析 18】

比较重大设计变更和较大设计变更的条件。

有下列情形之一的属于重大设计变更:

(1)连续长度 10km 以上的路线方案调整。

(2)特大桥的数量或结构形式发生变化。

(3)特长隧道的数量或通风方案发生变化。

(4)互通式立交的数量发生变化。

(5)收费方式及站点位置、规模发生变化。

(6)超过初步设计批准概算。

有下列情形之一的属于较大设计变更:

(1)连续长度 2km 以上的路线方案调整。

(2)连接线的标准和规模发生变化。

(3)特殊不良地质路段处置方案发生变化。

(4)路面结构类型、宽度和厚度发生变化。

(5)大中桥的数量或结构形式发生变化。

(6)隧道的数量或方案发生变化。

(7)互通式立交的位置或方案发生变化。

(8)分离式立交的数量发生变化。

(9)监控、通信系统总体方案发生变化。

(10)管理、养护和服务设施的数量和规模发生变化。

(11)其他单项工程费用变化超过500万元。

(12)超过施工图设计批准预算。

【精析19】

属于重大设计变更由交通部负责审批。较大设计变更由省级交通主管部门负责审批。项目法人负责对一般设计变更进行审查。

【题例】 按《公路工程设计变更管理办法》的要求,重大设计变更由(　　)负责审批。

A. 国务院　　B. 交通部

C. 交通厅　　D. 设计院

答案:B

【精析20】

公路工程勘察设计、施工及监理等单位可以向项目法人提出公路工程设计变更的建议。项目法人也可以直接提出公路工程设计变更的建议。

【精析21】

项目法人在报审设计变更文件时,应当提交以下材料:

(1)设计变更说明。

(2)设计变更的勘察设计图纸及原设计相应图纸。

(3)工程量、投资变化对照清单和分项概、预算文件。

第五目　(1B431050)《公路工程国内招标文件范本》

一、考试大纲要求

1B431051　熟悉《公路工程国内招标文件范本》的主要内容

1B431052　熟悉投标人的合格条件

1B431053　熟悉招标文件的内容

1B431054　熟悉投标文件的组成

1B431055　熟悉公路建设项目招标的规模及标段划分

二、考试要点精析

【精析1】

《公路工程国内招标文件范本》共分三卷。第一卷包括投标邀请格式、投标人须知、合同通用条款、合同专用条款。第二卷是技术规范。第三卷包括投标书及投标担保格式、工程量清单、投标书附表格式,合同协议书格式,履约担保格式、施工组织设计建议书格式。

【题例】 投标文件的内容必须使用招标文件(　　)中提供的格式或大纲,除另有规定者外投标人不得修改。

A. 第一卷　　B. 第二卷

C. 第三卷　　D. 第四卷

答案:C

【精析2】

投标人一般应独自参与投标,如以联合体形式投标,联合体由两个或两个以上独立法人组成。联合体应按本招标文件第三卷所附格式签订联合体协议书，并应委任其中一个法人为联合体主办人。联合体各成员在投标、签约与履行合同过程中，仍负有连带的和各自的法律责任。联合体主办人所承担的工程量必须超过总工程量的50%。

【题例】 投标人以联合体形式投标，投标人必须是（ ）。

A. 至少一个是独立法人

B. 两个或两个以上的经济组织

C. 两个或两个以上的独立法人

D. 联合体的主办人是法人即可

答案：A

【精析3】

分包计划必须遵守的规定：

(1)主体和关键性工作不能分包。

(2)分包工作量不能超过30%。

(3)分包人应具备相应的专业承包资质或劳务分包资质。

(4)通过资格预审后，投标人所建议的分包人如发生了与资格预审内容不符的变更或投标人提出新的超出资格预审时所提出的分包范围，必须先征得招标人的批准。

【题例】 按《公路工程国内招标文件范本》规定，如有分包计划，必须遵守的规定有（ ）。

A. 主体和关键性工作可以视情况部分分包

B. 应提供分包人的企业法人营业执照、资质等级证书、人员、设备等资料表以及拟分包的工作量

C. 分包人的资格能力应与其分包工程的标准和规模相适应，具备相应的专业承包资质或劳务分包资质

D. 通过资格预审后，投标人所建议的分包人如发生了与资格预审内容不符的变更或投标人提出新的超出资格预审时所提出的分包范围，必须先征得招标人的批准，否则，视为无效投标

E. 分包工作量不能超过50%

答案：BCD

【题例】 按照《公路建设市场管理办法》的规定，允许分包的工程范围应当在招标文件中规定，分包工程的工程量不得超过总工程量的（ ）。

A. 50% B. 40%

C. 30% D. 20%

答案：C

【精析4】

投标人不能同时既参加联合体又以其独家名义对同一个合同段投标。

【精析5】

公路建设项目除涉及国家安全、国家机密、抢险救灾或利用扶贫资金、民办公助的项目不适宜招标外，达到下列规模标准之一的，必须进行招标：

(1)建设项目总投资额在3 000万元人民币以上的。

(2)工程单项合同估算在200万元人民币以上的。

(3)重要设备、材料等货物的采购,单项合同估算价在100万元人民币以上的。

(4)勘察、设计、监理等服务的采购,单项合同估算在50万元人民币以上的。

【题例】 建设项目总投资额在(　　)元人民币以上的,必须进行招标。

A. 1 000万　　B. 2 000万

C. 3 000万　　D. 4 000万

答案:C

第六目　(1B431060)《公路工程技术标准》相关规定

一、考试大纲要求

1B431061　掌握公路分级

1B431062　掌握路基路面的相关技术要求

1B431063　掌握桥涵的相关技术要求

1B431064　掌握隧道的相关技术要求

1B431065　了解交通工程及沿线设施相关技术要求

二、考试要点精析

【精析1】

公路根据功能和适应的交通量分等级。

【精析2】

公路等级有:高速公路、一级公路、二级公路、三级公路、四级公路。

【精析3】

高速公路、一级公路路面不宜分期修建,但位于软土、高填方等工后沉降较大的局部路段,可按"一次设计、分期实施"的原则实施。

【题例】 高速公路、一级公路路面不宜分期修建,但位于软土、高填方等工后沉降较大的局部路段,可按(　　)的原则实施。

A. 一次设计、一次实施　　B. 分期设计、分期实施

C. 一次设计、分期实施　　D. 分期设计、一次实施

答案:C

【精析4】

路面设计标准轴载为双轮组单轴100kN。

【精析5】

路面面层类型的选用

路面面层类型及适用范围

面 层 类 型	适 用 范 围
沥青混凝土	高速公路、一级公路、二级公路、三级公路、四级公路
水泥混凝土	高速公路、一级公路、二级公路、三级公路、四级公路
沥青贯入、沥青碎石、沥青表面处治	三级公路、四级公路
砂石路面	四级公路

【精析6】

桥涵分类的规定

桥　涵　分　类

桥涵分类	多孔跨径总长 L(m)	单孔跨径 L_K(m)	桥涵分类	多孔跨径总长 L(m)	单孔跨径 L_K(m)
特大桥	$L>1\,000$	$L_K>150$	小桥	$8\leqslant L\leqslant 30$	$5\leqslant L_K\leqslant 20$
大桥	$100\leqslant L\leqslant 1\,000$	$40\leqslant L_K\leqslant 150$	涵洞	—	$L_K<5$
中桥	$30<L<100$	$20\leqslant L_K\leqslant 40$			

注：1. 单孔跨径系指标准跨径。

2. 梁式桥、板式桥的多孔跨径总长为多孔标准跨径的总长；拱式桥为两岸桥台内起拱线间的距离；其他形式桥梁为桥面系车道长度。

3. 管涵及箱涵不论管径或跨径大小、孔数多少，均称为涵洞。

4. 标准跨径：梁式桥、板式桥以两桥墩中线间距离或桥墩中线与台背前缘间距为准；拱式桥和涵洞以净跨径为准。

【精析7】

桥梁全长：有桥台的桥梁应为两岸桥台侧墙或八字墙尾墙间的距离；无桥台的桥梁应为桥面系长度。

【精析8】

隧道分类的规定如下表。

隧　道　分　类

隧道分类	特长隧道	长隧道	中隧道	短隧道
隧道长度 L(m)	$L>3\,000$	$3\,000\geqslant L>1\,000$	$1\,000\geqslant L>500$	$L\leqslant 500$

【精析9】

隧道内的纵坡应小于3%，但短于100m的隧道不受此限。高速公路、一级公路的中、短隧道，当条件受限制时，经技术经济论证后最大纵坡可适当加大，但不宜大于4%。

【精析10】

特长隧道高速公路、一级公路的长隧道，应设置监控设施。

【精析11】

隧道通风设施应根据交通组成和交通量增长情况等，按统筹规则、总体设计、分期实施的原则设置。

【精析12】

高速公路、一级公路的隧道，其长度大于100m时应设置照明设施。

【精析13】

交通工程及沿线设施的建设规模与标准应根据公路网规划、公路的功能、等级、交通量等确定。

【精析14】

交通工程及沿线设施应按照“保障安全、提供服务、利于管理”的原则进行设计。

【精析15】

交通工程及沿线设施的等级划分规定如下。

交通工程及沿线设施等级分为A、B、C、D四级，如下表所示。

交通工程及沿线设施等级与适用范围

交通工程及沿线设施等级	适用范围	交通工程及沿线设施等级	适用范围
A	高速公路	C	一级公路、二级公路作为集散公路时
B	一级公路、二级公路作为干线公路时	D	三级公路、四级公路

【精析16】

交通工程及沿线设施包括交通安全设施、服务设施和管理设施三种,各项设施应按统筹规划、总体设计、分期实施的原则配置。

【精析17】

监控设施分为A1和A2两类。A1类适用于:八车道高速公路;四、六车道高速公路的特长隧道、特大桥、服务水平低于二级的路段。A2类适用于四、六车道高速公路的其他路段。

A1类应配置完善的信息采集、交通异常自动判断、交通监视、诱导、主线及匝道控制、信息处理及发布等设施。

A2类应设置较完善的信息采集、交通异常判断、交通监视、诱导及主线控制、信息处理和发布等设施。

【精析18】

监控设施宜分期修建,当服务水平降至二级时,实施二期工程。

第七目 (1B431070)公路建设管理法规体系

一、考试大纲要求

1B431071 熟悉《公路工程施工招标投标管理办法》

1B431072 了解公路建设资金监督管理的内容

二、考试要点精析

【精析1】

公路工程施工招标分为公开招标和邀请招标。

【题例】 公开招标与邀请招标在招标程序上的主要不同是( )。

A. 是否进行资格预审

B. 是否组织现场考察

C. 是否公开开标

D. 是否解答投标单位的质疑

答案:A

【精析2】

采用邀请招标的,招标人应当以发送投标邀请书的方式,邀请三家以上具备相应资格的特定的法人投标。

【精析3】

公路工程施工招标,可以对整个建设项目分标段一次招标,也可以根据不同专业、不同实施阶段分别进行招标，但不得将招标工程化整为零或者以其他任何方式规避招标。

【精析 4】

资格预审文件和招标文件的发售时间不得少于 5 个工作日。

【精析 5】

编制资格预审申请文件的时间，自开始发售资格预审文件之日起至潜在投标人提交资格预审申请文件截止时间止，不得少于 14 日。编制投标文件的时间，自招标文件开始发售之日起至投标人提交投标文件截止时间止，高速公路、一级公路、技术复杂的特大桥梁、特长隧道不得少于 28 日，其他公路工程不得少于 20 日。

【精析 6】

招标人如需对已出售的招标文件进行必要的澄清或修改，应当在投标截止日期15 日前以书面形式通知所有招标文件收受人，并应当按照第二十二条的规定备案。对招标文件澄清或者修改的内容为招标文件的组成部分。

【精析 7】

两个以上施工单位可以组成联合体参加公路工程施工投标。联合体各成员单位都应当具备招标文件规定的相应资质条件。由同一专业施工单位组成的联合体，按照资质等级较低的单位确定资质等级。

【精析 8】

投标文件中投标书及投标书附录、投标报价部分应当由投标人的法定代表人或其授权的代理人签字，并加盖投标人印章，其他部分应当按照招标文件的要求签署。

【精析 9】

开标地点应当是招标文件中预先确定的地点，不得随意变更。

【精析 10】

公路工程施工招标的评标方法可以使用合理低价法、最低评标价法、综合评估法和双信封评标法以及法律、法规允许的其他评标方法。

【精析 11】

合理低价法，是指对通过初步评审和详细评审的投标人，不对其施工组织设计、财务能力、技术能力、业绩及信誉进行评分，而是按招标文件规定的方法对评标价进行评分，并按照得分由高到低的顺序排列，推荐前 3 名投标人为中标候选人的评标方法。

【精析 12】

最低评标价法，是指按由低到高顺序对评标价不低于成本价的投标文件进行初步评审和详细评审，推荐通过初步评审和详细评审且评标价最低的前 3 名投标人为中标候选人的评标方法。

【精析 13】

综合评估法，是指对所有通过初步评审和详细评审的投标人的评标价、财务能力、技术能力、管理水平以及业绩与信誉进行综合评分，按综合评分由高到低排序，并推荐前 3 名投标人为中标候选人的评标方法。

【精析 14】

双信封评标法，是指投标人将投标报价和工程量清单单独密封在一个报价信封中，其他商务和技术文件密封在另外一个信封中，分两次开标的评标的方法。

【精析15】

招标人和中标人应当自中标通知书发出之日起30日内订立书面公路工程施工合同。

第二节 (1B432000)《公路法》相关规定

第一目 (1B432010)《公路法》中公路建设的相关法律规定及责任

一、考试大纲要求

1B432011 了解《公路法》中公路建设的相关法律规定

1B432012 了解违反《公路法》的相关法律责任

二、考试要点精析

【精析1】

公路工程基本建设程序:

(1)项目建议书。

(2)项目可行性研究,项目环境影响报告书。

(3)编制初步设计文件和概算。

(4)编制施工图和施工图预算。

(5)列入年度基本建设计划。

(6)项目实施前的各项准备工作。

(7)项目实施。

(8)竣工验收。

(9)项目后评价。

【题例】 以下不属于公路工程基本建设程序的是( )。

A. 项目建议书　　B. 编制初步设计文件和概算

C. 编制施工图和施工图预算　　D. 工程量计算

答案:D

解题思路:工程量计算不算建设程序,只能是某些程序中的一个步骤。

【题例】 按公路工程基本建设程序的要求,项目建议书通过后的步骤应是( )。

A. 编制初步设计文件　　B. 进行项目可行性研究

C. 列入年度基本建设计划　　D. 编制施工图文件

答案:B

【精析2】

在大中型公路桥梁和渡口周围200m、公路隧道上方和洞口外100m范围内,以及在公路两侧一定距离内,挖砂、采石、取土、倾倒废弃物,进行爆破作业及其他危及公路、公路桥梁、公路隧道、公路渡口安全的活动,由交通主管部门责令停止违法行为,可以处以3万元以下罚款。

第四章　全书知识体系分析

一级建造师执业资格考试对建造师的知识结构及能力要求主要体现在“一领域”、“四平台”，即工程项目管理领域，管理平台、技术平台、经济平台和法规平台。考试的范围依据考试大纲的要求，学员在复习中应严格按照考试大纲、考试用书复习，还应突出重点，做到搭建一个知识体系，兼顾两个基本点，掌握两个比例。搭建一个知识体系，即考试大纲的基本知识体系。大纲的基本知识体系划分为 4 个等级，即章——知识群，节——知识，目——要点，条——知识点，按章、节、目、条搭建知识框架，内容涉及每一条应解决的问题。兼顾两个基本点，即提炼由关键词及浓缩性文字等构成的知识点和采分点。掌握两个比例。一是以大纲的目对一级建造师知识结构提出了掌握、熟悉和了解 3 个层次的要求，在考试中所占的比例分别为 70%，20%，10%；二是按《专业工程管理与实务》的知识板块划分为专业工程技术、专业工程项目管理实务、专业工程法规及相关知识 3 部分，在考试中所占的比例分别为 25%～30%，55%～65%，10%～15%。大纲的知识体系是一级建造师执业资格考试的命脉，只有把握住这根命脉，才能够在考试中做到“以不变应万变”。

对公路工程专业考试用书进行整体分析，共有三大部分：即公路工程技术、公路工程项目管理实务和公路工程相关法律法规。通过对前两次考试真题分析，在前两次考试中，公路工程技术和公路工程相关法律法规主要以选择题为主，而公路工程项目管理实务主要以案例分析题为主。对最近两次考试真题分析，题目已经很分散，各种类型的题目在全书均有涉及。并且从二级建造师最近的一次考试看，部分专业考试中的选择题已经采用案例背景的选择题。所以这就要求考生要对全书知识体系有清醒和全面的认识。

对全书的知识体系进行分析和组合，有以下特点：

(1)技术部分主要包括五大方面：路基、路面、桥梁、隧道和交通工程。

(2)每个技术部分主要包括：技术基本知识(含法规部分的《公路工程技术标准》)、施工技术要求和施工方法、常见质量控制关键点、工程质量检验内容、质量通病及防治措施、施工安全要求。

(3)管理部分主要包括：

①施工组织设计；

②质量控制方法及措施(含法规部分的《公路工程质量监督规定》)；

③施工技术管理制度(含法规部分的《公路工程设计变更管理办法》)；

④安全管理的范围及原则；

⑤工程造价与施工成本管理；

⑥合同管理；

⑦施工现场生产要素管理(含工、料、机的管理)；

⑧信息管理(仅在进度控制部分涉及少量的信息管理技术)。

(4)法律法规：

①施工企业资质和承担工程的范围；

②质量事故等级划分和报告；

③工程交工和竣工验收程序；

④招投标(包括:《公路工程国内招标文件范本》和《公路工程施工招标投标管理办法》)；

⑤《公路法》；

⑥其他:包括《公路建设市场管理办法》和公路建设资金监督管理(历次考试涉及内容极少)。

历次考试中的案例分析题都是技术、管理和法规相关内容的结合。案例题结合的方式有以下几种情况：

1.以技术为主线,附带少量管理和法规的内容。主要考查点为专业技术知识,包括施工工艺、质量控制关键点、质量检验、质量通病以及施工安全等。

【题例】

背景资料

某高速公路M合同段,路面采用沥青混凝土,路线长19.2km。该路地处平原地区,路基横断面以填方3～6m高的路堤为主,借方量大,借方的含石量40%～60%。地表层以黏土为主,其中K7+200～K9+800段,地表层土厚7～8m,土的天然含水率为40%～52%,地表无常年积水,孔隙比为1.2～1.32,属典型的软土地基。结合实际情况,经过设计、监理、施工三方论证,决定采用砂井进行软基处理,其施工工艺包括加料压密、桩管沉入、机具定位、拔管、整平地面等。完工后,经实践证明效果良好。

在施工过程中,针对土石填筑工程,项目部根据作业内容选择了推土机、铲运机、羊足碾、布料机、压路机、洒水车、平地机和自卸汽车以及滑模摊铺机等机械设备。在铺筑沥青混凝土路面面层时,因沥青混凝土摊铺机操作失误致使一工人受伤,并造成设备故障。事故发生后,项目部将受伤工人送医院治疗,并组织人员对设备进行了抢修,使当天铺筑工作顺利完成。

问题：

(1)本项目若采用抛石挤淤的方法处理软基,是否合理?说明理由。

(2)根据背景材料所述,按施工的先后顺序列出砂井的施工工艺。

(3)选择施工机械时,除了考虑作业内容外,还应考虑哪些因素?针对土石填筑施工,项目部所选择的机械是否妥当?说明理由。

(4)项目部还应做哪些工作来处理该背景中的机械设备事故?

答案：

(1)(本小题共5分)

不合理。(1分)原因有：

①软基深度较深、面积大(或工程经济性较差)。(2分)

②地表无常年积水、土质呈软塑～可塑状态(或施工速度慢)。(2分)

(2)(本小题共4分)

整平原地面→机具定位→桩管沉入→加料压实→拔管(4分)

(3)(本小题共7分)

还应考虑:①土质的王程特性;(1分)②机械运行情况;(1分)③运距和气象条件;

(1分)④相关工程和设备的协调性。(1分)不妥当。(1分)不应选择布料机和滑模摊铺机。(2分)

(4)(本小题共4分)

①肇事者和肇事单位均应如实上报,并填写"机械事故报告单"(1分)

②必须对相关责任人进行批评教育和追究责任,对非责任事故也要总结教训。(2分)

③在机械事故处理完毕后,记录事故详细情况。(1分)

解析

本题以软土地基处理为背景,引出软土地基处理和砂井工艺,在管理方面包括了机械相关设备的选择和机械事故的处理问题。这类题目就需要对考试用书的知识体系有所了解。

【题例】

背景资料

某高速公路M合同段(K17+300～K27+300),主要为路基土石方工程,本地区岩层构成为泥岩、砂岩互层,抗压强度20MPa左右,地表土覆盖层较薄。在招标文件中,工程量清单列有挖方240 000 0m^3(土石比例为6∶4),填方249 000 0m^3,填方路段填料由挖方路段调运,考虑到部分工程量无法准确确定,因此采用单价合同,由监理工程师与承包人共同计量,土石开挖综合单价为16元/m^3。施工过程部分事件摘要如下。

事件1:施工单位开挖路基后,发现挖方土石比例与设计文件出入较大,施工单位以书面形式提出设计变更,后经业主、监理、设计与施工单位现场勘察、洽商,设计单位将土石比例调整为3.4∶6.6,变更后的土石方开挖综合单价调整为19元/m^3。经测算,变更后的项目总价未超过初步设计批准的概算。

事件2:在填筑路堤时,施工单位采用土石混合分层铺筑,局部路段因地形复杂而采用竖向填筑法施工,并用平地机整平每一层,最大层厚40cm,填至接近路床底面高程时,改用土方填筑。

事件3:该路堤施工中,严格质量检验,实测了压实度、弯沉值、纵断高程、中线偏位、宽度、横坡、边坡。

问题:

(1)《公路工程设计变更管理办法》将设计变更分为哪几种?事件1中的设计变更属于哪一种?说明理由。

(2)指出事件2中施工方法存在的问题,并提出正确的施工方法。

(3)指出事件3中路堤质量检验实测项目哪个不正确?还需补充哪个实测项目?

(4)针对该路段选择的填料,在填筑时,对石块的最大粒径应有何要求?

答案:

(1)①公路工程设计变更分为重大设计变更、较大设计变更和一般设计变更。(3分)

②属于较大设计变更。(1分)因为单项变更金额达到720万元(2 400 000×(19－16)＝7 200 000元),超过500万元的规定。(2分)

(2)①不应采用平地机整平。(2分)因含石量为66%,整平应采用大型推土机辅以人工进行。(2分)

②不应采用竖向填筑法。(2分)土石路堤只能采用分层填筑,分层压实。(2分)

(3)不应该采用实测弯沉法。(2分)还应实测平整度。(2分)

(4)土石混合料中石料强度大于20MPa时,石块的最大粒径不得超过压实层厚的2/3,超过的石料应清除或打碎。(2分)

解析

本题以路基填筑施工为主线,技术部分包括填筑材料、施工方法和试验检测内容。管理方面包括设计变更的内容。

【题例】

背景资料

某高速公路第五施工合同段地处城郊,主要工程为路基填筑施工。其中K48+010~K48+328段原为路基土方填筑,因当地经济发展和交通规划需要,经各方协商,决定将该段路基填筑变更为(5×20+3×36+5×20m)预应力钢筋混凝土箱梁桥,箱梁混凝土强度等级为C40。变更批复后,承包人组织施工,上部结构采用满堂式钢管支架现浇施工,泵送混凝土。支架施工时,对预拱度设置考虑了以下因素:

(1)卸架后上部构造本身及活载一半所产生的竖向挠度。

(2)支架在荷载作用下的弹性压缩挠度。

(3)支架在荷载作用下的非弹性压缩挠度。

(4)由混凝土收缩及温度变化而引起的挠度。

根据设计要求,承包人对支架采取了预压处理,然后进行立模、普通钢筋制作、箱梁混凝土浇筑、采用气割进行预应力筋下料;箱梁采用洒水覆盖养生;箱梁混凝土强度达到规定要求后,进行孔道清理、预应力张拉压浆,当灰浆从预应力孔道另一端流出后立即终止。箱梁现浇施工正值夏季高温,为避免箱梁出现构造裂缝,保证箱梁质量,施工单位提出了以下三条措施:

(1)选用优质的水泥和骨料。

(2)合理设计混凝土配合比,水灰比不宜过大。

(3)严格控制混凝土搅拌时间和振捣时间。

问题:

(1)确定上述变更属于哪类变更。列出工程变更从提出到确认的几个步骤。

(2)上述施工预拱度设置考虑的因素是否完善?说明理由。支架预压对预拱度设置有何作用?

(3)预应力筋下料工艺是否正确?说明理由。说明预应力张拉过程中应控制的指标,并指出主要指标。

(4)上述预应力孔道压浆工艺能否满足质量要求?说明理由。

(5)除背景中提到的三条构造裂缝防治措施外,再列举两条防治措施。

答案:

(1)(本小题共5分)

属于原招标文件和工程量清单中未包括的"新增工程"的变更(或设计变更)。(1分)

工程变更确认过程和环节包括:提出工程变更→分析提出的工程变更对项目目标的影响→分析有关的合同条款和会议、通信记录→初步确定处理变更所需的费用、时间范围和质量要求→确认工程变更。(4分)

(2)(本小题共5分)

不完善,(1分)设置预拱度时还应考虑支架在荷载作用下的非弹性沉陷和张拉上拱

的影响。(2 分)支架预压的目的是为了收集支架地基的变形数据，作为设置预拱度的依据。(2 分)

(3)(本小题共 4 分)

预应力筋宜使用砂轮锯(砂轮切割机)下料，(1 分)预应力张拉过程中应控制张拉应力和伸长值两项指标，(2 分)以张拉应力控制为主(以伸长值作为校核)。(1 分)

(4)(本小题共 2 分)

不能满足要求，压浆应使孔道另一端饱满和出浆，并使排气孔排出与规定稠度相同的水泥浓浆为止。(2 分)

(5)(本小题共 4 分)

①避免出现支架下沉；②避免脱模过早，以及模板的不均匀沉降；③加强箱梁混凝土浇筑后的养生工作。(每条 2 分，最多 4 分)

解析

本题以桥梁支架搭设为主线，技术部分包括支架预压、预应力张拉、孔道压浆以及质量通病。管理方面包括：设计变更管理。

【题例】

背景资料

某施工单位中标承包 AB 路段双向 4 车道高速公路交通工程的施工。该路段全长 105km，设计速度 100km/h，有 8 个互通式立交，采用封闭式收费，使用非接触式 IC 卡，全线设 8 个匝道收费站，收费站监控室有人值守进行收费管理，设一个监控、收费及通信分中心，并且在监控中心值班大厅进行收费和监控的集中监视和控制。收费站(包括车道计算机等)、收费分中心、监控分中心计算机系统都是独立的局域网，并相互连接组成广域网。

该工程在实施中发生如下事件。

事件 1：在施工准备阶段，项目部积极组织人员编写了施工组织设计。针对交通工程的特点，在施工组织设计中重点考虑了土建、管道、房建施工进度安排，以及施工顺序及工艺的内容。

事件 2：为了争取施工时间，当监控分中心的大屏幕投影机到货后，施工人员马上在现场开箱，并对其规格、数量进行了检查，随即进行了安装。

事件 3：在施工中，业主要求承包商完成一切工作个合同中没有的基础施工项目，业主、监理、施工单位三方拟就此协商计价。

事件 4：在监控、收费、通信系统的安装和单体测试完成后，随即准备进行系统调试和交工。

问题：

(1)针对交通工程的特点，补充事件 1 中的施工组织设计还应重点考虑的内容。

(2)指出事件 2 在设备检查方式和检查内容方面存在的问题。设备安装完毕后，还应重点检查哪两项内容才能进行通电试验与测试?

(3)事件 3 中的基础施工项目是否可以采用计日工计价？说明理由。并列出在施工合同中的三个计日工表名称。

(4)将本项目的收费系统分成三个测试用的子系统。

(5)集成后的收费系统应该进行哪些方面的系统调(测)试?

答案:

(1)(本小题共3分)

交通工程的施工组织设计还应重点考虑:机电设备的测试(1分)、各(子)系统的调试及联动调试(1分)、缺陷责任期内的服务计划(1分)。

(2)(本小题共5分)

到场设备开箱的检查应由业主、承包方和监理共同参加(1分)。开箱时除对规格、数量检查外,还要检查其外观、型号、备品、备件等随机资料,并做好详细记录,并签字认可(3分)。设备安装完毕后,应重点检查电源线、地线接线,正确无误后方可进行通电试验和测试(1分)。

(3)(本小题共5分)

可以(1分)。因为是业主新增加的项目(1分)。劳务、材料、施工机械三个计日工表(3分)。

(4)(本小题共3分)

收费系统可以分成:(A)收费车道计算机系统、(B)收费站计算机系统、(C)收费分中心计算机系统;另一种分法为A、(A+B)、及C。(正确回答一个子系统给分,全部正确为3分)

(5)(本小题共4分)

集成后的收费系统应进行如下内容系统调(测)试:(a)网络测试;(b)功能测试;(c)性能测试;(d)可靠性测试;(e)安全性测试;(f)可维护性测试;(g)易用性测试。(每一个内容为1分,最多4分。)

解析

本题以交通工程为主线,技术部分包括监控、收费、通信系统的组成、调试和安装内容。管理方面包括施工组织设计和合同管理的内容。

【题例】

背景资料

某施工单位中标承担了某路段高速公路收费系统的施工,该路段设计车速为100km/h,有8处互通立交,其中2处互通立交连接其他高速公路,其余6处连接地方道路。全线设一个监控、通信、收费分中心,6个收费站,采用封闭式半自动收费方式,并且纳入全省高速公路联网收费。

收费车道计算机系统具有按车道操作流程正确工作、对车道设备的管理与控制、设备状态自检并将故障信号实时上传等功能。设计文件要求货车不称重而按载重吨位分型收费,但是在招标文件中要求收费应用软件应满足货车计重收费的需要。签订合同10天后,业主正式书面告知施工单位,本路段要增加货车计重收费系统,并且提供了原设计单位收费系统变更的相应图纸和说明,其涉及的变更未超过批准的建设规模。业主请施工单位组织实施。

问题:

(1)施工企业应具备何种企业资质才能承担该收费系统的施工任务?

(2)收费车道计算机系统除背景资料中提及的功能外,还有哪些功能?

(3)说明本工程新增货车计重收费系统的变更依据和变更确认过程。

(4)项目变更为采用货车计重收费方式时,出口车道应增加哪些设备?

答案:

(1)应具备通信、监控、收费综合系统工程分项承包或收费系统工程分项承包资质。(4分)

(2)收费车道计算机系统的功能还有：

①将收费原始数据上传收费站(计算机系统)；

②接收收费站下传的收费运行参数(费率表、黑白名单、同步时钟、免费车、系统设置参数等)；

③可保存一定时间段收费原始数据，但不丢失数据；

④通信中断时具有独立工作能力，可继续使用；

⑤为车辆提供控制及收费信息；

⑥将各种违章报警信号实时上传给收费站。(每条1分，最多5分)

(3)变更依据：

①工程变更对项目目标的影响；(2分)

②有关合同条款、会议和通信记录。(2分)

确认过程：

①首先应由一方提出工程变更；(1分)

②初步确定处理变更所需的费用、时间范围和质量要求；(1分)

③双方协商一致签署补充协议后确认变更。(1分)

(4)出口车道轴(称)重检测系统要增设：称重仪、轮胎识别器、红外线车辆分离器、称重数据(采集)处理器。(每条1分，共4分)

解析

本题以交通工程的收费系统为主线，技术部分包括收费系统的组成和功能。管理方面包括施工企业资质和设计变更的内容。

【题例】

背景资料

某施工单位承接了北方沿海地区某高速公路B合同段施工任务，该段有一座36×40m的预应力混凝土简支箱梁桥，合同工期为15个月；采用长度为40～50m、直径为ϕ1.5m的桩基础，桥位处地层土质为亚黏土；下部结构为圆柱式墩、直径为ϕ1.3m，柱顶设置盖梁，墩柱高度为4～12m，桥台为重力式U形桥台。项目部为了降低成本，制定了先进的、经济合理的施工方案。项目部的预制场和混凝土搅拌站布置示意图如下：

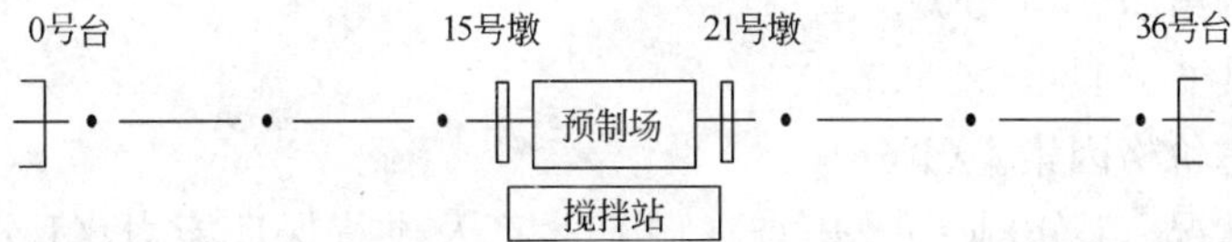

桩基础采用旋挖钻机成孔；墩柱钢筋骨架现场整体制作、吊装就位；墩柱施工采用钢模板，整体拼装完成后一次吊装就位；再在顶部钢筋四周插入木楔，让钢筋骨架居中，使钢筋保护层厚度得到有效控制。项目部根据施工组织设计提出了水泥、钢材、碎石和砂等几项大宗材料的采购计划，并邀请了几家材料供应商参加竞标。项目部组织了评标小组，为节约成本，评标的唯一标准就是价格，项目部最终选择了一家报价最低的材料供应商。

问题：

(1)说明背景材料中的预制场和搅拌站布置方式的优点。

(2)针对0号～15号及21号～36号跨的主梁吊装施工，采用龙门架和双导梁架桥机哪种更适合本桥？说明理由。

(3)背景材料中采用的墩柱钢筋保护层控制方法是否可行？说明理由。

(4)如果主梁张拉后的预拱度超过了规范要求，将可能导致桥面系中产生什么病害？并提出防治这种病害的三条措施。

(5)项目部在制定施工方案时，应主要考虑哪四个方面的内容？

(6)指出背景材料中合格材料供方选择上的缺陷。并说明合格材料供方评价的依据。

答案：

(1)(本小题共4分)

①可以减少临时用地面积；(2分)

②可以降低场内运输费用。(2分)

(2)(本小题共8分)

采用双导梁架桥机更适合本桥。(2分)

①梁体较重，双导梁更合适，而龙门架对桥位处地形要求高；(2分)

②桥梁较长，龙门架吊装速度慢，影响进度；(2分)

③吊装上重物后要长距离行走、龙门架安全性差。(2分)

(3)(本小题共3分)

不行。(1分)墩柱较高、钢筋骨架可能变形，应在钢筋骨架四周，从下到上的均匀设置垫块。(2分)

(4)(本小题共5分)

可能导致产生桥面铺装病害。(2分)

①控制主梁施工的预拱度；(1分)

②保证桥面防水混凝土强度；(1分)

③提高桥面铺装的施工质量。(1分)

(5)(本小题共4分)

①施工方法的确定；(1分)

②施工机具的选择；(1分)

③施工顺序的安排；(1分)

④流水施工的组织。(1分)

(6)(本小题共6分)

①不应只考虑价格因素。(1分)

②供方资信状况、(1分)业绩及信誉、(1分)生产及供货保证能力、(1分)质量保证能力、(1分)售后服务保证能力。(1分)

解析

本题以预应力混凝土简支箱梁桥为主线，技术部分包括场地选择和架桥机选择的比较，以及钢筋保护层控制和质量通病的内容。管理方面包括施工方案包含的内容和材料管理方面的内容。

【题例】

背景资料

某高速公路特大桥为变截面预应力混凝土连续刚构桥，其桥跨布置为70m＋4×120m＋70m。主梁采用箱形截面，墩身为空心墩，墩高50～75m。桥墩采用群桩基础，平均桩长约

60m(见示意图)。

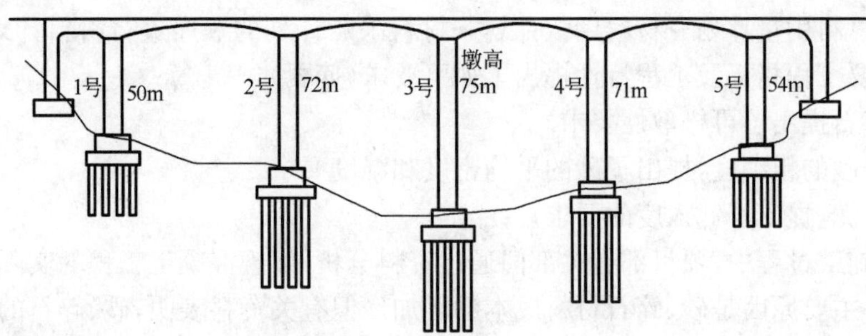

施工单位为本桥配置了以下主要施工机械和设备:反循环钻机、混凝土高压泵、混凝土搅拌站、塔吊、载人电梯、悬臂式掘进机、架桥机、预应力张拉成套设备、爬模设备、钢模板、钢护筒、挂篮设备。

3号桥墩在施工到40m高度时,作业人员为了方便施工,自己拆除了部分安全防护设施。另有作业人员携带加工好的部分箍筋乘电梯到墩顶施工。

问题:

(1)按高处作业的分级要求,该桥2号桥墩施工属于哪一级?患有哪些疾病的人员不适合在本桥墩作业?该桥墩的作业人员应配备哪些个人安全防护设施?

(2)指出3号墩作业人员的错误做法。

(3)根据示意图,说明施工单位配备的施工机械和设备分别用于本桥哪些部位的施工?哪些设备不适用于本桥施工?

(4)本桥变截面箱梁宜采用什么方法施工?本桥承台属于高桩承台还是低桩承台?

答案:

(1)①属于高处作业特级;(2分)

②高血压、心脏病、精神病、恐高症、癫痫病、严重贫血痛、严重关节炎等;(每条1分,最多3分)

③系安全带、戴安全帽、穿软底鞋。(3分)

(2)高处作业时,如因工作需要对安全防护设施部分移位、部分进行拆除时必须征得项目负责人的同意。(2分)不允许载人电梯搭载货物。(1分)

(3)桩基础:反循环钻机、钢护筒;承台、低墩:钢模板;高墩:塔吊、电梯、爬模设备;上部构造:挂篮设备、预应力张拉设备;全桥:混凝土输送泵、混凝土搅拌站。(3分)

不适用于本桥的:悬臂式掘进机、架桥机。(2分)

(4)宜用悬臂浇筑法(挂篮法)施工。(2分)属于低桩承台。(2分)

解析

本题以高速公路特大桥施工为主线,考核的主要内容为施工安全,管理方面包括施工机械设备的选择。

2. 以技术引出管理,但重点考察管理和法规的知识。包括施工组织、材料、成本、合同以及法规等管理方面的内容。

【题例】

背景资料

某公路工程所需的主要建材有路基土方填料、砂石材料、水泥、沥青材料、沥青混合料和钢材等。所有材料均由项目部自己采购和组织运输。项目部材料采购部门拟按工程量清单→材料供应计划→材料用量计划→材料用款计划→材料采购计划的顺序进行材料计划管理,并对几种材料的主要工程指标及工程特性提出了如下要求(摘要):

(1)对于碎石提出了可松散性要求。

(2)为区分砂的粗细度,提出了砂的平均密度和湿度要求。

(3)对于水泥,提出了针入度的要求。

该项目在施工过程中,项目部有关部门通过资料分析,发现混凝土工程的实际成本比计划成本增加较多,主要原因是砂、碎石材料成本的增加。但有关资料表明,砂、碎石的购入原价与施工预算时的价格一致。

在工程施工中还发生了如下事件:

事件1:水泥混凝土结构局部出现了蜂窝、麻面,项目部认为并未影响结构,因此未做任何处理。

事件2:在满堂支架桥梁施工中,发生了支架垮塌,造成直接经济损失40万元。项目部在事后的第5天向上级公司进行了汇报。

事件3:在路基施工放样时,由于工期紧,项目部新购了一台全站仪后立即投入使用,并将一台超过规定周检确认时间间隔的仪器也投入使用,使路基工程按时完工。

问题:

(1)背景中的材料计划管理程序是否合理?说明理由。

(2)逐条判断对材料工程指标及工程特性要求是否合理?说明理由。

(3)从“价差”方面分析材料成本增加的可能原因,并提出通过物耗管理控制成本的方法。

(4)事件1中,项目部的做法是否正确?如不正确,提出正确的处理办法。

(5)按公路工程质量事故的分类标准,事件2中所述事故属于何种质量事故?项目部处理方式是否恰当?说明理由。

(6)分析事件3中存在的仪器管理问题,并提出正确的处理方法。

答案:

(1)(本小题共3分)

不合理(1分)。应按:工程量清单→材料需用量计划→材料供应计划→材料采购计划→材料用款计划。(2)

(2)(本小题共9分)

第(1)条不合理。(1分)因为碎石应提出强度和耐磨性要求。(2分)

第(2)条不合理。(1分)因为应采用细度模数和平均粒径区分砂的粗细度。(2分)

第(3)条不合理。(1分)因为水泥应提出化学性质、物理性质(抗压强度和抗折强度)要求。(2分)

(3)(本小题共6分)

因为材料原价未变,所以从“价差”分析,材料成本增加可能是因为运杂费(1分)、场外运输损耗率(1分)、采购及保管费(1分)的增加而引起。物耗管理的办法有:

①量差控制。(或节约降耗、控制物耗)(1分)

②量差考核。(1分)

③推行限额领料制度。(1分)

(4)(本小题共3分)

不正确(1分)。应采用整修的办法进行处理(2分)。

(5)(本小题共6分)

属于三级一般质量事故(或一般质量事故)(1分)。项目部的处理不妥当(1分)。应在3天内书面报告质量监督站,同时报企业上级主管部门(1分)、建设单位(1分)、监理单位(1分)和省级质量监督站(1分)。

(6)(本小题共3分)

新购仪器在使用前应到国家法定计量技术检定机构检定,而不能直接使用。(1分)当仪器超过了规定的周检确认时间间隔而未检定,则视为不合格,必须停止使用,隔离存放,并做明显标记,须再次检定确认合格,并经项目技术部门主管验证签认后,方可使用。(2分)

解析

本题以道路施工为主线,但主要问题集中在管理部分,包括材料的特性、材料的计划管理和材料的采购管理,还有质量事故的处理和设备管理问题。施工技术方面的内容基本没有涉及。

【题例】

背景资料

某施工企业承包了一段36.8km的四车道高速公路沥青混凝土路面工程,路面单幅宽11.25m。路面结构形式为:基层为两层18cm的石灰粉煤灰稳定碎石,底基层为一层18cm的石灰粉煤灰稳定碎石;沥青混凝土面层为7cm的下面层,6cm的中面层和5cm的SMA表面层;桥上只铺5cm的SMA表面层,隧道内为水泥混凝土路面。

项目经理部人员进场后,完成了经理部的建设和设备的进场工作。施工平面有布置示意图如下。

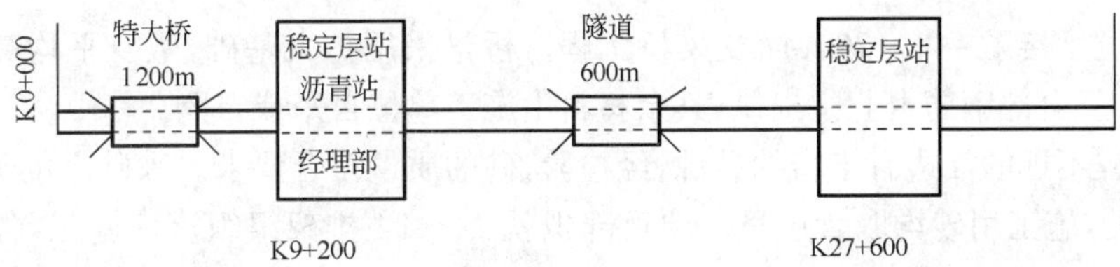

合同规定沥青材料由业主提供,地方材料由施工单位自采。材料管理人员在查看过料场、进行了价格比选后,就开始进料。

项目经理部按照各项要求,在完成了一系列的准备工作后,开始施工石灰粉煤灰稳定碎石底基层。施工中,施工人员发现其中一段800m长的底基层出现了大量裂缝和破损,经检查是由于路基质量差所致,路面施工单位拟向路基施工单位提出索赔。

问题:

(1)项目部需要采购哪几大类地材,项目部材料采购程序存在什么问题?

(2)指出石灰类材料质量检验中的两大主要指标。

(3)上述平面布置方式对稳定料的场内运输费有什么影响?说明理由。

(4)施工中,工地试验室对石灰粉煤灰稳定碎石应检测哪两项指标?并说明其合格值。

(5)由于路基交工推迟,给沥青混凝土路面施工的时间仅有140d。请通过计算(要求列出计算过程),从生产能力为160t/h、240t/h和320t/h的沥青搅拌站中选择出满足工期要求的合理设备。(已知:沥青混凝土的密度取为$24t/m^3$,搅拌站每天有效工作时间按8h计算。)

(6)路面施工单位的索赔对象是否恰当?说明理由。

答案:

(1)需采购:石灰、粉煤灰、碎石、砂和矿粉五种。(5分)材料采购中应取样试验,产品合格后才能采购。(3分)

(2)石灰类材料主要需检验:有效钙和氧化镁的含量。(2分)

(3)这种平面布置,可以节约场内运输费。从稳定土搅拌站到施工铺筑现场的平均运距为最小。(4分)

(4)应检测7d无侧限抗压强度和压实度。强度指标大于0.8MPa,压实度应大于98%。(4分)

(5)①计算沥青混凝土总量:$Q=(35\,000\times0.18+1\,200\times0.05)\times11.25\times2.4=343\,440$(t)(4分)

②计算选择沥青搅拌站类型343 440÷140÷8=306t/h。因320t/h>306t/h。所以选择320t/h的沥青混凝土搅拌站。(4分)

(6)索赔对象不恰当。(1分)路面施工单位不应该向路基施工单位索赔。因为他们之间没有合同关系,路面施工单位应向业主索赔。(3分)

解析

本题以高速公路沥青混凝土路面施工为主线,重点考核管理知识。技术部分包括材料检测。管理方面包括材料管理、场地选择、沥青搅拌站供应量的计算和选型以及施工索赔问题。

【题例】

背景资料

某施工单位承接了一4×20m简支梁桥工程。桥梁采用扩大基础,墩身平均高10m。项目为单价合同,且全部钢筋由业主提供,其余材料由施工单位自采或自购。

在离本工程不远的江边有丰富的砂源,经检验,砂的质量符合要求。采砂点位于一跨江大桥下游150m处,施工用砂均取自这里。项目部拟就14~34排架组织流水施工,各段流水节拍见下表:

段落流水节拍(d)工序	1号排架	2号排架	3号排架
扩大基础施工(A)	10	12	15
墩身施工(B)	15	20	15
盖梁施工(C)	10	10	10

(注:表中排架由基础、墩身和盖梁三部分组成)

根据施工组织和技术要求,基础施工完成后至少10d才能施工墩身。

施工期间,还发生了如下事件:

事件1:由于业主大型安装设备的进场,业主委托承包人对一旧桥进行加固。加固工程中的施工项目在原合同中有相同项目,承包人要求直接采用相关单价来处理加固费用。

事件2:在桥梁基础开挖完成后,施工项目负责人组织施工人员、质检人员对槽基几何尺寸和高程这两项隐蔽工程进行了检查和验收，随即进入下一道工序。

事件 3：施工单位准备开始墩身施工时，由于供应商的失误，将一批不合格的钢筋运到施工现场，致使墩身施工推迟了 10d 开始，承包人拟就此向业主提出工期和费用索赔。

问题：

(1)计算排架施工的流水工期(列出计算过程)，并绘制流水横道图。

(2)事件 1 中，承包人的要求是否合理？说明理由。

(3)事件 2 中，隐蔽工程的检查验收项目是否完善？说明理由。并指出检查方式的错误之处。

(4)针对事件 3，承包人是否可以提出工期和费用索赔？说明理由。

(5)指出背景资料中施工单位存在的违法行为，以及违反了哪部法律或法规？按有关规定应如何处理？

答案：

(1)

	10	22	37		
		15	35	50	
—			10	20	30

$K_{AB}=\max\{10,\ 7,\ 2,\ -50\}=10\,d$

$K_{AC}=\max\{15,\ 25,\ 30,\ -30\}=30\,d$

所以：$T=10+30+(10+10+10)+10=80\,d$（5分）

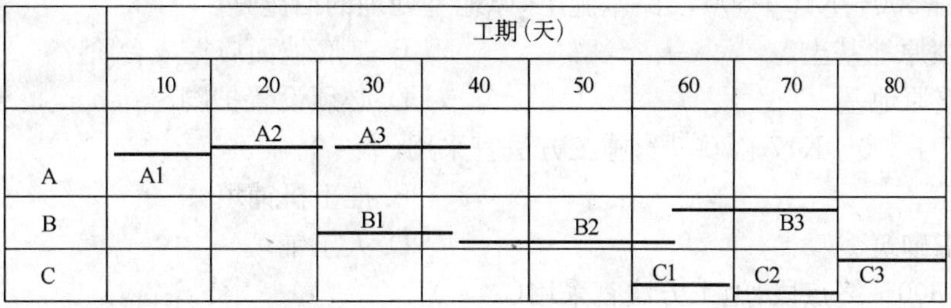

	工期（天）							
	10	20	30	40	50	60	70	80
A	A1	A2	A3					
B			B1		B2		B3	
C						C1	C2	C3

(2)不合理。(1 分)因为按照索赔的一般要求，由于需要加强桥梁结构以承受“特殊超重荷载”而索赔，承包人只能索赔有关工程费用，无权得到利润。但单价合同中的单价包含了利润在内的一切费用。(3 分)

(3)不完善。(1 分)检查项目还应有：土质情况、地基处理(2 分)。还应请监理单位、建设单位、设计单位相关人员参加。(3 分)

(4)可以(1 分)。因为首先造成墩身施工推迟是由于业主的原因，而且该推迟会使工期延长，并会带来人员、设备的窝工，所以承包人可以提出工期和费用索赔。(3 分)

(5)存在的违法形为是：在大中型公路桥梁周围 200m(施工单位是在 150m)范围内取砂。(2 分)违反了《公路法》的规定(2 分)。应由交通主管部门责令停止违法行为，并可以处以 3 万元以下罚款。(2 分)。

解析

本题以简支梁桥施工为主线，主要考核管理方面的知识。管理方面包括进度计划、工期索赔和费用、隐蔽工程检验，以及《公路法》的规定。

根据最近一次的二级建造师考试题目看,部分专业已经开始有以案例为背景,下设多个选择题的命题方式,这种题目,具有一定的综合性。但一般只在一个较小范围的知识点上设考核点。下面以几个题例来说明。

【题例】

背景资料

某施工单位承建了一段23公里的新建二级公路,其中K0+000~K4+500段为填方路段,路基高度为3m,填料为细亚砂土,K4+500~K10+500段为半挖半填路段,原地面坡度1∶4.5,K10+500~K17+200段为低填方路段,路基高度为1m,填料为细亚砂土,K17+200~K17+800填方路段,填料为土石混合料,土石混合料中石料含量超过80%,K17+800~终点为挖方路段,平均挖深0.8m。

问题:

1. 该公路的路基的干湿类型可用(　　)来判别。

A. 分界稠度　　B. 分界相对含水量

C. 路基临界高度　　D. 路槽底80cm的平均含水量

2. 对K0+000~K4+500段路基施工,施工操作程序是(　　)。

A. 取土→运输→推土机初平→平地机整平→压路机碾压

B. 取土→运输→平地机整平→推土机初平→压路机碾压

C. 取土→运输→压路机碾压→平地机整平→推土机初平

D. 取土→运输→推土机初平→压路机碾压→平地机整平

3. 对K4+500~K10+500段路基施工,原地基处理的措施是(　　)。

A. 换填原地基土　　B. 基底坡面应挖成台阶

C. 平整原地基　　D. 必须设置护脚

4. 对K17+200~K17+800段,施工方法宜采用(　　)。

A. 倾填　　B. 推土机铺填

C. 人工砌筑　　D. 人工铺填

5. K17+800~终点段,施工方法宜采用(　　)。

A. 单层横向全宽挖掘法　　B. 多层横向全宽挖掘法

C. 分层纵挖法　　D. 分段纵挖法

答案:

1. C　2. A　3. B　4. D　5. D

解析

本题考核范围为路基施工技术,考核内容包括路基的干湿类型、原地基处理、施工操作程序和施工方法。

【题例】

背景资料

西南某二级公路,K5+800~K10+700为干燥路段,路面结构从上而下分别为9cm厚的沥青混凝土、20cm厚水泥稳定碎石、30cm厚填隙碎石。面层沥青混合料采用拌和楼集中拌和,15t以上自卸汽车运输,混凝土摊铺机进行摊铺。

施工过程出现下列事件:

事件1:一辆运输车配备的覆盖棚布在运输运混合料的途中,遭遇大风被吹掉,沥青混合料运至施工现场的温度为 108℃。

事件 2:部分混合料温度较高,导致碾压发生粘轮现象。

问题:

1. 该路面结构中的填隙碎石属于(　　)。

A. 下基层　　B. 底基层

C. 垫层　　D. 防冻层

2. 该路面等级属于(　　)。

A. 次高级路面　　B. 高级路面

C. 一级路面　　D. 二级路面

3. 对事件 1 中的混合料,正确的处理方式是(　　)。

A. 废弃

B. 重新加热再摊铺

C. 按正常的混合料摊铺

D. 与较高温度的沥青混合料混合后再摊铺

4. 针对事件 2,较好的处理方式是(　　)。

A. 更换压实机具　　B. 冷确后再碾压

C. 向碾压轮喷洒雾状水　　D. 向碾压轮喷洒线状水

答案:

1. B　2. B　3. A　4. C

解析

本题考核范围为路面施工技术,考核内容包括路面构造的基本知识、混合料现场施工问题的处理。

【题例】

背景资料

某桥梁工地,桥面离地面高 25m。采用满堂脚手架现浇箱梁。施工前,项目部拟招聘部分工人,经过体检,发现部分患病人员,分别患有:心脏病、精神病、恐高症、癫痫病、严重贫血病、严重关节炎、皮肤病。

施工桥面时,移动了部分安全防护设施和安全警示标识牌。施工完毕后,需拆除支架。

问题:

1. 按照高处作业分级的标准,该桥桥面施工属于(　　)。

A. 1 级　　B. 2 级

C. 3 级　　D. 特级

2. 根据有关规定,经检查有病的人员中可以参加高处作业的是患(　　)的人。

A. 心脏病　　B. 皮肤病

C. 严重关节炎　　D. 癫痫病

3. 按照有关规定,如果要移动部分安全防护设施和安全警示标识牌,需要(　　)报经审批后方可拆移。

A. 包工头　　B. 技术主管

C. 项目负责人　　D. 班组长

4. 该桥桥面施工前,其满堂脚手架需要由(　　)进行单项设计。

A. 专业技术人员　　　　B. 包工头
C. 项目负责人　　　　D. 班组长

5. 该桥桥面施工完毕后,拆除支架的顺序应该是(　　)。
A. 自上而下进行,先拆除承重部分,后拆除非承重部分
B. 自下而上进行,先拆除非承重部分,后拆除承重部分
C. 自下而上进行,先拆除承重部分,后拆除非承重部分
D. 自上而下进行,先拆除非承重部分,后拆除承重部分

答案:

1. C　2. B　3. C　4. A　5. D

解析

本题考核范围为施工安全,考核内容包括高处作业分级、人员管理、现场管理及支架拆除等。

【题例】

背景资料

某施工单位承接了一段二级道路施工,其中包括3道结构形式和工程量基本相同的涵洞。根据工期要求,对于3道涵洞施工要求组织几个相同的工作队,在同一时间、不同的空间上进行施工。按照资源计划的要求,施工涵洞时安排的技术工人主要有测量工、机修工、钢筋工、木工、混凝土工等。

该段道路路面为水泥混凝土路面,该路面要求早期强度高、拆模快,并有抗渗要求,且常受冻融交替作用。项目部要求尽可能用一种机械代替一系列机械,减少作业环境,扩大机械使用范围,提高机械利用率,方便管理和维修。

问题:

1. 根据背景资料的描述,对3道涵洞的施工应该采取(　　)组织方式。
A. 依次施工　　　　B. 流水施工
C. 平行施工　　　　D. 顺序施工

2. 根据技术工人配置的要求,本项目中的技术工人中(　　)在所有的工程中必须配置。
A. 测量工　　　　B. 钢筋工
C. 木工　　　　D. 混凝土工

3. 该段道路路面宜采用的水泥品种是(　　)。
A. 火山灰质硅酸盐水泥　　　　B. 粉煤灰硅酸盐水泥
C. 矿渣硅酸盐水泥　　　　D. 硅酸盐水泥(代号P·I和P·II)

4. 属于本段道路路面特点的是(　　)。
A. 能效高　　　　B. 抗拉强度高
C. 韧性好　　　　D. 强度/重量比值高

5. 根据描述,施工单位在选用施工机械时体现了(　　)原则。
A. 适应性　　　　B. 通用性
C. 耐用性　　　　D. 先进性

答案:

1. C　2. A　3. D　4. A　4. B

解析

本题考核范围为施工组织及现场管理,考核内容包括组织方式、人员配备、材料及设备管理。

第五章 复习方法及考试答题技巧

第一节 一级建造师执业资格考试复习方法及应试要领

全国一级建造师执业资格考试采用标准化试卷，专业科目试题的题型分为单项选择题、多项选择题和综合(案例)分析题。其中单项选择题20题，每题1分，共20分；多项选择题10题，每题2分，共20分；综合(案例)分析题5题，其中前三题各20分，后两题各30分，共120分。

一级建造师执业资格考试涉及的内容多、范围广，专业性强，且考试的时间又比较紧张，具体试题的出题深度，尤其是专业考试科目的综合案例试题命题形式多样，题目越来越灵活。因此，应考者要想取得理想的成绩，除了应全面、系统地掌握考试内容外，还应注意复习的技巧、考试的特点和应试的技巧。

一、对考试涉及范围和深度的理解

根据历次一级建造师试题情况以及我国各类执业资格考试的要求，考试的范围完全限于由建设部组织编写、人事部审定的《全国一级建造师执业资格考试大纲》中明确的内容；考试的深度也完全限于《全国一级建造师执业资格考试大纲》所涉及的内容深度；专业考试中的综合性和灵活性是对各专业技术、经济、项目管理以及各专业的法律法规、相关知识在实践中的综合应用(但从目前试题看，很少涉及专业课没有而综合科目有的内容)，所考知识点不超出考试大纲和考试用书的范围和深度。因此在复习过程中，应考者应始终以大纲为依据，以考试用书为内容，进行重点复习。根据前几次考试情况，对大纲上没有的、考试用书中没有涉及的、实际工作中有争议的、法律法规中有表述不一的内容，在试题中一般不会出现，建议应考者不必再多花时间去复习、考虑。也即应考者应重点吃透考试大纲中的知识点，紧紧围绕考试用书中涉及的内容和深度，并灵活掌握和应用这些知识点的概念和内容，并结合自身在实践中的体会，这应是我们应考者复习、应考中重点注意的问题。

二、对应考者复习方法的建议

1.对考试的各门功课有个全面的了解，制定适合自己的复习计划

每个人的知识层次、知识结构都不一样，但目标是一样的，都希望自己通过全国一级建造师执业资格考试，因此要制订适合自身实际的学习计划，并严格加以执行。在制订计划时，要注意各门课程间要尽可能地均衡，不能有的课程考分很高，有的不及格。

2.联系实际，减少记忆的知识点

考试的知识点可分为三类：

(1)平时工作中经常接触的问题，且在工作中处理这类问题的方法与教材中的知识点一致。即这部分知识已被自己所了解、掌握了的。

(2)平时工作中经常接触的问题，且在工作中处理这类问题的方法与教材中的知识点不一

致。即这部分知识未被自己所掌握,自己对此部分知识的了解似是而非,在考试时会出错的。

(3)平时工作中没有接触过的问题,自己不了解,不清楚的问题。

在上述三类知识点中,第一类是不需要记忆的,第二类是一些不太规范的习惯处理问题方法,在复习时要严格按教材进行强记,第三类是要记忆的。三类知识点对于一般从事与工程有关工作的同志来说,绝大部分集中在第一类,因此,只要掌握学习方法,全国一级建造师执业资格考试真正需要记忆的内容并不多。

3. 提早看书,加强记忆

全国一级建造师执业资格考试的复习量是比较大的,即使按三类知识点进行记忆,那也要分类理出各类知识点,因而至少要通读一遍考试用书,然后根据自身的知识结构,有重点地加以复习和记忆,对于志在必得的同志,要从长计议,采取考试前短时间突击的方法是不可取的。全国一级建造师执业资格考试要求的知识面相当广,涉及工程技术、经济、财务、合同、法律法规等内容,以及新规范的推行、加入WTO后法律法规的更新等,要求参加考试的同志要有足够长的准备迎考时间。

4. 以系统性知识了解为基础,对知识点内容进行重点复习

考试大纲是国家对一级建造师综合知识水平和工作能力的基本要求,是命题的依据,是考试用书编写的依据,也是应考者复习范围和复习内容的依据。考试用书是对考试大纲中知识点的解释,是对问题的回答,不涉及"为什么"和过程推导。考试用书的章、节、目、条的编码与相应考试大纲完全保持一致,内容完全是针对考试大纲的知识点编写的。

因此,应该注意到,考试用书的编写方式不同于一般系统阐述一门学科的教材。这种编写方式一方面非常有利于应考者查阅、复习,要求和答案也非常清晰明了;另一方面,由于知识点之间的系统性、逻辑性、推理性、关联性相对薄弱,对于应考者来讲,理解、记忆和弄清知识点的内在含义和相互关系较困难。因此,建议应考者应先理清知识体系,了解命题规律,特别是对于案例分析题,更是需要相关知识点的串联。这样对于全面弄清大纲和考试用书涉及的知识点的内容就容易得多,而且往往可以起到事半功倍的复习效果。

5. 重点和全面兼顾相结合的复习方法

建造师执业资格考试大纲和考试用书为纲目式结构。综合科目考试大纲与专业科目考试大纲均按章、节、目、条的层次编写。考试大纲中,"章"反映的是"学科群"、"节"反映的是"学科"、"目"反映的是"知识能力结构"、"条"反映的是"知识点"。其中"条"的内容基本满足掌握70%、熟悉20%、了解10%的比例。

要求"掌握"的是重点内容,也是命题的重要考点,要求应考者能灵活应用,复习时应考者对这部分内容要理解得详细、深入;要求"熟悉"的内容是重要内容,应考者除弄清各个知识点的原理、内容、依据、程序及方法外,还要注意与其他易混淆的知识点进行对比复习,加强记忆;要求"了解"的是相关内容,考试深度较浅,考题更直观,易得分。根据以往执业资格考试的经验,重点与非重点知识点均会出试题,因此,应考者应遵循突出重点和全面兼顾的复习原则,考试前全面复习甚至通读多遍考试用书是很有必要的。在此基础上,有必要抓住重点及重要内容等进行重点复习。

6. 复习和练习相结合的方法

应考者在遵循突出重点和全面兼顾的复习原则的前提下,还应进行大量的模拟试题的练习,通过练习可以加深对考点的理解和掌握,检验复习的效果,提高应考者对考题及考试的适应性。同时，在练习时应注意对正确和错误答案的原因进行分析，不应只选出正确答案就可以了，而应弄清楚正确和错误的原因，因为练习是模拟试题，实际考试中可能恰巧是用另一种提问方式，这样反复练习，对全面和熟悉掌握知识点是非常有益的。另外，在考前，要完整地做一套模拟题，以掌握考试的题型和考试进度，以避免《实务》考试在 4 个小时内很多的同志做不完试题等现象的发生。

7. 看书的方法

(1)分层次看，大层次和小细节兼顾。大层次：增加整体感觉，帮助理解。小细节：重要的、关键的地方需要关注。有争议的地方、有明显错误的地方一般不会出题。

(2)区分选择题与问答题的特点，根据选择题特点，要多比较、多找干扰项，有明显提示语的地方可以少看。在采用比较记忆方法时，记少丢多。

(3)多注意举例的地方，容易采用小案例的方式命题，包括牵涉一些小计算的地方。

(4)根据选择题提问的方式，可能反向提问，因此要顺看和倒看相结合。

(5)注意找关键词，帮助记忆。

三、要掌握命题者的出题特点

应考者要掌握命题的一些特点。在有限的考试时间内，命题者出题时，一方面要考虑到试卷结构的全面性，尽可能多地覆盖考试大纲所涉及的知识点以考查应考者所掌握知识的全面性，又必须让不同的应考者在有限的时间内完成考试内容，而且题目必须思路清晰、准确，答案要求唯一；另一方面又要照顾到全国不同的民族、地区、民俗习惯、性别、年龄等差异因素，不能有任何的歧视、不平等内容的出现。命题者命题时一般会考虑以下几个因素：

(1)全面考核，突出重点。考虑各章节之间的平衡以及每一科目内知识点的覆盖面，命题者命题时一般突出重要的、常用的知识点作为考试的重点；各知识点的出题比重也是命题者重点考虑的问题。

(2)应考者对知识点的概念以及相关的知识点异同点的掌握情况。

(3)应考者对知识点掌握的熟练程度，主要反映在时间的限制上。

(4)应考者综合运用知识的能力和职业判断能力。

第二节　一级建造师执业资格考试选择题的答题技巧

建造师执业资格考试中综合科目考试题型分为单项选择题和多项选择题，专业科目考试中单项选择题和多项选择题占总分的 25%，因此，掌握单项选择题和多项选择题的答题技巧显得非常重要，在一定程度上可以说是建造师考试成败的关键。

一、单项选择题和多项选择题的类型

单项选择题和多项选择题的类型一般分为知识型题、理解型题和计算型题。

1. 知识型题

这种类型题比较简单，应考者只要记住关键知识点，一般都能作出正确选择。

2. 分析理解型题

这种类型题有一定难度，是对不同知识点异同点或相关性、灵活性等内容的比较、分析，应考者需要经过一定的辨析，才能从中选择正确答案。

3.计算题型

这种类型题难度较大,通常要求应考者既要掌握方法,又要提高计算速度和准确性。应考者在复习时应注意考试用书上的计算公式、方法,特别是给出的例题,最好是自己推导或对例题做一遍答案,对于复杂、累赘的计算可一般理解。

二、单项选择题和多项选择题的答题技巧

1.单项选择题的答题技巧

单项选择题由1个题干和4个备选项组成,备选项中只有1个答案最符合题意,其余3个都是干扰项。如果选择正确,该题得1分;选择错误不得分。这部分考题大都是出自考试用书中的基本概念、原理和方法,题目较简单。应考者只要扎根考试用书复习,容易得高分。

单项选择题一般解题方法和答题技巧有以下几种:

(1)直接选择法,即直接选出正确项,如果应考者对该考点比较熟悉,可采用此方法,以节约时间。

(2)间接选择法,即排除法。如正确答案不能直接马上看出,逐个排除不正确的干扰项,最后选出正确答案。

(3)感觉猜测法:通过排除法仍有2个或3个答案不能确定,甚至4个答案均不能排除,可以凭感觉随机猜测。一般来说,排除的答案越多,猜中的概率越高,千万不要空缺。

(4)比较法:命题者水平再高,有时为了凑答案,句子或用词也会出现不够专业化或太专业化的情况,通过对答案和题干进行研究、分析、比较,可以找出一些陷阱,去除不合理选项,从而再应用排除法或猜测法选定答案。

2.多项选择题的答题技巧

多项选择题由1个题干和5个备选项组成,备选项中至少有2个正确的最符合题意选项和1个干扰项,所选正确答案将是2个或3个或4个。如果应考者所选答案中有错误选项,该题得零分,不倒扣分;如果答案中没有错误选项,但正确选项未全数选出,则选择的每个选项得0.5分;如果答案中没有错误选项,并全数选出正确选项,则该题得2分。

多项选择题有一定难度,考试成绩的高低及考试能否通过,往往取决于多项选择题的得分。多项选择题每题的分值是单项选择题的2倍,1道多选题相当于2道单选题。所以应考者应抓紧时间,保证在考试时间内把所有的题目都做一遍,尽量把多选题做完。

多项选择题的解题方法也可采用直接选择法、排除法、比较法和逻辑推理法,但一定要慎用感觉猜测法。应考者做多项选择题时,要十分慎重,对正确选项有把握的,可以先选;对没有把握的选项最好不选,宁“缺”勿“滥”。在做题时,应注意多选题至少有2个正确答案,如果已经确定了2个(或以上)正确选项,则对只略有把握的选项,最好不选;如果已经确定的正确选项只有1个,则对略有把握的选项,可以选择。如果对每个选项的正误均无把握,可以使用感觉猜测法,至少可以随机猜选一个,最好也只猜一个,得0.5分的概率会很高。总之,要根据自己对各选项把握的程度合理安排应答策略。

第三节　一级建造师执业资格考试综合案例分析题的答题技巧

一、综合案例分析题类型

综合案例分析题综合性较强,但一般深度较浅,考核的是概念、原理、程序、方法和相关法律、法规、规范、标准的具体综合应用。每一道案例分析题至少综合了 2 个以上的重点知识内容。其目的是检验考生能否灵活运用所学知识和相关法规，解决建设工程中实际问题的能力。考题是在模拟场景和业务活动的背景材料基础上命题，提出若干个独立或有关联的问题。每个问题可以是论述题、计算题、综合分析题、简答题、判断并改错题、图表表达题。

1. 论述题

着重考核应考者分析组织资料能力、综合剖析的能力和表达能力，评价应考者的评价能力和理论水平。

2. 计算题

利用数学公式、图表和知识考点的内容，计算题目要求的数据或结果。

3. 综合分析题

根据知识点，考虑各专业知识在实际工作中的应用范围，采取模拟具有代表性的场景或业务活动的形式，考核应考者综合应用专业知识处理实际问题的管理能力、技术水平以及相关法律法规和规范标准的掌握程度。

4. 简答题

这类简答题相对比较困难，也是应考者容易失分的地方。取决于考生对题意的把握和分析，对所掌握知识的理解和灵活应用，对答题要点的组织、归纳、分析和文字表达等。

5. 判断并改错题

考核应考者对基本概念、基本原理、基本程序、基本方法以及相关法律、政策、法规掌握的清晰程度，以及对题目模拟具有代表性的场景或业务活动中蕴含的因果关系、逻辑关系、法定关系、表达顺序等的综合判断能力，并进行准确明晰的修改。

6. 图表表达题

这类问题一般出现在统计分析、进度网络、合同关系、组织结构关系、成本计算等题目中。

二、综合案例分析题解答的一般步骤

(1)审题、理解问题的含义和考核内容。对于题干比较长的考题，应考者往往非常紧张，怕花太长的时间审题导致来不及做答案，往往以较快的速度浏览题目，结过导致在做答案时又要花很长的时间反复浏览分析题目，并且不能真正确定命题者的考核要求，不能吃透模拟场景或业务活动背景材料中蕴涵的因果关系、逻辑关系、法定关系、表达顺序等内容，答题出现漏项、判断失误、答非所问等情况。因此，建议应考者至少仔细审两遍题目，第一遍审完后，仔细看一下要回答的问题；再在审第二遍时带着要求回答的问题审题，对重要的、关键的地方可以用笔画一下作为提示，或给题干适当分段以真正理解题意和考核内容。

(2)分析背景材料中蕴涵的因果关系、逻辑关系、法定关系、表达顺序等各种关系和相关性。

(3)思考和确定解答该问题的若干重点以及可能运用的相关知识点。

(4)充分利用背景材料中的条件，运用所掌握的知识，分层次地解答问题。并千万注意问题的问法，问什么答什么。如问你“某某事件是否正确？说明理由。并写出正确的做法”。你在答题时应首先回答“正确或不正确”(因为这也是采分点)。再回答“理由或原因”，最后把“正确的做法”写出来，答题要严谨，层次清晰，内容完整。有时“理由或原因”和“正确的做法”似乎看起来差不多，即使抄也要抄一遍，指明“对错、理由、正确做法”三个方面。

解答问题针对性要强、内容要完善、重点要突出、逐层分析、逐步表达、依据充分合理、结论明确,有分析过程的尽量写出分析过程,有计算要求的要写出计算过程,有相关的知识点联系内容的可以点缀一下,尤其是要注意与考试用书的内容紧密结合。

答案的评分标准一般以正确性、完整性、分析步骤、计算过程、关键问题的判别方法、概念原理的运用等为判别核心。标准一般按要点给分,只要答出要点和基本含义一般会给分,不恰当的错误语句语气和文字一般不扣分,要点分值最小一般为0.5分。

三、案例题答题技巧

(1)注意背景材料的描述,抓住要点。

(2)注意有问必答,答要所问,因为每一个带疑问的地方都要回答,都是采分点。

(3)字体要端正,易得印象分。

(4)回答条理要清楚,易于高分。

第四节 一级建造师执业资格考试应试注意事项

根据对目前进行的包括建造师在内的各类执业资格考试的分析,发现有如下考生易出现的问题。

一、考生常犯的答题技术性错误

(1)考生用笔不当。用笔不当是各类考试中考生答题最普遍、出现最多的问题。部分考生客观题(单项选择题和多项选择题)使用非2B铅笔填涂,主观题(案例题)使用铅笔和蓝色圆珠笔答题。

(2)考生填涂客观题经常出现的问题包括:填涂太淡,填涂错误后未将错误答案擦干净,墨水污染,漏填涂,填涂时用不规范的填涂方式等等。

(3)考生主观题答题超出界限或不在规定的位置答题。部分考生作答时,答题区域超出规定的答题区域,即黑色矩形边框外。须知,由于计算机扫描的是矩形边框内的内容,矩形边框外的内容,阅卷老师在计算机上是看不到的。也有的考生不在规定的位置答题,如将第2题的答案紧接着第1题的答案书写,而没作答在第2题的指定答题位置;或将相邻或相近的题目答题位置颠倒。这种现象非常常见,特别是答题卡设计时相邻题目的答题空间一样时,更易发生。

(4)在试卷上写与考试无关的内容。

二、网上阅卷考生应注意的问题

(1)考生必须在专用的答题卡上作答,答题前应认真阅读答题卡的注意事项,并按规定和要求进行答题。

(2)答题前,考生须在答题卡的规定区域内使用0.5毫米的黑色签字笔填写本人姓名和准考证号。严禁考生填(涂)缺考标记。

(3)注意答题用笔:答题卡上选择题部分答案必须使用正规的2B铅笔(填)涂作答;案例部分答案最好用0.5毫米黑色签字笔书写作答。书写时字迹要工整、清晰,不要写得太细长,字距适当,答题行距不宜过密,不得使用铅笔、红笔、蓝色圆珠笔等其他用笔书写。如题目要求作图的,可先用2B铅笔作草图后,再用0.5毫米黑色签字笔描黑,保证扫描效果。

(4)答题卡上答题区域(黑色矩形边框内)为每道题的答题范围,考生应严格按照答题卡所标记的题号顺序答题，并在该题号规定的答题区域答题，超出黑色矩形边框限定区域的答案无效。

(5)答题时如需要对答案进行修改，可用修改符号将要修改的答案划去，新答案书写在划去答案的上方或下方，但也不能超出该题答题区域的黑色矩形边框。

三、考试答题中应注意的其他问题

1.掌握答题的时间，保持相对稳定的答题速度

通过对前几次一级建造师考试及历届其他执业资格考试各科考试规定时间和答题时间的对照分析，命题者在一份试题中所包括的题量，往往比规定的合理(正常)答题时间所完成的题量小。也就是说，按照正常的答题速度，考试时间应该有一定的富余。一般来讲，完成每题答题所花费的平均时间，对于单项选择题应在1分钟内，多项选择题应在2分钟内，案例题应在35分钟内。留有的余量时间主要是对没有把握的答题进行推敲和复查。

另外，答题时首先通读并回答你知道的问题，跳过没有把握作答的问题。在一道题上花过多的时间是不值得的，即使你答对了，也可能得不偿失。在没有把握的题前做一个记号，做完所有题目后只需对没有把握的题再推敲、复查。如再有时间，可以重新计算你的时间，看看余下的每道题要花多少时间，再分配一下。其中，题量大、含有斟酌因素的多选题最难，遇到这样的题，建议"随便"猜猜就过去，不要纠缠。因为一道多选题5个答案，题量相当于2～3个单选题而且负"连带责任"，有时多想反而会错。

案例分析题得分一般出入不大，答题不求深入细致，但求按照分值分配时间，掌握好时间节奏。对于论述、分析题有时间可以适当扩展相关的知识点答题范围，有时可以"踩"到预想不到的得分点。各得分点一般不负连带责任，答对多少就得多少分。

2.考试小技巧

(1)考试前仔细检查你的证件，如身份证、准考证；工具，如2B铅笔、橡皮、钢笔(蓝、黑)或圆珠笔，并保证工具有效。建议将上述物品放在一个透明的公文袋内，既方便携带，又方便查看。

(2)考前保证充足睡眠，吃早餐，有利于头脑清醒。

(3)提前半小时到一小时到考场，以免因交通堵塞或其他小意外造成考试迟到。如有晕车或其他健康原因，建议到考点附近住宿。

(4)进入考场后，仔细阅读考试规则，按考场提示填写答题卡和试卷上的个人信息。

(5)认真听取监考人员宣读注意事项，仔细阅读各类题型的答题要求，如案例题绝对不可以用铅笔。答题卡一一对应答题，用铅笔涂黑，不明之处及时提问。

(6)考试开始后，根据个人习惯答题，建议按顺序回答，不要遗漏。可以先将答案标到试卷上，回答完毕后再涂答题卡，涂卡同时也可检查答案是否正确。

(7)依次回答各题，如遇到不确定的题目，先不要苦思冥想，可以先选一个相对比较合理的答案，并在试卷上用铅笔做标记，待所有题目回答完毕后再回头思考这道题，以节省时间。

(8)相信第一感觉，因为很多知识已经在思维中形成一个印象，如果反复思考还是不确定，就按照第一感觉来回答。

(9)对于那些特别棘手的问题，看看试卷内的其他某些问题是否能够给你启示，是否可以推理一下、想象一下、猜测一下。

(10)案例题要充分应用专业技术、复习的知识点和答题技巧进行答辩。

(11)试卷千万不要开“天窗”,尽可能猜一猜,或写一点内容。

(12)答完后,不要忘记回过头来重新考虑你最初没有确定答案的那些题。全部检查一下,找出你本来不应答错的地方。

(13)如无特别要紧的事情,尽量不要提前交卷。要是你交卷后突然又想起某个问题或发觉某个问题有错误,你会非常遗憾的。一次考试机会很难得,应该珍惜。

(14)一定留出填写答题卡的时间。涂答题卡的时候要符合要求,不要反复涂改,以免影响计算机阅卷。

(15)切记不要作弊。

总之,深刻理解一级建造师执业资格考试大纲和考试用书中考试涉及范围和深度要求,掌握得当的复习方法,熟练、灵活应用各知识点内容,并掌握一定的应试技巧,相信应试者必定能取得好成绩,通过一级建造师执业资格考试。

第二篇　模拟试卷

《公路工程管理与实务》考试模拟题(一)

一、单项选择题(共20题,每题1分。每题的备选项中,只有1个最符合题意)

1. 不得用作路基填料的土是(　　)。

A. 巨粒土　　B. 有机土

C. 石质土　　D. 砂土

2. 预裂爆破就是要在开挖边线上形成一条足够宽度的裂缝,其目的是(　　)。

A. 保护爆破区岩体,以免能量损失

B. 保护爆破区岩体免遭破坏

C. 增大爆破区的范围

D. 削减爆破区的冲击波能量,保护保留区岩体免遭破坏

3. 下列选项中,可在雨期施工地段为(　　)。

A. 重黏土地段　　B. 盐渍土地段

C. 砂类土地段　　D. 膨胀土地段

4. 可用于各级公路基层和底基层的粒料材料是(　　)。

A. 天然砂砾　　B. 级配碎石

C. 泥结碎石　　D. 填隙碎石

5. 使用振动压路机碾压沥青玛蹄脂碎石SMA混合料时,宜采用的振动方法是(　　)。

A. 低频率、低振幅　　B. 高频率、高振幅

C. 低频率、高振幅　　D. 高频率、低振幅

6. 桥跨结构相邻两支座中心之间的距离称为(　　)。

A. 标准跨径　　B. 理论跨径

C. 计算跨径　　D. 经济跨径

7. 在竖向荷载作用下无水平反力产生的桥型是(　　)。

A. 梁式桥　　B. 刚架桥

C. 拱式桥　　D. 吊桥

8. 重力式墩台的主要特点是(　　)。

A. 靠自身重量来平衡外力保持其稳定

B. 靠自身重量和土侧压力来保持其稳定

C. 靠自身重量和车辆荷载来保持其稳定

D. 靠自身重量、土侧压力和车辆荷载来保持其稳定

9. 隧道洞口受坍方、落石、泥石流等危害时,通常应设置(　　)。

A. 仰坡　　B. 挡土墙

C. 拦水带　　D. 明洞

10. 护栏按其刚度的不同可分为(　　)。

A. 柔性护栏、刚性护栏两种

B. 普通护栏、加强护栏两种

C. 柔性护栏、半刚性护栏、刚性护栏三种

D. 柔性护栏、组合性护栏、刚性护栏三种

11. 土方路基工程施工中用适宜材料,必须采用设计和规范规定的适用材料,保证原材料合格,正确确定土的(　　)和最佳含水量。

A. 天然密度　　B. 平均密度

C. 毛体积密度　　D. 最大干密度

12. 在悬索桥钢筋混凝土索塔施工中,要求断面尺寸的检测频率为(　　)。

A. 每5m检查2点　　B. 每5m检查1点

C. 每6m检查1点　　D. 每6m检查2点

13. 在安全管理中,项目部主管安全的经理、副经理对职责范围内的安全管理工作负责体现了(　　)的原则。

A. 管生产必须管安全　　B. 谁主管谁负责

C. 预防为主　　D. 动态管理

14. 在船舶通航的大江、大河、大海区域进行水上施工作业前,按《中华人民共和国水上水下施工作业通航安全管理规定》的程序,在规定的期限内向(　　)门提出施工作业通航安全审核申请。

A. 建设单位　　B. 施工所在地海事部

C. 监理单位　　D. 施工单位的上级主管单位

15. 土基达到最大干密度所对应的含水量是(　　)。

A. 最大含水量　　B. 最小含水量

C. 最佳含水量　　D. 最差含水量

16. 在悬臂浇筑施工中,挂篮组拼后,应全面检查安装质量,并对挂篮进行试压,以消除结构的非弹性变形。挂篮试压的最大荷载一般可按下列荷载考虑:(　　)。

A. 全跨浇注梁段重量的1.2倍　　B. 各悬浇梁段平均重量的1.2倍

C. 最大悬浇梁段重量的1.3倍　　D. 各悬浇梁段平均重量的1.3倍

17. 下面关于技术资料的描述正确的是(　　)。

A. 工程技术资料是工作依据

B. 工程技术资料必须遵照执行

C. 工程技术资料只是一种参考资料

D. 技术资料是在工程建设中自然形成的

18. 既能改善混凝土拌和物流变性能,又能改善混凝土耐久性的外加剂是(　　)。

A. 引气剂　　B. 泵送剂

C. 减水剂　　D. 着色剂

19. 高填方路基施工时应考虑早开工,路面基层施工时应尽量安排晚开工,以使高填方路基(　　)。

A. 有充分的沉降时间　　B. 填料干燥

C. 提高回弹模量　　D. 压实度提高

20. 公路工程在建项目,事故报告单位为(　　)。

A. 建设单位　　B. 施工单位

C. 监理单位　　D. 接养单位

二、多项选择题(共 10 题,每题 2 分。每题的备选项中,有 2 个或 2 个以上符合题意,至少有 1 个错项。错选,本题不得分。少选,所选的每个选项得 0.5 分)

21. 高速公路路基土的干湿类型状态应处于(　　)。

A. 超干燥　　B. 干燥

C. 中湿　　D. 潮湿

E. 过湿

22. 特殊路基类型包括有(　　)。

A. 沿河路基　　B. 岩溶地区路基

C. 黄土地区路基　　D. 涎流冰地段路基

E. 岩溶地区路基

23. 级配碎石可用于各级公路的(　　)。

A. 上面层　　B. 下面层

C. 基层　　D. 底基层

E. 连接层

24. 石灰稳定土基层裂缝的防治方法有(　　)。

A. 采用塑性指数较高的土　　B. 在石灰土中适量掺加砂、碎石

C. 施工用土中适量掺加粉煤灰　　D. 在石灰土层中设置伸缩缝

E. 含水率提高 3%

25. 下列属于按桥梁基础分类的是(　　)。

A. 刚性基础　　B. 承台

C. 沉井　　D. 盖梁

E. 地下连续墙

26. 连续梁桥属超静定结构,能产生附加内力的因素有(　　)。

A. 混凝土的收缩徐变　　B. 混凝土的浇筑方式

C. 墩台不均匀沉降　　D. 截面温度梯度变化

E. 预应力

27. 在软弱围岩地段施工时,应遵守的原则有(　　)。

A. 短进尺　　B. 强爆破

C. 早喷锚　　D. 勤量测

E. 紧封闭

28. 按测量仪器工具的使用和保管的要求,下列哪些情况下的仪器应停止使用(　　)。

A. 使用时间过长　　B. 显示不正常

C. 超过了规定的周检确认时间间隔　　D. 仪表封缄的完整性已被破坏

E. 功能出现了可疑

29. 山岭隧道施工通常采用(　　)。

A. 钻爆法　　B. 地下连续墙法

C. 盖挖法　　D. 掘进机法

E. 沉管法

30.《公路工程质量监督规定》公路工程从业单位包括(　　)。

A. 公路建设单位　　B. 勘察、设计单位

C. 施工单位　　D. 公路行政主管单位

E. 监理单位

三、案例分析题(共5题,总分120分)

1. 背景资料

某高速公路L合同段(K55+600～K56+600),主要为路基土石方工程,本地区岩层构成为泥岩、砂岩互层,抗压强度20MPa左右,地表土覆盖层较薄。在招标文件中,67%挖方是石方,填方路段填料由挖方路段调运,施工过程部分事件摘要如下:

事件1:施工单位在路段开工后发现,部分路段地基下面发现溶洞。施工单位与监理单位联合向建设单位以书面形式提出工程设计变更的建议。建设单位组织勘察设计、施工、监理等单位及有关专家对溶洞处理进行了经济、技术论证,建议处理方案是对小型的溶洞直接用浆砌片石等回填密实,对大型溶洞采用桥梁跨越,由设计单位及时完成勘察设计,形成设计变更文件,变更后的造价超过施工图设计批准预算60万元,经建设单位审查确认后,开始实施变更方案。

事件2:在填筑路堤时,施工单位采用土石混合分层铺筑,并用平地机整平每一层,最大层厚40cm,填至接近路床底面高程时,改用土方填筑。局部路段因地形复杂而采用竖向填筑法施工。

事件3:该路堤施工中,严格质量检验,实测了压实度、弯沉值、纵断高程、中线偏位、宽度、横坡、边坡。

问题:

(1)背景材料中的"设计变更",是否符合变更设计制度的要求?说明理由。

(2)指出事件2中施工方法存在的问题,并提出正确的施工方法。

(3)指出事件3中路堤质量检验实测项目哪个不正确?还需补充哪个实测项目?

2. 背景材料

某桥梁3号墩为桩承式结构,承台体积约为200m^3,承台基坑开挖深度为4m,原地面往下地层依次为:0～50cm腐殖土,50～280cm黏土,其下为淤泥质土,地下水位处于原地面以下100cm。

根据该桥墩的水文地质,施工单位在基坑开挖过程中采取了挡板支撑的加固措施,防止边坡不稳造成坍方;在挖除承台底层松软土、换填10～30cm厚砂砾土垫层,使其符合基底的设计高程并整平后,即立模灌筑承台混凝土。为控制混凝土的水化热,采取了以下措施:

(1)选用水化热低的水泥。

(2)选用中、粗砂,石子选用0.5～3.2cm的碎石和卵石。

(3)选用复合型外加剂和粉煤灰,以减少绝对用水量和水泥用量,延缓凝结时间。

问题:

(1)施工单位采用挡板支撑防止措施是否合理?请举出适用于该桥墩基坑开孔的措施。

(2)指出施工方为保证承台立模及混凝土浇筑所采取的措施的不完善之处。

(3)施工单位为控制大体积混凝土承台混凝土水化热的措施是否合理?除此以外,还可以采取哪些措施。

3. 背景资料

某公路工程项目，路线长36.2km，双向4车道，路幅宽24.5m，设计车速80km/h，路面基层为水泥稳定土基层，根据工程实际情况及施工单位人力、设备条件，施工单位采用了路拌法水泥稳定土基层施工工艺。摊铺水泥日进度1.6km(单向)，K6+200～K10+900路段具体施工过程如下：

(1)施工放样，恢复中线；根据施工布料需要在下承层上画布料网络。

(2)对水泥稳定土基层施工所需的土料、集料、水泥等按要求进行备料。

(3)确定松铺系数后，施工单位共用5d时间完成摊铺土任务。某日摊铺土2.5km。

(4)按规定洒水闷料，整平轻压。

(5)按规定摆放水泥，用刮板将水泥均匀摊开。

(6)为保证拌和质量，按规定采用了稳定土拌和机进行拌和。为了避免损坏下承层，拌和深度保持在下承层顶面5～10mm。

(7)拌和料拌和均匀后，立即用平地机初步整形，为保证整形质量，全路段平地机均由两侧路肩向路中心进行刮平。

(8)整形后，当混合料的含水率为最佳含水率(±1%～±2%)时，按规定用轻型压路机配合12t以上的压路机进行碾压。直线和平曲线段，由两侧路肩向路中心碾压，设超高的平曲线段，由外侧路肩向内侧路肩碾压。

由于部分工程量无法准确确定，业主和施工单位采用单价合同签订施工合同，业主委托甲监理公司进行施工监理，工程计量方式为监理工程师与施工单位联合计量。

问题：

(1)本项目路拌法水泥稳定土基层施工准备中少了什么重要环节？并简述这一环节的主要工作。

(2)指出本项目路面基层具体施工过程中存在的问题，并进行改正。

(3)写出该项目可采用的工程量计量方法，并指出路面工程计量应该采用的方法。

4. 背景资料

某公路工程项目合同段中的一座大桥位于长江的支流，桥垮为2×30m+5×45m。两岸桥台采用重力式桥台，基础为扩大基础；墩为柱式墩，基础为桩基础；上部为预应力简支T梁。

(1)该大桥的施工组织设计有以下内容：

①编制依据；

②工程概况；

③各分部(项)工程的施工方案和方法；

④施工进度计划；

⑤施工管理机构及劳动力组织。

(2)编制的项目总体施工进度网络图如下：

问题：

(1)补充完善桥梁施工组织设计一般应包含的内容。

(2)根据网络进度图的数据，工程施工进行到第120天的进度检查情况：D工作还需40天完成，E还需20天，F还需160天，参见图中[　]的数据。评价各工作的进度情况，整个工程计划前途如何？

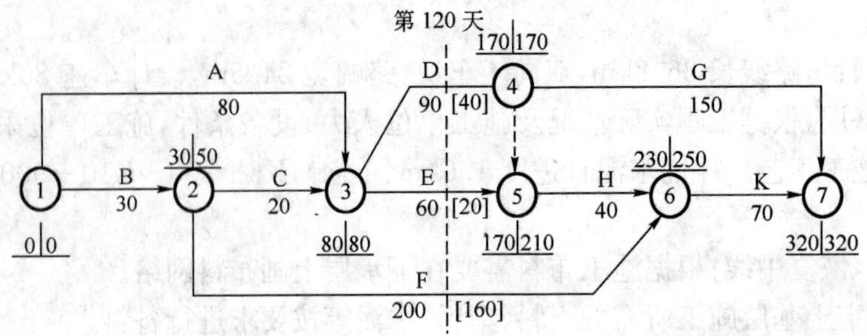

注：[数值]表示尚需完成天数。图中的节点时间参数是：

5. 背景资料

某施工单位承接了一隧道工程，其中有大量爆破施工。为了方便管理，爆破器材放在紧靠办公室的一个小仓库里，并且由专人负责发放。在进行洞口的大型爆破之前，施工单位技术人员经过计算确定了爆破药量、爆破方式以及安全距离，让民工甲领取了炸药和雷管，用自行车运到施工现场。爆破作业时，安排民工乙负责在爆破安全距离外来回走动进行警戒。

问题：

(1)爆破工程的安全管理范围包括哪些内容？

(2)什么叫爆破作业安全距离，大型爆破的安全距离要考虑哪些因素？

(3)分析背景中的安全隐患，并逐一改正。

《公路工程管理与实务》考试模拟题(二)

一、单项选择题(共20题,每题1分。每题的备选项中,只有1个最符合题意)

1. 一段较长的土质路堑纵向开挖,采用沿路堑全宽,以深度不大的纵向分层进行挖掘作业,这种作业方法称作(　　)。

A. 分层纵挖法　　B. 通道纵挖法

C. 分段纵挖法　　D. 混合式纵挖法

2. 下列填料中,按有关规定处理后可以用于路堤下层填筑的填料是(　　)。

A. 多年冻土　　B. 粉性土

C. 有机土　　D. 生活垃圾

3. 在地形艰险及爆破量较小地段(如排水沟,开挖便道、基坑等),应优先选择的爆破方式是(　　)。

A. 钢钎炮　　B. 深孔爆破

C. 药壶炮　　D. 猫洞炮

4. 由连续开级配矿料组成的沥青混合料结构为(　　)。

A. 骨架空隙结构　　B. 密实悬浮结构

C. 密实骨架结构　　D. 连续级配结构

5. 高速公路、一级公路混凝土路面使用的砂应不低于(　　)。

A. I级　　B. II级

C. III级　　D. IV级

6. 水泥混凝土路面断板产生的裂缝的修补方法不能采用(　　)。

A. 压注灌浆法　　B. 扩缝灌注法

C. 抹面修补法　　D. 全深度补块法

7. 桥梁建筑高度是指(　　)。

A. 桥面(或轨顶)高程与设计洪水位之高差

B. 桥面(或轨顶)高程与通航净空顶部之高差

C. 桥跨结构最下缘与设计洪水位之高差

D. 桥面(或轨顶)高程与桥跨结构最下缘之间的距离

8. 地基基础的沉降主要由(　　)。

A. 水平荷载作用下土层的剪切变形引起

B. 弯矩作用下土层的弯曲变形引起

C. 竖直荷载作用下土层的压缩变形引起

D. 竖直荷载作用下岩层的压缩变形引起

9. 一般适用于松散、中密砂土及黏性土的沉入桩施工方法(　　)。

A. 锤击沉桩法　　B. 振动沉桩法

C. 射水沉桩法　　D. 静力压桩法

10. 钢筋笼接头质量如果存在问题将会对(　　)施工质量产生影响。

A. 扩大基础　　B. 钻孔桩

C. 挖孔桩　　D. 沉井

11. 在①干接缝(梁翼缘、板),②湿接缝(梁翼缘、板),③箱板顶宽,④腹板或梁肋,这几项内容中,其中梁(板)的宽度包括哪几部分?(　　)

A. ①③④　　B. ①②③

C. ②③④　　D. ①②③④

12. 利用放射性元素测量各种土的密实度和含水量的试验方法是(　　)。

A. 灌砂法　　B. 环刀法

C. 核子密度湿度仪法　　D. 蜡封法

13. 在计算支架或拱架的强度和刚度时,除了考虑在支架或拱架的设计荷载外,还应计入(　　)。

A. 风力　　B. 温度变化力

C. 冲击力　　D. 摩擦力

14. 按《公路工程质量检验评定标准》(JTG F80/1—2004)进行质量评定时,工程质量等级评定分(　　)。

A. 合格、不合格　　B. 优良、中、不合格

C. 优良、合格、不合格　　D. 中、不合格

15. 洞内反坡排水时,必须采取(　　)。

A. 机械抽水　　B. 井点降水

C. 深井降水　　D. 顺坡排水

16. 激光设备导向适宜于(　　)。

A. 特长隧道、长隧道　　B. 一般隧道、长隧道

C. 无闭合条件的特长隧道　　D. 无闭合条件的长隧道

17. 在隧道施工中,需要制定地质超前预报方案和实施细则的条件是隧道长度大于(　　)m。

A. 100　　B. 500

C. 1 000　　D. 2 000

18. 下列关于路基工程石方施工安全要点的叙述错误的是(　　)。

A. 爆破器材库的选址应请当地公安部门进行指导和监督

B. 导火索起爆应采用一次点火法点火

C. 可在同次爆破中使用不同燃速的导火索

D. 进行露天爆破作业,严禁使用明火点燃

19. 遇有沼泽地段的土方挖运任务,应选用的机械是(　　)。

A. 铲运机　　B. 平地机

C. 湿地推土机　　D. 压路机

20. 按照机械台班费用组成,属于固定费用的是(　　)。

A. 养路费 B. 人工费

C. 大修费 D. 动力燃料费

二、多项选择题(共 10 题,每题 2 分。每题的备选项中,有 2 个或 2 个以上符合题意,至少有 1 个错项。错选,本题不得分。少选,所选的每个选项得 0.5 分)

21. 路基施工的常用爆破方法有( )。

A. 光面爆破 B. 预裂爆破

C. 微差爆破 D. 定向爆破

E. 水下爆破

22. 路基施工时,定向爆破方法适用于( )。

A. 以借为填地段 B. 移挖作填地段

C. 深挖高填相间地段 D. 工程量大的鸡爪形地区

E. 长路堑地段

23. 下列情况中应浇洒黏层沥青的是( )。

A. 沥青路面的级配砂砾、级配碎石基层

B. 旧沥青路面层上加铺沥青层

C. 需加铺磨耗层改善抗滑性能的旧沥青路面

D. 有裂缝或已修补的旧沥青路面

E. 水泥混凝土路面上铺筑沥青面层

24. 预防桥头跳车的防治措施包括( )。

A. 重视桥头地基处理,采用先进的台后填土施工工艺

B. 改善地基性能,提高地基承载力,减少差异沉降

C. 有针对性地选择台后填料,提高桥头路基压实度

D. 做好桥头路堤的排水、防水工程,设置桥头搭板

E. 提高对锚固件焊接施工质量的控制

25. 桥梁工程的基本体系可归结为( )几种基本体系。

A. 梁式 B. 拱式

C. 斜拉式 D. 悬索桥

E. 刚架桥

26. 桩基础按施工方法可分为( )。

A. 管柱 B. 沉桩

C. 钻孔桩 D. 挖孔桩

E. 摩擦桩

27. 按照设备安装通用要求,设备开箱检查必须由( )共同参加。

A. 业主 B. 承包方

C. 监理 D. 质监站

E. 生产商

28. 在山岭隧道钻眼爆破施工中,按照炮眼的位置、作用的不同有( )。

A. 掏槽眼 B. 辅助眼

C. 周边眼　　D. 浅眼

E. 深眼

29. 路基工程的各方面安全管理都包含了(　　)的管理。

A. 人　　B. 机械

C. 环境　　D. 资金

E. 合同

30. 投标人在送交投标文件时应按新情况更改或补充其在申请资格预审时提供的资料,以证实其仍能继续满足资审合格的最低标准,至少应更新以下资料(　　)。

A. 财务状况方面的变化

B. 资格预审之后新承包的工程名称、规模、进展程度和工程质量

C. 资格预审后新交工的工程及评定的质量等级

D. 企业以往的仲裁或诉讼介入情况

E. 拟投入本项目主要人员变化情况

三、案例分析题(共5题,总分120分)

1. 背景资料

某三级公路地处丘陵地区,砂类土居多,设计车速40km/h,路基宽度8.5m,基层为石灰稳定砂砾,面层为8cm的沥青混凝土。施工过程部分事件摘要如下:

事件1:路基施工正好赶上雨期,施工前,施工方做了如下准备工作:

(1)住地、库房、车辆机具停放场地、生产设施都应设在最高洪水位以上地点或高地上。

(2)修建施工便道,并保持晴雨畅通。

(3)修建临时排水设施,保证雨期作业的场地不被洪水淹没并能及时排除地面水。

施工过程中,开挖路堑分层开挖,每挖一层均设置排水纵横坡,挖方边坡一次挖到设计高程。开挖路堑挖至路床设计高程以上30～50cm时停止开挖,并在两侧挖排水沟。待雨期过后再挖到路床设计高程后压实。

事件2:为了保证测量工作的质量,施工单位制定了严格测量复核签认制度:

(1)由2～4人组成一个小组共同对监理工程师签认的控制网点测量资料进行核对,核对结果要由工地技术主管审核签认后方可使用。

(2)利用已知点进行引测、加点和施工放样前必须坚持“先检测后利用”的原则。

(3)测量结束后,由负责测量工作的技术员召集各位测量员共同对测量成果进行复核。

问题:

(1)该公路是否可以在雨期进行施工?

(2)事件1中,施工方做的准备工作是否充分?如不充分,请指出。

(3)事件1中,路堑开挖施工存在什么问题?

(4)事件2中,指出上述测量复核签认制度中不当之处,写出正确的做法。

2. 背景资料

某桥基础为6根ϕ2.0m的桩基,桩长20m,地质条件如下:原地面往下依次为黏土、砂砾石、泥岩,承包人拟选用冲爪钻成孔。采用导管法灌注水下混凝土,导管使用前进行了水密试验,为防止导管沉放过程中接触钢筋笼,导管居中后快速沉放,并将导管底部沉放到距桩底1m处,之后开始浇筑混凝土。

问题：

(1)施工单位选用的钻机类型是否合适？请说明理由。

(2)施工单位采用导管法浇筑水下混凝土时存在哪些问题？

3. 背景资料

某一级公路处于城市郊区、施工期间社会车辆流量较大，基层铺筑完工后需要开放交通。其中A合同段里程桩号为K0＋000～K10＋500，主线长10.5km，一次建成双向四车道，路基宽24.5m。该路面结构为：20cm厚石灰稳定土底基层，18cm厚二灰砂砾基层，5cm厚沥青混凝土下面层，4cm厚沥青混凝土表面层。施工单位的部分施工工艺如下：

(1)二灰砂砾拌和设备，采用双卧轴强制连续式搅拌机，通过调整喂料皮带的转速及冷料仓口开启高度，计量每种原材料用量。拌和用水通过流量传感器控制。

(2)拌和料运输全部采用5t自卸汽车以减轻对下层的影响。

(3)摊铺采用摊铺机，半幅基层宽11.15m，采取两次摊铺成型。

(4)碾压，采用振动压路机，先振压2遍，再静压2遍，至密实。

(5)二灰砂砾碾压结束，表面开始泛白即及时进行洒水养生，7d后开放交通。

路面施工完成后，施工单位进行了施工质量自检。主要检查内容有：沥青混凝土面层的压实度、渗水系数、摩擦系数、构造深度、厚度、中线平面偏位、纵断高程、路面宽度及横坡，检测的所有指标均符合要求。

问题：

(1)判断施工工艺中第(1)～第(4)条是否正确？如不正确，将其改正。

(2)第5条存在什么问题？说明理由。

(3)根据以上施工单位的自检情况，是否可以确定该路面工程为合格工程？说明理由。

4. 背景资料

某项目部承担了某段公路工程的路基施工任务，在路基工程施工组织设计的编制过程中，项目经理对技术部提出了下列具体要求：

(1)该路基工程施工组织设计根据路基工程的自身特点，在确定施工方案和进度计划时应重点考虑以下内容：

①施工方法；

②项目总进度计划；

③工地施工组织；

④布置好堆料点、弃土场、行车路线等。

(2)编制路基工程施工组织设计的方法与步骤如下：

①研究分析有关资料，全面了解工程情况和施工条件；

②结合当地具体情况，选择施工方法，确定土石方调配方案、工点划分和施工顺序；

③按照施工方法及土石方调配资料，查有关技术定额，计算劳动力、施工机械需要量；

④按照施工进度计划及劳动力和施工机械分布情况，确定生活供应、材料供应、机械修理等组织工作及其机构分布，计算临时房屋需要量和机构分布，计算临时房屋需要量和机械修理设备的需要量；

⑤编制施工组织设计说明书。

(3)应编制好适应该路基工程的进度计划。

(4)该路基工程中涉及3座涵洞,拟采用流水施工。各工序流水节拍如下表。

流水节拍(天) 段落 / 工序	1号涵洞	2号涵洞	3号涵洞
基础施工(A)	10	13	15
墙身施工(B)	20	20	20
盖板施工(C)	10	10	10

问题:

(1)该项目经理要求重点考虑的内容是否正确和完整?请逐条分析说明。

(2)就项目经理提出的路基工程施工组织设计编制方法与步骤,你认为还应该加上哪些重要内容?

(3)适合于该路基工程进度计划形式有哪些?

(4)组织3座涵洞流水施工,计算流水步距、流水工期、绘制横道图。

5. 背景资料

某沥青混凝土路面工程,路面结构形式自上而下依次为:上面层4cm AC—16(I)中粒式沥青混凝土、中面层6cm AC—25(I)粗粒式沥青混凝土,下面层8cm AC—25(I)粗粒式沥青混凝土,工程量为:上面层482,200m^2,中面层484,200m^2,下面层470,100m^2,施工有效工期为200天。某企业准备使用一台3 000型沥青混凝土拌和站进行拌和,拌和站的有关参数为:搅拌器每次搅拌量3 000kg,加料时间6s;混合料搅拌时间41s;成品料卸料时间5s。一台摊铺宽度为12m的超大型摊铺机进行摊铺。

问题:

(1)分析沥青混凝土拌和站是否能满足施工要求?

(2)分析沥青混凝土摊铺机是否能满足施工要求?

《公路工程管理与实务》考试模拟题(三)

一、单项选择题(共20题,每题1分。每题的备选项中,只有1个最符合题意)

1. 冬季开挖路堑必须(   )开挖。
   A. 从中往外　　B. 从下向上
   C. 从上向下　　D. 上下同时
2. 下面哪种特性不属于膨胀土的工程特性(   )。
   A. 黏性土含量高　　B. 自由膨胀率大
   C. 强度较低　　D. 失水收缩
3. 下列各类挡土墙,属于柔性结构物的是(   )。
   A. 加筋土挡土墙　　B. 衡重式挡土墙
   C. 壁板式锚杆挡土墙　　D. 重力式挡土墙
4. 我们平时习惯称为"二灰土"的基层是属于(   )。
   A. 水泥灰稳定类　　B. 石灰泥稳定类
   C. 水泥石灰综合稳定类　　D. 石灰工业废渣稳定类
5. 石灰稳定土用于沥青路面的基层时,除层铺法表面处治外,应在基层上做(   )。
   A. 上封层　　B. 下封层
   C. 磨耗层　　D. 透水层
6. 隧道衬砌时为了防治裂缝产生,钢筋保护层必须保证不小于(   )cm。
   A. 2　　B. 3
   C. 4　　D. 5
7. 梁式桥设计洪水位上相邻两个桥墩(或桥台)之间的净距称之为(   )。
   A. 标准跨径　　B. 理论跨径
   C. 计算跨径　　D. 净跨径
8. 当地基计算沉降过大或结构物对不均匀沉降敏感时,可采用(   )。
   A. 沉井基础　　B. 桩基础
   C. 管柱　　D. 刚性基础
9. 重力式墩台的主要特点是(   )。
   A. 靠自身重量来平衡外力保持其稳定
   B. 靠自身重量和土侧压力来保持其稳定
   C. 靠自身重量和车辆荷载来保持其稳定
   D. 靠自身重量、土侧压力和车辆荷载来保持其稳定
10. 在连续梁桥支架施工过程中,主要应注意控制(   )。
    A. 支架基础　　B. 拱架加载
    C. 卸架工艺　　D. 支架沉降
11. 石灰土基层实测项目中不包含(   )。
    A. 纵断高程　　B. 厚度
    C. 弯沉值　　D. 强度

12. 预裂爆破法的分区起爆顺序为(　　)。
A. 掏槽眼→辅助眼→周边眼→底板眼
B. 周边眼→掏槽眼→辅助眼→底板眼
C. 周边眼→辅助眼→底板眼→掏槽眼
D. 周边眼→掏槽眼→底板眼→辅助眼

13. 按照测量管理制度的要求,以下未体现测量工作双检制的是(　　)。
A. 测量工作必须两个人共同进行
B. 测量外业工作必须有多余观测
C. 测量成果采用两组独立平行计算相互校核
D. 外业工作采用两种不同方法进行复核测量

14. 下列关于水泥混凝土路面施工安全要点叙述错误的是(　　)。
A. 人工摊铺作业在装卸钢模板时,必须逐片轻抬轻放
B. 采用轨模摊铺机进行混凝土摊铺作业时,布料机和振平机应紧密跟进
C. 旧路面凿除宜有计划地分小段进行
D. 使用混凝土抹平机作业时,应确保抹平机的叶片处于同一水平

15. 按照防火、防瓦斯安全要求,下列叙述错误的是(　　)。
A. 洞内不得存放汽油
B. 清洗风动工具时应在专用洞室内
C. 洞内冬季可明火作业及取暖
D. 检测瓦斯的检定器应每季度校对一次

16. 采用喷锚技术、监控量测等并与岩石力学理论构成一个体系而形成的隧道施工方法称为(　　)。
A. 新奥法　　B. 矿山法
C. 明挖法　　D. 盖挖法

17. 下列选项中属于收费方式的是(　　)。
A. 现金收费　　B. 均一制收费
C. 半自动收费　　D. 封闭式收费

18. 下列能改善混凝土拌和物流变性能的外加剂是(　　)。
A. 早强剂　　B. 缓凝剂
C. 阻锈剂　　D. 减水剂

19. 相对于履带式推土机,下面属于轮胎式推土机特点的是(　　)。
A. 爬坡能力强　　B. 附着牵引力大
C. 作业循环时间短　　D. 被广泛应用于各类土石方工程中

20. 投标人以联合体形式投标,投标人必须是(　　)。
A. 至少一个是独立法人　　B. 两个或两个以上的经济组织
C. 两个或两个以上的独立法人　　D. 联合体的主办人是法人即可

二、多项选择题(共10题,每题2分。每题的备选项中,有2个或2个以上符合题意,至少有1个错项。错选,本题不得分。少选,所选的每个选项得0.5分)

21. 根据路堑深度、纵向长短及现场施工条件,路堑的开挖的基本方法有(　　)。
A. 横向挖掘法　　B. 导坑超前开挖法

C. 纵向挖掘法　　D. 混合式挖掘法

E. 全断面开挖法

22. 下列属于排除地下水设施的是(　　)。

A. 截水沟　　B. 渗沟

C. 暗沟　　D. 急流槽

E. 拦水带

23. 沥青混合料按组成结构分类原则可分为(　　)。

A. 密实悬浮结构　　B. 骨架空隙结构

C. 密实骨架结构　　D. 嵌挤级配结构

E. 连续级配结构

24. 隧道水害的防治措施包括(　　)。

A. 因势利导,给地下水以排走的出路,将水迅速地排到洞外

B. 将流向隧道的水源截断,或尽可能使其水量减少

C. 用各种耐腐蚀材料敷设在混凝土衬砌的表面

D. 分析病害成因,对症整治

E. 堵塞衬砌背后的渗流水,集中引导排出

25. 桥下净空高度是(　　)至桥跨结构最下缘间的距离。

A. 设计洪水位　　B. 低水位

C. 计算通航水位　　D. 高水位

E. 桥下线路路面

26. 下列桥墩中属于梁桥轻型桥墩的有(　　)。

A. 钢筋混凝土薄壁桥墩　　B. 柱式桥墩

C. 柔性排架桥墩　　D. 钻孔桩柱式桥墩

E. 悬臂式单向推力墩

27. 在山岭隧道钻眼爆破施工中,按照炮眼的位置、作用的不同有(　　)。

A. 掏槽眼　　B. 辅助眼

C. 周边眼　　D. 浅眼

E. 深眼

28. 常用模板设计时,在计算荷载作用下,应对(　　)分别进行强度、刚度及稳定性验算。

A. 模板　　B. 支架

C. 拱架　　D. 地基

E. 新浇结构物

29. 根据公路路线技术标准,沥青表面处治结构类型可以应用在以下哪级公路(　　)。

A. 一级公路　　B. 二级公路

C. 三级公路　　D. 四级公路

E. 高速公路

30. 按照通风、防尘安全要求,应每月至少取样分析或检测一次的指标有(　　)。

A. 空气成分　　B. 施工人员数量

C. 施工机械数量　　D. 风速

E. 含尘量

三、案例分析题(共5题,总分120分)

1. 背景资料

某一级公路工程C合同段,土方路基为借土填方,路堤边坡高度大于20m,施工单位施工组织设计中路基填筑的施工方案如下:

(1)土质分析:借土土质主要为砂性土,各项指标符合要求,作为筑路材料较好。

(2)路基填筑:先进行基底处理,然后确定分层的松铺厚度,水平分层填筑,分层压实,每层填土宽度等于填层设计宽度。

(3)压实施工:由于土质为砂性土,采用光轮压路机进行压实,碾压前对填土层的松铺厚度、平整度和含水率进行了检查,在最佳含水率±2%范围内压实。碾压机械的行驶速度最大不超过4km/h;碾压时直线段由两边向中间,横向接头的轮迹有0.4～0.5m重叠部分。压实度大于等于94%。

问题:

(1)该合同段是否属于高路堤?

(2)评价该施工单位施工方案。

(3)为了检测该合同段的压实度,路基土的其现场密度的测定方法有哪些?

2. 背景资料

某某沿海大桥,其主墩基础有40根桩径为1.55m的钻孔灌注桩,实际成孔深度达50m。桥位区地质为:表层为5m的砾石,以下为37m的卵漂石层,在以下为软岩层。承包商采用下列施工方法进行施工:

场地平整,桩位放样,埋设护筒之后,采用冲击钻进行钻孔。然后设立钢筋骨架,在钢筋笼制作时,采用搭接焊接,当钢筋笼下放后,发现孔底沉淀量超标,但超标量较小,施工人员采用空压机风管进行扰动,使孔底残留沉渣处于悬浮状态。之后,安装导管,导管底口距孔底的距离为35cm,且导管口处于沉淀的淤泥渣之上,对导管进行接头抗拉试验,并用1.5倍的孔内水深压力的水压进行水密承压试验,试验合理后,进行混凝土灌注,混凝土坍落度18cm,混凝土灌注在整个过程中均连续均匀进行。

施工单位考虑到灌注时间较长,在混凝土中加入缓凝剂。首批混凝土灌注后埋置导管的深度为1.2m,在随后的灌注过程中,导管的埋置深度为3m。当灌注混凝土进行到10m时,出现坍孔,此时,施工人员立即用吸泥机进行清理;当灌注混凝土进行到23m时,发现导管埋管,但堵塞长度较短,施工人员采取用型钢插入导管的方法疏通导管;当灌注到27m时,导管挂在钢筋骨架上,施工人员采取了强制提升的方法;进行到32m时,又一次堵塞导管,施工人员在导管始终处于混凝土中的状态下,拔抽抖动导管,之后继续灌注混凝土,直到顺利完成。养生一段时间后发现有断桩事故。

问题:

(1)断桩可能发生在何处,原因是什么?

(2)在灌注水下混凝土时,导管可能出现的问题有哪些?

(3)钻孔灌注桩的施工的主要工序是什么?

(4)塞管处理的方法有哪些?

(5)钻孔的方法有哪些?

3. 背景资料

某公路隧道为单洞双向行驶两车道隧道，全长 4 279m，最大埋深 1 049m。隧道净空宽度 9.14m，净空高度 6.98m，净空面积为 56.45m^2。该隧道其围岩主要为弱风化硬质页岩，属Ⅳ—Ⅴ级围岩，稳定性较差。根据该隧道的地质条件和开挖断面宽度，承包人拟采用台阶分部法施工。隧道开挖过程中，由于地下水发育，洞壁局部有股水涌出，特别是断层地带岩石破碎，裂隙发育，涌水更为严重。在该隧道施工过程中应进行了监控量测。

问题：

(1)承包人采用的开挖施工方法是否合理？说明理由。

(2)针对上述地质和涌水情况，你认为在施工中应采取哪些水害处治措施？

(3)在该隧道施工过程中应进行监控量测，问隧道的监控量测项目有哪些？

4. 背景材料

某一高速公路第八施工合同段长 12km，有一特大跨河桥，施工现场附近有砂石料场，价格低廉。施工用钢材、水泥由业主提供，砂石材料由承包商自行采购，考虑到与附近居民的关系协调，承包商将砂石材料的供应指定给附近的砂石料场，由于附近料场中粗砂含泥量偏高，级配不理想，承包人施工混凝土质量不能满足要求，承包人重新选择砂石材料供应商。

问题：

(1)承包人将砂石材料供应直接指定给附近砂石料场是否合理？材料采购时承包人可以采取那些方法选择材料供应商？

(2)为保证工程质量、施工进度和控制成本，承包人在与施工物资供应商签订施工物资采购合同时，采购合同中应明确那些主要条款？

5. 背景资料

某公路工程施工单位承接了一座 3×50m 的简支梁桥施工，桥墩平均高 25m，上部结构采用满堂脚手架支撑现浇钢筋混凝土结构。为了抓好安全管理，公司要求项目部主管安全的经理、副经理对职责范围内的安全管理工作负责。做好专项施工方案，并随着工程的进展，安全管理的内容和重点也要发生着变化，随时关注安全隐患。但在施工现场有如下情况发生：

事件 1：天气预报 7 月 5 日风力为 6～7 级，由于工期较紧，现场技术人员决定当日桥墩墩顶的施工人员需增加安全装备。

事件 2：由于场地狭窄，现浇上部结构期间，部分模板的拼装在桥下同步进行。

事件 3：上部结构施工的材料主要通过塔吊完成，在起吊一台电焊机时，由于安全防护设施和安全警示标志牌影响操作人员视线，为了安全起吊，现场技术人员安排民工拆除了部分安全防护设施和安全警示标志牌。

问题：

(1)背景中体现了安全管理的哪些原则？

(2)本桥施工的安全管理范围包括哪些内容？

(3)分别针对三个事件，指出其中存在的问题，并提出改进的办法。

《公路工程管理与实务》考试模拟题(一)参考答案

一、单项选择题(共20题,每题1分。每题的备选项中,只有1个最符合题意)

1.B　2.D　3.C　4.B　5.D　6.C　7.A　8.A　9.D　10.C
11.D　12.B　13.B　14.B　15.C　16.C　17.C　18.A　19.A　20.B

二、多项选择题(共10题,每题2分。每题的备选项中,有2个或2个以上符合题意,至少有1个错项。错选,本题不得分。少选,所选的每个选项得0.5分)

21.BC　22.BCDE　23.CD　24.BCD　25.ACE
26.ACDE　27.ACDE　28.BCDE　29.AD　30.ABCE

三、案例分析题(共5题,总分120分)

1.参考答案

(1)不符合。本变更因超过施工图设计批准预算,属于较大设计变更。对较大设计变更,正确的做法是:

对较大设计变更建议,建设单位经审查论证确认后,向省级交通主管部门提出公路工程设计变更的申请,省级交通主管部门自受理申请之日起15日内作出是否同意开展设计变更的勘察设计工作的决定,并书面通知申请人。

较大设计变更文件经建设单位审查确认后报省级交通主管部门审查。较大设计变更文件由省级交通主管部门批准,并报交通运输部备案。

(2)①不应采用平地机整平。因含石量为66%,整平应采用大型推土机辅以人工进行。

②不应采用竖向填筑法。土石路堤只能采用分层填筑,分层压实。

(3)不应该实测弯沉。还应实测平整度。

2.参考答案

(1)合理。适用于该桥墩基坑开孔的措施还有混凝土护壁,钢板桩,锚杆支护,地下连续壁等。

(2)施工方为保证承台立模及混凝土浇筑所采取的措施还应在基坑底部设排水沟和集水井。

(3)合理。还有:

①敷设冷却水管;

②分层浇注,以通过增加表面系数,利于混凝土的内部散热。

3.参考答案

(1)本项目路拌法施工水泥稳定土基层的准备中少了非常重要的一个环节,即下承层的检查。无机结合料稳定基层施工前,必须检查下承层的压实度、平整度、高程、横坡度、平面尺寸。若下承层是土基,必须用12～15t压路机进行碾压检查,如有表面松散、弹簧等问题必须进行处理。

(2)该项目水泥稳定土基层:具体施工过程中存在下列问题。

①第(3)点中摊铺土的进度与摊铺水泥的进度不符合,进度太快。按背景材料相关要求摊

铺土每天应为1.5km(单向)为宜,这样保持在摊铺水泥的前一天完成。

②第(6)点稳定土拌和机械的拌和深度有问题,拌和深度应达到稳定层底并宜侵入下承层5～10mm,以利上下层黏结。

③第(7)点平地机全路段均由两侧路肩向路中心刮平不对,直线段应这样施工,但在曲线段应由内侧向外侧进行刮平。

④第(8)点超高的平曲线段的碾压不对,应该由内侧路肩向外侧路肩碾压。

(3)计量的方法有:断面法、图纸法、钻孔取样法、分项计量法、均摊法、凭证法、估价法。路面工程应该采用的计量方法是:钻孔取样法。

4. 参考答案

(1)桥梁施工组织设计一般还应包含:

①施工准备工作及设计;

②生产要素配置计划;

③施工总平面图布置;

④技术、质量、安全组织及保证措施;

⑤文明施工和环境保护措施;

⑥各项技术经济指标。

(2)评价各工作的进度情况和整个工程计划前途

①评价各工作的进度情况

根据网络图的数据:

D工作延误情况=预计实际完工－计划最早完工

=(120+40)－(80+90)=－10　　与计划相比提前10天

E工作延误情况=(120+20)－(80+60)=0　　与计划相比按时完成

F工作延误情况=(120+160)－(30+200)=50　　与计划相比拖延(延误)50天

②工程总工期情况即整个工程计划的前途

D工作误期影响=预计实际完工－计划最迟完工

=160－170=－10

E工作误期影响=140－210=－70

F工作误期影响=280－250=30

所以,工程总工期增加=max(误期)=max(－10,－70,30)=30

工程总工期将拖延3天。

5. 参考答案

(1)爆破工程的安全管理包括:对操作人员进行的培训考核、技术交底、考试取证、安全教育等人员的安全管理;对炸药、雷管、导火索以及其他爆破用器材等的物的安全管理;对爆破现场安全距离、安全防护、安全警示等的环境的安全管理。

(2)大型爆破的安全距离,除考虑个别飞散物的因素外,还必须考虑爆破引起的地震及冲击波对人员、建筑物的影响,经计算后再确定安全距离。

(3)隐患一:爆破器材库的选址不当。正确做法:爆破器材库的选址和搭建应请当地公安部门进行指导和监督,运输爆破器材要用专用运输工具,在公安部门的押运下进行,中途不许停留,并应避开人员密集地方;在保管、运输爆破器材过程中,工作人员严禁穿化纤服装。

隐患二:大型爆破程序不符合规定。正确做法:大型爆破必须按审批的爆破设计书,并征得当地县(市)以上公安部门同意后由专门成立的现场指挥机构组织人员实施。

隐患三:爆破器材的管理有问题。正确做法:爆破器材应严格管理,并执行领用和退库制度,各种手续要有严格记录,并由专人领取,禁止由一人同时搬运炸药和雷管,电雷管严禁与带电物品一起携带运送。严禁用翻斗车、自卸车、拖车、拖拉机、机动三轮车、人力三轮车、自行车、摩托车和皮带运输机运送爆破器材。

隐患四:现场警戒有问题。正确做法:爆破作业应有专人指挥,确定的危险边界应有明显标志,警戒区四周必须派出警戒人员,警戒区内的人员、牲畜必须撤离,预告、起爆、解除警戒等信号应有明确的规定。

《公路工程管理与实务》考试模拟题(二)参考答案

一、单项选择题(共 20 题,每题 1 分。每题的备选项中,只有 1 个最符合题意)

1. A　2. B　3. A　4. A　5. B　6. C　7. B　8. C　9. A　10. B

11. D　12. C　13. A　14. A　15. A　16. A　17. C　18. C　19. C　20. C

二、多项选择题(共 10 题,每题 2 分。每题的备选项中,有 2 个或 2 个以上符合题意,至少有 1 个错项。错选,本题不得分。少选,所选的每个选项得 0.5 分)

21. ABCD　22. ABCD　23. BE　24. ABCD　25. ABDE

26. BCD　27. ABC　28. ABC　29. ABC　30. ABCE

三、案例分析题(共 5 题,总分 120 分)

1. 参考答案

(1)由于该公路地处丘陵区,等级为三级,路基土质砂类土,在做好排水设施和通道等充分准备的情况下,可以进行施工,但必须严格按照雨期施工规定执行。

(2)不够充分。①应对选择的雨期施工地段进行详细的现场调查研究,据实编制实施性的雨期施工组织计划。②应储备足够的工程材料和生活物资。

(3)路堑挖方边坡一次挖到设计高程不正确,挖方边坡不宜一次挖到设计高程,应沿坡面留 30cm 厚,待雨期过后再整修到设计坡度,目的是防止地面水冲坏已成边坡。待雨期过后再刷坡,可保持边坡合乎设计要求。

(4)第(1)点不正确。应该是:对监理工程师签认的控制网点测量资料,2 人独立进行核对,核对结果要经项目技术部门主管复核签认,总工程师审核签认后方可使用。

第(3)点不正确。应该是:测量结束后,测量成果必须采用两组独立平行复核计算进行相互复核。

2. 参考答案

(1)不合适,应使用冲击钻。因为泥岩为较软岩石,冲抓钻不适用,但冲击钻适用。

(2)还应进行导管的承压和接头抗拉试验;导管应居中稳步沉放;导管底部距桩底的距离一般为 0.25～0.4m。

3. 参考答案

(1)第(1)、(2)、(3)条正确。第(4)条中“先振压 2 遍,再静压 2 遍”不正确。应“先静压,再振压”。

(2)7d 后不应该开放交通,开放交通前应喷洒透层油后铺筑下封层。因为水泥、石灰、粉煤灰等无机结合料稳定土与粒料的半刚性基层上必须浇洒透层沥青。基层在沥青面层铺筑前,要临时开放交通,防止基层因车辆作用出现水毁,须设置封层。

(3)不能。因为对于路面工程的检查,除以上内容外,还有:平整度、弯沉值的检查。只有所有检查项目均合格后才可以确定该路面工程为合格工程。

4. 参考答案

(1)①不妥,还应包括土石方的调配方案。

②不妥,应为:施工进度计划。

③正确。

④不妥,应为:生产要素配置。

(2)还应加上:

①安排施工进度计划,计算各施工分段所需工期,并安排各分段开工、完工日期;

②编制劳动力、施工机械、机具和材料的供应计划。

(3)适合于该路基工程进度计划形式有:横道图、垂直图、网络图。

(4)计算排架施工的流水工期(列出计算过程),并绘制流水横道图。

①累加数列:一般按照 1 号～3 号排架的顺序施工:

扩大基础施工 A:　10,23,38

墩身施工 B:　20,40,60

盖梁施工 C:　10,20,30

②错位减取大差:

$$\begin{array}{r} 10,23,38 \\ -)\quad 20,40,60 \\ \hline K_{AB}=\max\{10,3,-2,-50\}=10 \end{array} \qquad \begin{array}{r} 20,40,60 \\ -)\quad 10,20,30 \\ \hline K_{BC}=\max\{20,30,40,-30\}=40 \end{array}$$

③流水工期 $T=(10+40)+(10+10+10)=80$

④绘图

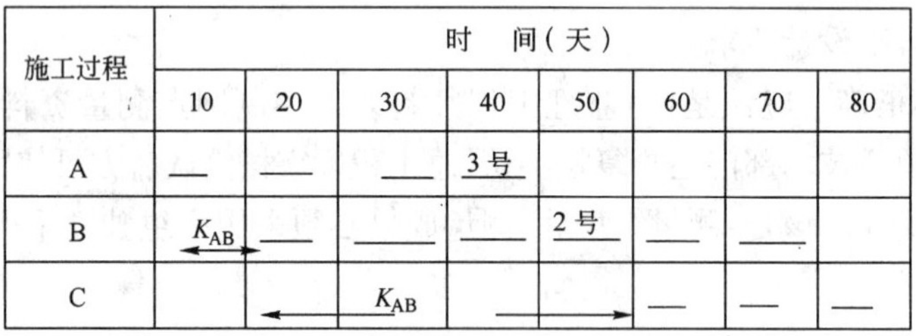

施工过程	时　间(天)							
	10	20	30	40	50	60	70	80
A	—	—	—	3 号				
B	K_{AB} ←→	—	—	—	2 号	—	—	
C		←	K_{AB}		→	—	—	—

5. 参考答案

(1)沥青混凝土的相对密度一般在 2.35～2.4 之间,取 2.375。

则该工程沥青混凝土总重:(482 200×0.04+484 200×0.05+470 100×0.06)×2.375

=170 297　(t)

根据公式:$Q_j=\dfrac{nG_jK_B}{1\,000}$

$=\dfrac{3\,600\div(6+41+5)\times3\,000\times0.85}{1\,000}$

=177　(t/h)

200 天的有效工期,可以生产沥青混凝土:177×200×8=283 200t

生产能力大于实际生产量,所以该沥青混凝土拌和站满足施工要求。

(2)根据公式:$Q=hBv_0\rho K_B$(t/h)

摊铺机摊铺上面层的生产能力：摊铺机的行驶速度 2～6m/min

$$Q=0.04\times12\times(4\times60)\times2\times0.8$$
$$=184.32\quad(t/h)$$

摊铺机摊铺下面层的生产能力：

$$Q=0.06\times12\times(4\times60)\times2\times0.8$$
$$=276.48\quad(t/h)$$

摊铺机摊铺能力大于沥青混凝土拌和站拌和能力，满足施工要求。

《公路工程管理与实务》考试模拟题(三)参考答案

一、单项选择题(共20题,每题1分。每题的备选项中,只有1个最符合题意)

1. C　2. C　3. A　4. D　5. B　6. B　7. D　8. B　9. A　10. D
11. C　12. B　13. A　14. B　15. C　16. A　17. C　18. D　19. C　20. A

二、多项选择题(共10题,每题2分。每题的备选项中,有2个或2个以上符合题意,至少有1个错项。错选,本题不得分。少选,所选的每个选项得0.5分)

21. ACD　22. BC　23. ABC　24. ABDE　25. AC
26. ABCD　27. ABC　28. ABC　29. CD　30. ADE

三、案例分析题(共5题,总分120分)

1. 参考答案

(1)该合同段属于高路堤,规范规定,当边坡高度超过20m的路堤时即属于高路堤,应注意特别设计。

(2)该施工单位施工方案重视了高路堤可能引起的沉降等病害,在基底处理、分层填筑、压实度方面能按照规定执行。存在的问题有:路基填筑时每层填土宽度不应该等于填层设计宽度,而应宽于设计宽度;砂性土采用光轮压路机压实效果较差,应该采用振动压路机。其他均正确。

(3)灌砂法、环刀法、核子密度湿度仪法。

2. 参考答案

(1)①可能发生在10m处;吸泥机清理不彻底时,形成灌注桩中断或混凝土中夹有泥石。

②可能发生在27m处;采取强制提升而造成导管脱节。

(2)进水,塞管,埋管。

(3)埋设护筒,制备泥浆,钻孔,清底,钢筋笼制作与吊装,灌注水下混凝土。

(4)可采用拔抽抖动导管(不可将导管口拔出混凝土面),当所堵塞的导管长度较短时,也可以用型钢插入导管内来疏通导管,也可以在导管上固定附着式振捣器进行振动。

(5)冲击法,冲抓法,旋转法。

3. 参考答案

(1)挖方法选择合理。理由是台阶分部法适用于一般土质或易坍塌的软弱围岩地段。本隧道围岩为弱风化硬质页岩,稳定性较差。

(2)处理水害的措施:

①因势利导,给地下水以排走的出路,将水迅速地排到洞外。

②将流向隧道的水源截断,或尽可能使其水量减少。

③堵塞衬砌背后的渗流水,集中引导排出。

④水害整治的关键:分析病害成因,对症整治;合理选择防水材料;严格施工工艺。

(3)该隧道为复合式衬砌,根据规范有必测项目和选测项目。具体来说有以下项目:地质和支护状况观察、周边位移、拱顶下沉、锚杆或锚索内力及抗拔力、地表下沉、围岩体内位移(洞内设点)、围岩体内位移(地表设点)、围岩压力及两层支护间压力、钢支撑内力及外力、支护、衬砌内应力、表面应力及裂缝量测、围岩弹性波测试。

4. 参考答案

(1)不合理。材料采购时承包人可以采取以下方法选择材料供应商:

①公开招标(国际竞争性招标、国内竞争性招标),由招标单位通过报刊、广播、电视等公开发表招标广告,在最大的范围内征集供应商。

②邀请招标(有限国际竞争性招标),由招标单位向具备设备、材料制造或供应能力的单位直接发出投标邀请书,并且受邀参加投标的单位不得少于3家。

③其他方式,施工物资采购可通过询价方式选定供应商。

(2)承包人在签订施工物资采购合同时主要条款有:

①施工物资的名称(应注明牌号或商标)、品种、型号、规格、等级;

②施工物资的技术标准和质量要求;

③施工物资数量和计量单位;

④施工物资的包装标准和包装物的供应和回收;

⑤施工物资的交货人、交货方法、运输方式、到货地点;

⑥接(提)货单位;

⑦交(提)货期限;

⑧验收方法;

⑨价格;

⑩结算方式、开户银行、账户名称、账号、结算单位或结算人;

⑪违约金条款;

⑫争议的解决。

5. 参考答案

(1)体现了谁主管谁负责的原则、预防为主的原则和动态管理的原则。

(2)本桥安全管理包括:基桩工程的安全管理;墩台工程的安全管理;墩身工程的安全管理;桥面工程的安全管理;塔身工程的安全管理等。其中各个管理方面都包含了对施工中人的安全管理,机械、工具等物的安全管理以及施工环境的安全管理。

(3)事件1中,7月5日安排桥墩墩顶施工不恰当,因为风力达到了6级,应停止高处作业。

事件2中,存在的问题是:上部现浇和桥底拼装同步进行,应该错开进行。

事件3中,存在的问题是:现场技术人员安排民工拆除了部分安全防护设施和安全警示标志牌。对于确因施工需要暂时移位和拆除的,要报经项目负责人审批后方可拆移。工作完成后要即行复原,发现破损,应及时更新。

公路工程现行标准、规范、规程、指南一览表

序号	类别		编　　号	名称(书号)	定价
1	基础		JTJ 002—87	公路工程名词术语(0346)	22.00
2			JTJ 003—86	公路自然区划标准(0348)	16.00
3			JTJ/T 0901—98	1: 1000000 数字交通图分类与图示规范(0242)	78.00
4			JTG B01—2003	公路工程技术标准(04957)	28.00
5			JTJ 004—89	公路工程抗震设计规范(0374)	15.00
6			JTG/T B02-01—2008	公路桥梁抗震设计细则(1228)	35.00
7			JTG B03—2006	公路建设项目环境影响评价规范(0927)	26.00
8			JTJ/T 006—98	公路环境保护设计规范(0195)	8.00
9			JTG/T B05—2004	公路项目安全性评价指南(0784)	18.00
10			JTG B06—2007	公路工程基本建设项目概算预算编制办法(06903)	26.00
11			JTG/T B06-01—2007	公路工程概算定额(06901)	110.00
12			JTG/T B06-02—2007	公路工程预算定额(06902)	138.00
13			JTG/T B06-03—2007	公路工程机械台班费用定额(06900)	24.00
14			JTG/T B07-01—2006	公路工程混凝土结构防腐蚀技术规范(0973)	16.00
15			交通部 2007 年第 30 号	国家高速公路网相关标志更换工作实施技术指南(1124)	58.00
16			交通部 2007 年第 35 号	收费公路联网收费技术要求(1126)	62.00
17	勘测		JTG C10—2007	公路勘测规范(06570)	28.00
18			JTG/T C10—2007	公路勘测细则(06572)	42.00
19			JTJ 064—98	公路工程地质勘察规范(0220)	28.00
20			JTG/T C21-01—2005	公路工程地质遥感勘察规范(0839)	17.00
21			JTG C30—2003	公路工程水文勘测设计规范(0604)	22.00
22			JTG/T C22—2009	公路工程物探规程(1311)	28.00
23	设计	公路	JTG D20—2006	公路路线设计规范(0996)	38.00
24			JTG D30—2004	公路路基设计规范(05326)	48.00
25			JTG/T D31—2008	沙漠地区公路设计与施工指南(1206)	32.00
26			JTG D40—2002	公路水泥混凝土路面设计规范(04621)	26.00
27			JTG D50—2006	公路沥青路面设计规范(06248)	36.00
28			JTJ 018—96	公路排水设计规范(0147)	12.00
29			JTJ/T 019—98	公路土工合成材料应用技术规范(0218)	12.00
30		桥隧	JTG D60—2004	公路桥涵设计通用规范(05068)	24.00
31			JTG/T D60-01—2004	公路桥梁抗风设计规范(0814)	28.00
32			JTG/T D65-01—2007	公路斜拉桥设计细则(1125)	28.00
33			JTG D61—2005	公路圬工桥涵设计规范(0887)	19.00
34			JTG D62—2004	公路钢筋混凝土及预应力混凝土桥涵设计规范(05052)	48.00
35			JTG D63—2007	公路桥涵地基与基础设计规范(06892)	48.00
36			JTJ 025—86	公路桥涵钢结构及木结构设计规范(0176)	16.00
37			JTG/T D65-04—2007	公路涵洞设计细则(06628)	26.00
38			JTG D70—2004	公路隧道设计规范(05180)	50.00
39			JTJ 026. 1—1999	公路隧道通风照明设计规范(0397)	16.00
40			JTG/T D71—2004	公路隧道交通工程设计规范(0810)	26.00
41		交通	JTG D80—2006	高速公路交通工程及沿线设施设计通用规范(0998)	25.00
42			JTG D81—2006	公路交通安全设施设计规范(0977)	25.00
43			JTG/T D81—2006	公路交通安全设施设计细则(0997)	35.00
44		综合	交公路发〔2007〕358 号	公路工程基本建设项目设计文件编制办法(06746)	26.00
45			交公路发〔2007〕358 号	公路工程基本建设项目设计文件图表示例(06770)	600.00

续上表

序号	类别		编　　号	名称(书号)	定价
46	检测		JTG E40—2007	公路土工试验规程(06794)	79.00
47			JTJ 052—2000	公路工程沥青及沥青混合料试验规程(0429)	40.00
48			JTG E30—2005	公路工程水泥及水泥混凝土试验规程(0830)	32.00
49			JTG E41—2005	公路工程岩石试验规程(0828)	18.00
50			JTJ 056—84	公路工程水质分析操作规程(02971)	8.00
51			JTJ 057—94	公路工程无机结合料稳定材料试验规程(0025)	10.00
52			JTG E42—2005	公路工程集料试验规程(0829)	30.00
53			JTG E50—2006	公路工程土工合成材料试验规程(0982)	28.00
54			JTG E60—2008	公路路基路面现场测试规程(07296)	38.00
55	施工	公路	JTG F10—2006	公路路基施工技术规范(06221)	40.00
56			JTJ 034—2000	公路路面基层施工技术规范(0431)	20.00
57			JTG F30—2003	公路水泥混凝土路面施工技术规范(04622)	46.00
58			JTJ 037.1—2000	公路水泥混凝土路面滑模施工技术规程(0425)	16.00
59			JTG F40—2004	公路沥青路面施工技术规范(05328)	38.00
60			JTG F41—2008	公路沥青路面再生技术规范(07105)	25.00
61		桥隧	JTJ 041—2000	公路桥涵施工技术规范(03770)	52.00
62			JTG/T F81-01—2004	公路工程基桩动测技术规程(0783)	20.00
63			JTJ 042—94	公路隧道施工技术规范(0031)	20.00
64		交通	JTG F71—2006	公路交通安全设施施工技术规范(0976)	20.00
65			JTG/T F83-01—2004	高速公路护栏安全性能评价标准(0809)	15.00
66	质检安全		JTG F80/1—2004	公路工程质量检验评定标准　第一册　(土建工程)(05327)	46.00
67			JTG F80/2—2004	公路工程质量检验评定标准　第二册　(机电工程)(05325)	26.00
68			JTG G10—2006	公路工程施工监理规范(06267)	20.00
69			JTJ 076—95	公路工程施工安全技术规程(0049)	12.00
70	养护管理		JTJ 073—96	公路养护技术规范(0087)	26.00
71			JTJ 073.1—2001	公路水泥混凝土路面养护技术规范(0520)	12.00
72			JTJ 073.2—2001	公路沥青路面养护技术规范(0551)	13.00
73			JTG H11—2004	公路桥涵养护规范(05025)	30.00
74			JTG H12—2003	公路隧道养护技术规范(0695)	26.00
75			JTG H20—2007	公路技术状况评定标准(1140)	15.00
76			JTG H30—2004	公路养护安全作业规程(05154)	36.00
77	加固设计与施工		JTG/T J22—2008	公路桥梁加固设计规范(07380)	52.00
78			JTG/T J23—2008	公路桥梁加固施工技术规范(07378)	30.00
1	技术指南		中建标公路[2002]1号	公路沥青玛蹄脂碎石路面技术指南(0634)	20.00
2			交公便字[2005]330号	公路机电系统维护技术指南(0922)	30.00
3			交公便字[2006]02号	公路工程水泥混凝土外加剂与掺合料应用技术指南(0925)	50.00
4			交公便字[2005]329号	微表处和稀浆封层技术指南(1021)	18.00
5			交公便字[2005]329号	公路冲击碾压应用技术指南(0921)	15.00
6			交公便字[2006]02号	公路工程抗冻设计与施工技术指南(0926)	26.00
7			厅公路字[2006]418号	公路安全保障工程实施技术指南(1034)	40.00
8			交公便字[2006]02号	公路土钉支护技术指南(0995)	22.00
9			交公便字[2006]274号	公路钢箱梁桥面铺装设计与施工技术指南(1008)	25.00
10			交公便字[2006]243号	盐渍土地区公路设计与施工指南(1006)	20.00
11				横张预应力混凝土桥梁设计施工指南(0831)	15.00
12			2008年第25号公告	汶川地震灾后公路恢复重建技术指南(1246)	10.00

注:JTG——公路工程行业标准体系;JTG/T——公路工程行业推荐性标准体系;JTJ——仍在执行的公路工程原行业标准体系。